燕京語言學

第四輯

古文字專號

洪波　主編

陳英傑　執行主編

中西書局

卷首語

　　首都師範大學文學院語言學方面有漢語言文字學、語言學及應用語言學、古典文獻學、漢語國際教育、少數民族語言文學以及自主增設的語言智能等6個二級學科，目前有專任教師和研究人員23人。雖然人數不算很多，但中國語言文學一級學科下面的語言學二級學科齊全，這在全國普通高校中還是不多見的。

　　多年來，我們致力於學科方向的凝煉，已經形成幾個比較有特色的研究領域：其一是黄天樹教授領銜的古文字研究。甲骨文研究中心是全國文科類不多見的國家級"2011協同創新中心"——"出土文獻與中國古代文明研究協同創新中心"的協同單位之一，黄天樹教授及其團隊的甲骨文綴合研究在全國居於領先地位。其二是由馮蒸教授、洪波教授、黄樹先教授爲骨幹的漢語史研究及漢藏語比較研究。洪波教授的上古漢語形態句法研究和漢語語法化研究處於國內外先進行列，黄樹先教授的漢藏語核心詞比較研究和由他創立的比較詞義學不僅成爲漢藏語比較研究的一個新的學術領域，而且也是當前及今後國際詞匯語義學研究的一個新的方向。其三是周建設教授領銜的語言智能研究。這個研究方向雖然創立時間不長，但已形成良好的學術特色和學術優勢，是國家語言文字工作委員會的語言智能研究基地。該研究方向的研究團隊不僅有我們的專任教師，同時也吸納了國內外多所高校和科研機構的研究人員，不僅體現了現代科學與技術的交融，更體現了語言學及應用語言學的一個發展方向。此外，張雲秋教授和鄒立志副教授的語言習得研究也已顯現出良好的學術勢頭。

首都師範大學屬於北京市屬高校，北京曾稱燕京，所以我們使用了"燕京"這個名號，跟曾經存在過的燕京大學沒有關聯。

學貴堅守，重在累積。首都師範大學的語言學，經過幾代學人的努力，成果豐碩，基礎堅實，已初步形成了自己的特色。爲了展現學科的成果，我們編輯出版了《燕京語言學文存》，選輯本學科老師已經刊發的舊作，舊塵重拂，歷久彌新，詮次一新，猶有可觀者焉。爲了鼓勵學術創新，自第三輯始，特更名爲《燕京語言學》，倡導首發新作。改刊後的《燕京語言學》，除刊發校內老師新作舊著，我們也誠邀海內外語言學耆舊宿儒，惠賜佳作，亦盼學界新銳才俊，踴躍投稿。

我們躬逢信息化時代，傳統的中國語言學，加上西方的現代語言學，輔以計算機，增添大數據，語言學的研究，前景無限，大有可爲。我們堅信，在海內外朋友的鼎力支持下，我們有信心一定能把《燕京語言學》辦好，使之成爲語言學界切磋交流的平臺。

編　者

目　　録

YH127 坑賓組龜腹甲鑽鑿布局探析

趙　鵬

中國社會科學院古代史研究所

自殷墟第十三次發掘以來，YH127 坑甲骨一直爲研究者所矚目。以往從釋字、内容、字體分類、鑽鑿、兆序、龜腹甲形態等各個角度對這坑甲骨進行研究，獲得了豐碩的成果。本文主要對 YH127 坑賓組龜腹甲上的鑽鑿布局模式①進行整理分析，以期釐析這一階段龜腹甲占卜的特色。

一、殷墟 YH127 坑賓組龜腹甲鑽鑿布局分類

YH127 坑賓組龜腹甲，完全不考慮文字的因素，可以反面鑽鑿排列布局的疏密程度爲標準進行分類，主要呈現出三種型式：稀疏型、密集型、

---

① 張惟捷在研究 YH127 坑賓組卜辭時，最早提出了"鑽鑿的排列布局"概念。他認爲鑽鑿的排列布局所指的是複數鑽鑿在腹甲反面特定部位形成的一種固定形態，并選擇後甲鑽鑿排列布局作爲甲骨形態上的一個新的參照坐標，參張惟捷：《殷墟 YH127 坑賓組甲骨新研》，臺北：萬卷樓圖書股份有限公司，2013 年，第 499—522 頁。本文的鑽鑿布局不限於龜腹甲反面的"特定部位"，而是以鑽鑿在整版龜腹甲上的布局爲着眼點。劉一曼將龜腹甲上鑽鑿灼的排列分爲五種類型：千里路兩側，各有一豎列鑽、鑿、灼；各有二豎列鑽、鑿、灼；各有三豎列鑽、鑿、灼；各有四豎列鑽、鑿、灼；各有五豎列鑽、鑿、灼。參劉一曼：《論殷墟甲骨整治與占卜的幾個問題》，李宗焜主編：《古文字與古代史》第四輯，臺北："中研院"歷史語言研究所，2015 年，第 187—228 頁。本文的分類目的在於體現鑽鑿布局與卜兆、兆序、卜辭之間的連帶關係。

稀疏密集混合型。

（一）稀疏型

稀疏型指龜腹甲反面的鑽鑿數量比較少，排列比較稀疏，可以分爲兩種類型：單環稀疏型和複環稀疏型。

1. 單環稀疏型（"0"字型） 主要指沿原邊有一列鑽鑿，有的呈橢圓型，有的呈雙圓形上下排列。這種鑽鑿布局按照首甲與中甲有無鑽鑿，分爲首甲中甲無鑽鑿型和首甲中甲有鑽鑿型兩種。

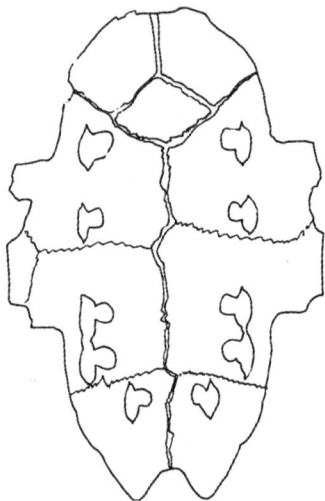

圖 1

（1）首甲中甲無鑽鑿型（"0"字Ⅰ型）這種鑽鑿布局類型以長 20 厘米左右的龜腹甲居多，也有 11 厘米的小龜和 29 厘米的大龜。無論龜腹甲大小，① 首甲和中甲皆不施鑽鑿。前甲左右各兩個鑽鑿，呈上下縱向排列。後甲近尾甲處，左右各兩個鑽鑿，呈上下縱向排列。尾甲左右各一個鑽鑿，位於近後甲與千里路處。整版有十個鑽鑿。沿這些鑽鑿畫一條連綫，很像數字 "0"，也可稱之爲 "0" 字Ⅰ型，如《合集》9950（圖 1）。這種鑽鑿布局的龜腹甲約有 86 版。

"0" 字Ⅰ型變式 i：YH127 坑甲骨中有一些龜腹甲或大或小，反面的鑽鑿比較少，主要是在首甲中甲無鑽鑿基本型的基礎上，成對地減少外環鑽鑿個數：整版有二、四、六、八等偶數鑽鑿，基本位於前甲和後甲部位，呈對稱分布。其中以六個鑽鑿爲多，也有三個鑽鑿的。這種鑽鑿布局主要出現在典賓類，偶見賓組一類。《合集》10656 整版兩個鑽鑿在前甲部位；《合集》

---

① 《合集》9950，長 21.1 厘米，寬 14.2 厘米；《合集》9075，長 12.6 厘米，寬 6.8 厘米；《合集》10345，長 27.4 厘米，寬 15.9 厘米。

10184 整版四個鑽鑿在前甲和後甲部位；《合集》3947 整版六個鑽鑿，前甲左右各兩個，後甲左右各一個，上下縱向排列。

"0" 字 I 型變式 ii：YH127 坑甲骨中有一些比較大的龜腹甲，鑽鑿基本布局呈 "0" 字型，但有時在中甲下面、千里路兩側各施加一個鑽鑿。這種鑽鑿布局主要見於典賓類，如《合集》6771，整版外環有十二個鑽鑿。

（2）首甲中甲有鑽鑿型（"0" 字 II 型）　這種鑽鑿布局類型以長 16 厘米左右的龜腹甲居多。基本布局爲：首甲左右各一個鑽鑿；中甲一個鑽鑿；前甲左右各兩個鑽鑿，呈上下縱向排列；後甲近尾甲處，左右各兩個鑽鑿，呈上下縱向排列；尾甲左右各一個鑽鑿，一般位於近後甲與千里路處。整版有十三個鑽鑿。這種排列布局的連綫也有些像數字 "0"，可稱之爲 "0" 字 II 型，如《乙編》7361（圖 2）。這種鑽鑿布局的龜腹甲大約有 66 版。

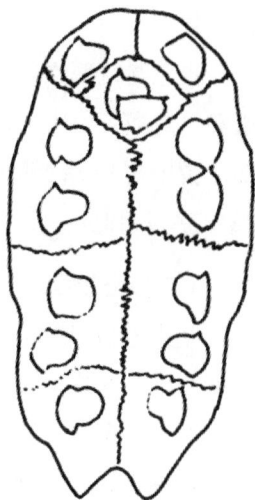

圖 2

"0" 字 II 型變式（"8" 字型）：一般在基本布局模式的基礎上，在左右後甲近前甲和千里路部位左右再各施加一個鑽鑿，使得反面的鑽鑿形成兩個相連的圓環狀，整版鑽鑿布局類似 "8" 字，也可稱之爲 "8" 字型，如《合集》4769。這種鑽鑿模式下的正面卜辭布局稍顯凌亂，疑是占卜機構探索鑽鑿布局過程中的産物，由於并不適合占卜或刻寫，很快就廢棄不用了。

以上爲單環稀疏型的基本布局模式及變式情况。

2. 複環稀疏型　這種鑽鑿布局以 26—32 厘米的大龜居多，多兩個鑽鑿在一起，排列上整體呈橢圓形較少，呈下圓形或雙圓形的稍多。整版鑽鑿二十至四十個。大多首甲與中甲無鑽鑿。首甲有鑽鑿的，一般左右各一至三個。中甲有鑽鑿的，一般爲兩個，左右相對，偶見三個。前甲左右各三至八個，一般分布在近首甲原邊部位一或三個，近後甲中間部位兩個。

後甲左右各三至十個，一般分布在近前甲千里路部位一行兩個，近尾甲和原邊部位兩列五或六個。尾甲左右各一或二個，一般分布在近後甲及千里路部位。甲橋一般不施鑽鑿，如《合集》5637（圖3）。這種鑽鑿排列類型約有56版，基本見於典賓類，偶見賓組一類。

複環稀疏型鑽鑿布局首甲中甲一般不施鑽鑿，這與首甲中甲無鑽鑿的單環稀疏型相類。後甲尾甲鑽鑿排列呈圓形布局，這與"8"字型相似。

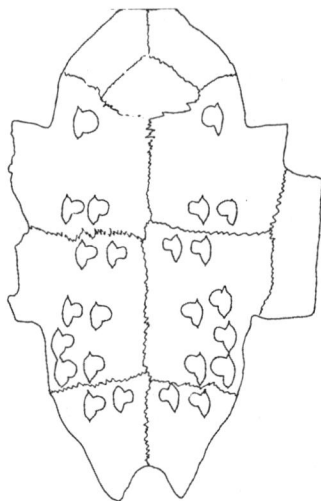

圖3

（二）密集型

密集型指龜腹甲反面鑽鑿數量比較多，排列比較密集，基本布局到每一個角落。密集型又可以分爲兩種類型：主體左右各兩列型、主體左右各三列及以上型。

1. 主體左右各兩列型　鑽鑿在千里路左右兩側，從上到下各通以兩列。這種鑽鑿布局類型的龜腹甲長約20厘米。由於修治時留下的甲橋面積大小不同，又可以分爲近甲橋處無鑽鑿與近甲橋處有鑽鑿兩種類型。[1]

（1）近甲橋處無鑽鑿型　這種鑽鑿布局類型的龜腹甲長度一般在16—23厘米。甲橋處留有很小的邊緣，不足以施鑽鑿，以整版三十一或三十三個鑽鑿爲主。基本布局爲：首甲左右各一或二個鑽鑿；中甲一個鑽鑿，兆幹在右，兆枝在左，該鑽鑿一般右屬；前甲左右各五個鑽鑿，最上部近首甲與原邊處一個，下面兩行兩列四個；後甲左右各兩列三行六個鑽鑿。尾甲左右各三個鑽鑿，如《乙編》7491（圖4）。這種鑽鑿布局類型約99版，多見於典賓類，偶見賓組一類。

---

① 《合集》14732甲橋殘斷，不宜確定。

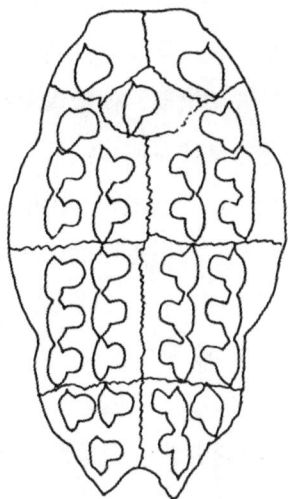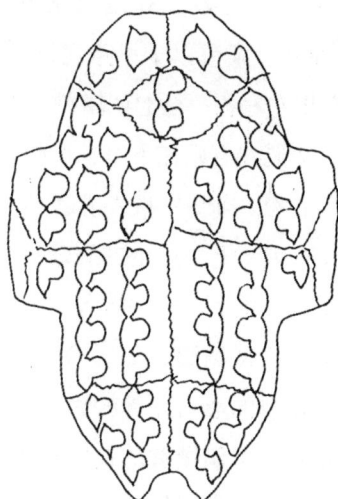

圖 4   圖 5

（2）近甲橋處有鑽鑿型　這種鑽鑿布局類型的龜腹甲長 16—24 厘米。甲橋處留有稍大的邊緣，近甲橋處一般容得下三個一列的鑽鑿，與相應的前甲下部、後甲上部鑽鑿成行。這種鑽鑿布局類型的龜腹甲一般以整版三十九、五十二、五十七個鑽鑿爲基本型。基本布局爲：首甲左右各二或三個鑽鑿。中甲多爲一或二個鑽鑿，一個鑽鑿及兩個鑽鑿上下排列時，通常兆幹在右，兆枝在左，該鑽鑿一般右屬；兩個鑽鑿左右排列時，分屬左右卜辭。前甲一般左右各七或九個鑽鑿，最上部近首甲與原邊處一或三個，下面兩行三列六個。後甲一般左右各七或九個鑽鑿，近甲橋處一個鑽鑿，中間兩列三或四行，六或八個。一般有後甲鑽鑿數同於前甲鑽鑿數的規則。[①] 尾甲左右各三或五個鑽鑿，如《乙編》3427（圖 5）。這種鑽鑿布局類型約 77 版，多見於典賓類，也見於賓組一類。

---

① 董作賓曾指出：龜版之前左甲與後左甲、前右甲與後右甲，其鑽鑿數相同，間有前少於後一鑽者，參董作賓：《商代龜卜之推測》，《安陽發掘報告》第一期，北平：國立中央研究院歷史語言研究所，1929 年。這種情況主要見於單環稀疏基本型及主體左右各兩列密集型。

2. 主體左右各三列及以上型 這種鑽鑿布局類型的龜腹甲通常在27—30厘米，鑽鑿以千里路爲軸，自上而下通以三列及以上排列。基本布局爲：首甲左右各一至七個鑽鑿。中甲左右二至五個鑽鑿，偶數鑽鑿時，左右相對，分屬左右兩側卜辭；奇數鑽鑿時，右側通常比左側多一個，多出的一個一般右屬。前甲一般左右各三至四列，八至三十六個鑽鑿。後甲一般左右各三至四列，七至三十二個鑽鑿。左右前甲及左右後甲近甲橋處通常也會有一列鑽鑿。尾甲一般左右各二至十個鑽鑿。甲橋留有較大的邊緣，通常有一列五或六個鑽鑿，如《合集》7352（圖6）。這種鑽鑿布局類型雖然各個部位鑽鑿的數目差異較大，但基本從上到下通以三或四列。因爲鑽鑿呈密集排列，單個鑽鑿的長度相仿，所以鑽鑿的個數普遍與龜腹甲的大小成正比。這種龜腹甲約274版，見於賓組一類和典賓類，賓組一類較多。

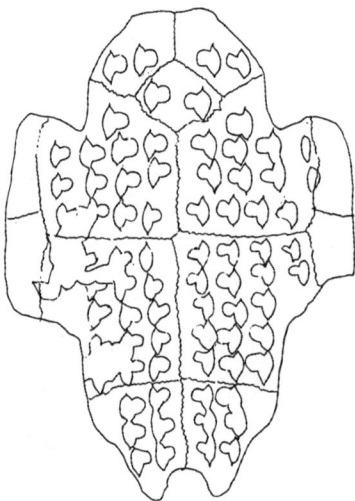 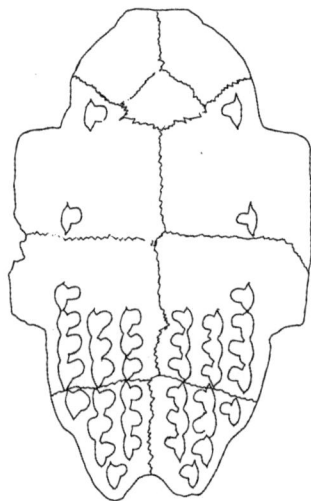

圖6 圖7

（三）稀疏密集混合型

有些龜腹甲尺寸比較大，鑽鑿排列部分密集、部分稀疏，密集部分以三列爲主。例如《合集》975首甲中甲部位鑽鑿屬密集型排列，前甲後甲尾甲呈單環稀疏型布局；《合集》3979（圖7）後甲下部及尾甲部分呈主體三列密集型排列，上部爲首甲中甲無鑽鑿單環稀疏型變式。這種龜腹甲約 9 版。

　　YH127 坑賓組龜腹甲鑽鑿布局模式主要有以上一些基本型式。在每種基本式之外，還有一些變式。有一些變式較爲規則，如單環稀疏型的變式。有一些變式則比較隨意，如主體左右各三列及以上密集型，有時鑽鑿布局比較靈活，不一定完全對稱。但這些都不影響基本布局類型的類別判斷。

二、YH127 坑賓組龜腹甲鑽鑿布局分類的意義

　　對鑽鑿布局進行分類便於了解鑽鑿布局所涉及的占卜現象。占卜最重要的目的在於呈兆，鑽鑿是得兆的準備，兆辭及卜辭刻寫是對卜兆信息及呈兆結果的記錄。鑽鑿布局與甲骨上的種種占卜現象關係密切。

（一）鑽鑿布局與卜辭布局的對稱性

　　龜腹甲反面的鑽鑿通常以千里路爲軸，左右基本對稱。龜腹甲正面多正反對貞或選貞卜辭，一般也以千里路爲軸左右對稱分布，其所屬兆序亦大致對稱。

（二）鑽鑿布局下的卜辭布局、行款與兆序順序

　　1. 特色卜辭行款及兆序順序　一些鑽鑿布局類型有特色的卜辭行款以及兆序排列。

　　卜辭一般以千里路爲軸左右對稱。行款如沿原邊起刻，則從外向內豎行；沿千里路起刻則從內向外豎行；甲橋部位的行款兩種皆有，比較靈活。兆序排列順序一般爲自上而下或先從內向外，再自上而下依次排列。

　　　　壬子卜，爭，貞：來。｜王占曰｜。①一 二告 二
　　　　貞：來丁巳。一 二

---

① 本文以龜腹甲正反互足釋文，用“｜｜”表示與正面互足的反面之辭。

翌癸丑其雨。｜王占曰：癸其雨。癸丑允雨｝。一 二 二告 三

翌癸丑不其［雨］。一 二 三　　　　　　（《合集》12972 典賓）

這版龜腹甲以舌下縫爲界，分爲上下兩個部分。兩組相關卜辭以千里路爲軸左右對稱。“來丁巳”一組卜辭沿左右原邊直行刻寫。“癸丑雨”一組對貞卜辭沿左右原邊從外向內豎行。每辭兆序從“一”開始，自上而下依次排列。

　　單環稀疏型的龜腹甲尺寸多較小，特色行款爲沿原邊或千里路兩側直行刻寫。兆序特色爲首甲中甲無鑽鑿單環稀疏型一般爲左右各五，自上而下依次排列。首甲中甲有鑽鑿單環稀疏型一般右七左六，中甲鑽鑿兆幹在右，兆枝在左，兆序爲“二”，歸右側卜辭所屬，左右兩側兆序皆自上而下依次排列。

　　丙辰卜，㱿，貞：我受黍年。｜王占曰：吉，受屮年｝。一 二 三

四 五

　　丙辰卜，㱿，貞：我弗其受黍年。四月。一 二 三 四 二告 五

　　　　　　　　　　　　　　　　　　（《合集》9950 典賓）

這版首甲中甲無鑽鑿的單環稀疏型龜腹甲上，正反對貞卜辭沿原邊直行向下再轉而向外豎行。兆序辭左右各五，自上而下依次排列。

　　辛酉卜，賓，貞：屮各化㞢鼻。一 二 三 四 五

　　貞：屮各化弗其㞢鼻。一 二 三 二告 四 五

　　｛奠來十。｝　　　　　　　　　　　（《合集》6654 典賓）

這版首甲中甲無鑽鑿的單環稀疏型龜腹甲上，正反對貞卜辭沿千里路直行向下再轉而向外豎行。兆序辭左右各五，自上而下依次排列。

　　壬戌卜，古，貞：王夢，唯之。一 二 三 二告 四 五 六 七

　　貞：王夢，不唯之。一 二 三 四 五 六 　（《合集》17411 典賓）

這版首甲中甲有鑽鑿的單環稀疏型龜腹甲上，正反對貞卜辭沿原邊直行向下刻寫。兆序辭右七左六，中甲爲“二”右屬，自上而下依次排列。

甲午卜，賓，貞：西土受年。一二三四五六七

貞：西土不其受年。一二 二告 三四 三告 五六

｛爭。｝　　　　　　　　　　　　　　　　（《合集》9742 典賓）

這版首甲中甲有鑽鑿的單環稀疏型龜腹甲上，正反對貞卜辭沿千里路直行向下刻寫。兆序右七左六，中甲爲"二"右屬，自上而下依次排列。

丙辰卜，殼，貞：今早我其自來。｛王占曰：吉。其自來。｝一二三四五六七八

丙辰卜，殼，貞：今早我不其自來。一二三四五六七

｛爭。｝　　　　　　　　　　　　　　　　（《合集》4769 典賓）

這版鑽鑿布局爲"8"字型的龜腹甲上，正反對貞卜辭沿原邊直行向下刻寫。左右後甲近前甲與千里路處又各施加了一個鑽鑿，使得正面左右兩側對貞卜辭的兆序數也各增加了一個。兆序右八左七，中甲爲"二"右屬，自上而下依次排列。

主體左右各兩列密集型，大多數龜腹甲尺寸較小，特色占卜刻寫順序及行款有兩種：一種是正反對貞卜辭沿左右原邊直行向下刻寫，反面沿千里路兩側刻寫對應的占辭和驗辭。整版龜腹甲兆序先自上而下、再從内向外依次排列。右側十五兆序，左側十四兆序。另一種是先反面，沿千里路兩側正反對貞或選貞卜辭直行向下刻寫，再正面，沿原邊一組正反對貞或選貞卜辭直行向下刻寫。特色兆序排列爲兆序自上而下依次排列，一般占卜刻寫順序先反面千里路再正面原邊。

己丑卜，爭，貞：今夕不雨。｛［王］占曰：今夕不其雨，其壬雨。允不雨。不吉。唯壬見癸。｝一［二］二告 三四五 二告 六七八九十一二三四 二告 五

［己］丑卜，爭，貞：今夕雨。［一］二 二告 三四五六七八九十一 二告 二三四

｛隹入二百五十。｝　　　　　　　　　　　（《合集》12163 典賓）

這版近甲橋處無鑽鑿、主體左右各兩列密集型龜腹甲上，正反對貞卜辭沿左右原邊直行向下刻寫，反面沿千里路兩側刻寫對應的占辭和驗辭。整版龜腹甲兆序先自上而下、再從內向外依次排列。右側十五兆序，左側十四兆序。

〔辛巳卜，賓（朱書），貞：甾受年。王占曰：吉。受年。〕一 二 三 四 五 六 七 ［八］

〔貞：呈受年。〕一 二 三 四 五 六 七

貞：呈不其受年。一 二 二告 三 四 五 六 七 八

貞：甾不其受年。一 二 三 四 五 六 二告 七 八

〔雀入二百五十。〕　　　　　　　　　　（《合集》9791 典賓）

這版近甲橋處無鑽鑿、主體左右各兩列密集型龜腹甲上，反面選貞卜辭沿千里路兩側直行刻寫，左側一條有占辭。這組卜辭的卜兆在近千里路部位，右側卜辭兆序之始"一"在中甲部位，左側卜辭兆序之始"一"在中甲下面第一卜兆，兩側各一列，自上而下依次縱排。從反面鑽鑿布局判斷，"甾受年"一辭，卜兆應該到"八"。正面選貞卜辭沿左右原邊直行向下刻寫，兆序一至八靠近左右原邊，自上而下依次排列。

2. 鑽鑿布局下一些特殊的兆序排列順序　稀疏型與密集型鑽鑿布局模式的龜腹甲，兆序排列一般以從內向外、自上而下爲主要行式。此外，也有一些特殊的，或者說是少數的兆序排列行式。這些特殊兆序排列行式主要出現在主體左右各三列及以上密集型鑽鑿布局模式中。

〔壬戌卜，亘〕，［貞：帝］若畫。［一］二 三 四 ［五］六 七 八 九 小告 十 一 二

貞：帝弗若畫。〔王［占曰］：弗若。〕［一 二 三］四 ［五］六 七 八 九 十 一 二　　　　　　　　（《合集》2273 典賓）

這版龜腹甲前甲下部與後甲上部兆序排列爲先從內向外，再自下而上。

辛卯卜，爭，貞：甲酒燎。一 二 三 四

辛卯卜，爭，貞：王亡乍憂。一 二 三

辛卯卜，內，貞：王有乍憂。一 二 三 四 二告 五 六 七 八

辛卯卜，爭：勿呼取奠女子。一 二 二告

辛卯卜，爭：呼取奠女子。一 二

[呼] 取奠女子。一 二 三 四

庚子卜，㱿，貞：令子商先涉羌于河。一 二 三 四 五 六 七 八

庚子卜，㱿，貞：勿令子商先涉羌于河。一 二 三 四 二告 五 六
七 八

辛丑卜，爭，貞：取子卯。一 二 三

辛丑卜，爭，貞：勿取子卯。一 二 三　　　　（《合集》536 賓一）

這版龜腹甲整版兆序先從外向內，再自上而下或自下而上依次排列。其中
右後甲部位舌下縫與腹股溝之間的"王屮乍憂"一辭所屬兆序是從外向
內，自上而下依次排列的。左右前甲下部的"令子商先涉羌于河"一辭所
屬兆序是從外向內、自下而上依次排列的。其餘卜辭兆序從外向內依次
橫排。

己丑卜，㱿，貞：即以芻，其五百唯六。一 二 三 [四] 五 [六]
七 二告 八 九 十 一 二

貞：即以芻，不其五百唯六。一 二 三 四 五 六 七 八 二告 九 十
一 二

{戊午卜，賓，貞：呼取牛百，以。王占 [曰]：吉。以，其至。}
一 二 三 四 五 六 七 八 [九] 十

{貞：王比沚聝伐巴方。} 一 二 三 四 五 [六 七 八 九] 十 二告
　　　　　　　　　　　　　　　　　　（《合集》93 典賓）

這版龜腹甲有三個占卜事項。首甲卜辭犯兆，未刻兆序，懷疑反面有卜辭
未刻。首甲是一組"即以芻，其五百唯六"正反對貞卜辭，兆序很可能是
首、前甲交界處的"二"。前甲一組兆序辭自上而下，再從內向外依次縱
排，未刻卜辭。後甲卜辭刻寫在反面，"王比沚聝伐巴方" 和 "呼取牛

百，以"，其兆序排列行式與前甲部位相同。

    {己卯卜，殻，}　貞：王往于田。一 二 二告 三

    王勿往于田。一 二 三

    {貞：勿鼄唯□令。}　一 二 三 四 二告 五 六

    {勿令。}　一 二 三 四 五 六　　　　　　　　（《合集》635 賓一）

這版龜腹甲後甲下部左側兆序自上而下排列，因中間一列兆序"四五六"
可以接續左側卜辭"王勿往于田"的兆序"一二三"，也可以接續其右側
反面卜辭"勿令"的兆序"一二三"，不宜判斷其具體所屬。通過右側對
應位置卜辭的卜兆兆序，則可以得到較明晰的判定：靠近千里路部位卜辭
"勿鼄唯□令"的兆序爲從内向外、自上而下分兩列依次排列；靠近原邊
自上而下排列的兆序"一二三"應該屬於其右側"王往于田"卜辭。因
龜腹甲千里路兩側的卜辭與兆序通常呈對稱分布，據此推測左後甲下部中
間一列兆序四至六接續其右側兆序，屬"勿令"一辭。

    貞：今丙戌焚犲，出从雨。一 二 三 四 五 六 七 八 九

    貞：犲，亡其从雨。{王占曰：唯翌丁不雨。戊雨。}　一 二 三 四

五 二告 六 七 八

    于翌庚奏。一 二

    勿于庚。一 二

    叀今己丑奏。一 二 三

    勿唯今己。一 二 三 四

    舞岳出。二

    勿舞岳。二

    {庚寅出从［雨］}。三

    甲辰卜，殻，貞：奚來白馬。王占曰：吉。其來。一 二 三 四 五

    甲辰卜，殻，貞：奚不其來白馬。五［月］。［一 二］三［四 五］

    {貞：之。}（朱書）一 二告 二 三 四 五

    {□□。}（朱書）一 二 三 四 五

{莫入五十。}（甲橋刻辭 朱書）

{争。}

{史。}　　　　　　　　　　　　　　　　　　　（《合集》9177 典賓）

這版龜腹甲反面爲近甲橋處有鑽鑿主體左右各兩列密集型鑽鑿布局。從中甲下部到後甲上部，沿千里路兩側自上而下直行向下刻寫了一組“焚犲，坐从雨”的正反對貞卜辭。其兆序先最外側上部一個，爲“一”；再中間自上而下依次排列兩個，爲“二”“三”；最後又沿千里路兩側自上而下依次排列，爲“四”至“九”。該組卜辭兆序排列較爲迂曲。該版其餘卜辭卜兆自上而下、從內向外依次橫排。

3. 鑽鑿布局下龜腹甲反面使用情況　　不同的鑽鑿布局，龜腹甲反面刻辭的內容有所偏重。單環稀疏型，反面多爲占辭、驗辭、前辭、署辭，偶見命辭。複環稀疏型反面多占辭、署辭，有少量驗辭、前辭，也有少量命辭。近甲橋處無鑽鑿主體左右各兩列密集型，反面多見占辭、署辭，有少量前辭、驗辭、命辭。近甲橋處有鑽鑿主體左右各兩列密集型，反面多見占辭、前辭、署辭、命辭。主體左右各三列及以上密集型，反面多見占辭、前辭、署辭、命辭。

各種鑽鑿布局下，卜辭結構段落的分布在一定程度上與龜腹甲的大小及鑽鑿的密集程度有關。一般來講，賓組一類字體，龜腹甲尺寸比較大、鑽鑿比較密集，其反面刻寫命辭的情況比較常見。這也可以看作是早期充分利用龜腹甲空間進行占卜的結果。

（三）施鑽鑿的時間

通常認爲鑽鑿是在龜骨送至占卜機構以後，取用占卜用龜骨之前完成的。[①] 鑽鑿布局模式說明施鑽鑿可能有兩個時間點。

---

① 董作賓：《商代龜卜之推測》，《安陽發掘報告》第一期；張秉權：《甲骨文的發現與骨卜習慣的考證》，《“中研院”歷史語言研究所集刊》第三十七本下冊，1967年；方稚松：《殷墟甲骨文五種記事刻辭研究》，北京：綫裝書局，2009 年，第183 頁。

　　一是在還没有具體的占卜事件時，就按一定布局施以鑽鑿，以備日後占卜取用。稀疏型中的"0"字Ⅰ型基本型、"0"字Ⅱ型基本型、"8"字型、複環稀疏型以及所有的密集型，龜版數量相對比較多，鑽鑿布局規範，正面卜辭既有一辭一兆，也有一辭多兆以及成套卜辭、成套腹甲，説明正面占卜方式受反面鑽鑿影響相對小一些，這種鑽鑿布局很可能具有預先性，是龜腹甲被送至占卜機構以後就按照貞人們設計好的布局模式施以鑽鑿。殷墟甲骨施鑽鑿的時間絶大多數都屬於這種情況，例見《合集》14659。

　　二是在確定了要進行占卜的事件，并且有了對這個事件的占卜方式以及過程的初步設想以後，取龜，施加鑽鑿，再進行占卜。外環鑽鑿數目减少的"0"字Ⅰ型變式i，正面通常是幾版一套的成套腹甲，一套之内各版鑽鑿格局全同，很可能是有了占卜預設以後才施加鑽鑿的。另外稀疏密集混合型的稀疏部分很可能具有臨時性。

　　　　貞：我其齒，擒。五　二告
　　　　己卯卜，殻，貞：弗其擒。五　　　　　（《合集》10656 賓一）

這版龜腹甲前甲上部左右各一個鑽鑿，爲成套腹甲"我其陷，擒"的第五版。

　　　　辛卯卜，殻，貞：其艱。三月。三
　　　　辛卯卜，殻，貞：不艱。三
　　　　壬辰卜，貞：亘亡憂。三
　　　　貞：亘其出憂。三　　　　　　　　　（《合集》10184 賓一）

這版龜腹甲前甲和後甲上部左右各一個鑽鑿，爲成套腹甲的第三版。

　　　　壬午卜，殻，貞：出伐上甲十有五，卯十小宰。三
　　　　出伐于上甲十有五，卯十小宰出五。三
　　　　勿辛出出。三　　　　　　　　　　　（《合集》901 典賓）

這版甲骨後甲中間左右各一個鑽鑿，右尾甲一個鑽鑿，爲成套腹甲的第

三版。

　　戊寅卜，殼，貞：雷鳳*其來。｛王占曰：鳳*其出其唯丁。不出
其出疾。弗其凡。｝四

　　貞：鳳*不其來。四

　　戊寅卜，殼，貞：沚彧其來。｛王占曰：彧其出重庚，其先彧
至。｝四

　　沚彧不其來。四　　　　　　　　　　　　　　（《合集》3947① 典賓）

這版龜腹甲前甲左右各兩個鑽鑿，後甲左右各一個鑽鑿，只使用了前甲四
個鑽鑿，爲成套腹甲的第四版。

（四）影響鑽鑿數目的因素

　　董作賓認爲，一版龜腹甲上的鑽鑿數目與龜腹甲的大小成正比，② 張
秉權則認爲與龜腹甲的大小無關。③ 從鑽鑿布局來看，YH127 坑賓組龜腹
甲一版內鑽鑿的數目，主要是由鑽鑿布局決定的。如《合集》9523 長
29.4 厘米，鑽鑿布局是 "0" 字 I 型變式 i，整版有六個鑽鑿；《乙編》
4702 長 28.7 厘米，是主體左右各三列密集型鑽鑿布局，整版有一百零三
個鑽鑿。兩版相比較，前一版尺寸更大一些，但鑽鑿很少，與後一版鑽鑿
數目相差很大。《合集》18353 長 16.1 厘米，是首甲中甲有鑽鑿單環稀疏
型，整版十三個鑽鑿，按首甲中甲無鑽鑿單環稀疏型來使用，灼燒了十個
鑽鑿。《乙編》5280 長 16 厘米，是近甲橋處無鑽鑿、主體左右各兩列密
集型布局，整版有三十一個鑽鑿。以上兩版大小相差不多，但鑽鑿數目相
差比較大。由這兩組龜腹甲可以較爲清晰地看出，YH127 坑賓組龜腹甲上
鑽鑿的數目主要是由鑽鑿布局模式決定的。當然，由於賓組龜腹甲上單個

---

① 《合集》3946 爲成套卜辭之三。兩版龜腹甲大小相當，鑽鑿布局全同，正面甲骨
　刻寫布局全同，反面占辭刻寫布局不同。

② 董作賓：《商代龜卜之推測》，《安陽發掘報告》第一期。

③ 張秉權：《殷虛卜龜之卜兆及其有關問題》，《"中研院" 院刊》第一輯《慶祝朱家
　驊先生六十歲論文集》，1954 年。

鑽鑿的長短差別不大，所以在密集型模式中，龜腹甲的大小與鑽鑿的數目普遍成正比。

（五）鑽鑿布局與成套占卜

在鑽鑿布局類型下，成套占卜呈現出一定的規律性。

1. 鑽鑿布局下的成套占卜　見於不同版的成套腹甲一般出現在首甲中甲無鑽鑿的單環和複環稀疏型鑽鑿布局模式中，一版內的成套卜辭主要見於稀疏型鑽鑿布局模式的龜腹甲上。

　　　壬戌卜，爭，貞：翌乙丑出伐于唐。用。三

　　　貞：翌乙丑勿蠢出伐于唐。一　二告

　　　貞：翌乙丑亦集于唐。一

　　　翌乙丑勿酒。一

　　　貞：出咸戊。一　二告

　　　出于學戊。一

　　　勿出。一

　　　勿出。一

　　　翌乙丑其雨。一

　　　翌乙丑不雨。一

　　　王……唯……雨……

　　{畫入二百五十。}　　　　　　　　　　　（《合集》952 典賓）

這版龜腹甲是成套腹甲的第一版，鑽鑿布局爲首甲中甲無鑽鑿單環稀疏型的基本型。

　　　丁未卜，爭，貞：甾各化受又。{王占曰：唯戊哉。}二

　　　丁未卜，爭，貞：甾各化弗其受又。二

　　　二

　　　二

　　　貞：方其哉我史。二

貞：方弗戋我史。{王占曰：吉。唯其亡工舌。叀其值。} 二

貞：我史其戋方。二　二告

我史弗其戋方。二

貞：阱亡憂。二

貞：阱其㞢憂。二

往西多紲□王伐。[二]　　　　　　　　　（《合集》6771① 典賓）

這版龜腹甲是成套腹甲的第二版，所在龜腹甲鑽鑿布局爲首甲中甲無鑽鑿單環稀疏型的變式 ii。

辛卯卜，㱿，貞：王往延魚，若。一

辛卯卜，㱿，貞：王勿延魚，不若。一 二告

辛丑卜，賓，貞：翌壬寅其雨。{王占曰：吉，唯翌庚。} 一

貞：翌壬辰不其雨。{壬辰允不雨，風。} 一

壬辰卜，㱿，貞：㞢祖辛二牛。一

㞢祖辛二牛。一

貞……祖……

㞢。一

{㞢祖辛。}

王夢唯憂。

不唯憂。

{賈入二。}　　　　　　　　　　　　　　（《合集》12921 賓一）

這版龜腹甲，一辭一兆，整版兆序相同，可能是整版成套的龜腹甲之第一版。這種整版成套的龜腹甲在複環稀疏型鑽鑿布局的龜腹甲中占一定比重。

　　YH127 坑賓組龜腹甲的成套腹甲一般一套最多五甲，這與首甲中甲無鑽鑿單環稀疏型基本式所特有的一版一組正反對貞卜辭各五兆五序的占卜

_____

① 《合集》6959 鑽鑿布局同。

理念應該相同，其實質就是一組正反對貞卜辭各占卜了五次，灼燒了五個鑽鑿。不同只是在於是在同一版上進行，還是在不同龜版上進行。

2. 見於一版的成套卜辭的實質　一版内的成套卜辭主要出現在稀疏型鑽鑿布局的龜腹甲上，極少數見於密集型。張秉權指出成套卜辭的卜兆，并不集中在一塊地方，而且毫無規律地分布在龜版的上中下各部，又和另一些事件的卜兆混在一起，如果這些卜兆的旁邊沒有卜辭來加以注明，日子一久就無法稽考它們是屬於哪一事件所占卜的事項了，如果卜兆的頂端沒有序數，也就無法查出哪一卜兆先占，哪一卜兆後占的了。爲了便於"計其占之中否"起見，就不得不在卜兆之旁一一刻上卜辭，於是在甲骨上就出現了成套的卜辭了。① 正如張秉權指出的，一版内有其他卜辭相間隔的時候，卜辭的重複刻寫就是爲了標示卜兆所屬，這是一版内出現成套卜辭的實質。卜辭總是要守兆或守鑽鑿的，也就是説，卜辭的作用就是要注明卜兆的占卜事件，在這一點上，成套卜辭與其他卜辭沒有任何實質性的不同。

> 貞：執雕芻。一 二
>
> 執雕芻。三
>
> 貞：執雕芻。四 五
>
> 貞：勿執雕芻。一 二 三 四 五
>
> 貞：王夢啓，唯憂。一
>
> 王夢啓，不唯憂。一
>
> 貞：唯憂。一　　　　　　　　　　　　　　（《合集》122 典賓）

這版龜腹甲"王夢"之辭在前甲上部左右對貞，并與"執雕芻"卜辭相間刻寫。"執雕芻"在該版上是兆序到"五"的對貞卜辭，右側"執雕芻"卜辭的五個兆序被"唯憂"卜辭隔爲三段，爲三條成套的正貞卜辭。

---

① 張秉權：《論成套卜辭》，《"中研院"歷史語言研究所集刊》外編第四種《慶祝董作賓先生六十五歲論文集》，臺北："中研院"歷史語言研究所，1960 年，上册。

從這一版可以看出，"執離芻"的重複刻寫，構成了一版內的成套卜辭，它們有一個很明顯的功能，就是標示出卜兆所屬。左甲部位卜辭五兆，兆序一與下面的兆序二至五被跨首甲與前甲部位的卜辭"王夢啓，不唯憂"隔斷，其兆序爲右下之一，也可判斷左首甲兆序"一"屬"勿執離芻"卜辭。

　　　丙寅卜，內：翌丁卯王步，易日。一二

　　　翌丁卯王步，不易日。一二告

　　　貞：呼乍圉于專。一

　　　勿乍圉于專。一

　　　丙寅卜，爭，貞：我亡憂。一二三四

　　　貞：我亡憂。五六七八

　　　貞：翌己巳步于卒。一二

　　　貞：卒亡肇飲。一二

　　　丁卯卜，穀，貞：我自亡肇飲。一二

　　　貞：翌戊辰王步，易日。一二

　　　貞：于庚午步于卒。一二

　　　丙寅卜，爭：翌戊辰勿步。一二

　　　丙寅［卜］，爭……一二

　　　{隹入十。}　　　　　　　　　　　　　（《合集》11274 賓一）

這版龜腹甲前甲下部有兩條成套卜辭，占卜我亡憂，兆序先右後左，從內向外，自下而上依次排列到"八"，左側"我亡憂"的重複刻寫，一方面可以形成與右側的對稱，另一方面在於標示出左側對應部位的卜兆及兆序所屬。

　　　貞：呼雷耤于明。［一］二三四二告

　　　丙戌卜，賓，貞：令眾黍，其受屮［年］。　{王占曰：吉，受
　　［屮］年。}一二三四五

　　　庚申卜，古，貞：勿蠤敉于南庚宰。用。{王占曰：吉。}一

　　　{莫……}　　　　　　　　　　　　　　（《合集》14 典賓）

這版龜腹甲右前甲部位的卜辭"呼雷耤于明"的兆序一、二與三、四被後甲甲橋部位卜辭"勿讟敊于南庚宰"隔斷，并未在後甲下部或尾甲部位重複刻寫卜辭"呼雷耤于明"。因卜辭"敊于南庚"的卜兆只有一個，兆序辭只有一，不會對判斷兆序三、四的所屬造成干擾。

當一版内只有一組成套卜辭，沒有其他卜辭時，成套的標示作用就被弱化了。這種情況一般出現在尺寸比較大、刻寫空間比較充足的龜腹甲上。

> 丙辰卜，古，貞：其敊羌。一
>
> 貞：敊羌。二
>
> 貞：敊羌。三 四 二告 五
>
> 貞：于庚申伐羌。一
>
> 貞：庚申伐羌。二
>
> 貞：庚申伐羌。三 四 二告 五　　　　　　（《合集》466 典賓）

這版龜腹甲上有一組選貞卜辭，呈左右對稱分布，整版龜腹甲上只有三條成套卜辭，沒有其他卜辭，其下面左右兩側重複刻寫卜辭的標示作用被弱化。

> 庚子卜，爭，貞：西史旨亡憂，出。　｛王占曰：其唯丁引，
> 戠。｝一
>
> 庚子卜，爭，貞：西史旨其出憂。一 二告
>
> 貞：西史旨亡憂，出。二
>
> 西史旨其出憂。二
>
> 貞：旨亡憂。三 二告
>
> 旨其出憂。三
>
> 旨亡憂。四
>
> 其出憂。四 不
>
> 旨亡憂。五 不
>
> 其出憂。五
>
> ｛婦㛸來。｝
>
> ｛易入二十。｝　　　　　　　　　　　　（《合集》5637 典賓）

這版龜腹甲反面是複環稀疏型鑽鑿布局，正面是一組正反對貞卜辭左右對稱分布，沒有其他卜辭。占卜時有的鑽鑿未使用，有的鑽鑿灼燒後未刻寫兆序辭，實際相當於一組正反對貞卜辭，分別刻寫了五次、進行了五次占卜，即五條成套卜辭。卜辭刻寫位置、行款并兆序整體布局同於“0”字Ⅰ型。這版龜腹甲下面左右兩側重複刻寫卜辭的標示作用被弱化。

　　丙戌卜，殼，貞：戜允其來。十三月。｛王占曰：甲申戜來。肩來。｝一

　　丙戌卜，殼，貞：戜不其來。｛王占曰：大驟風｝。一

　　貞：戜允來。二

　　貞：戜不其來。二

　　貞：戜允其來。三

　　貞：戜不其來。三 二告

　　丙戌卜，殼，貞：戜其來。一 二 三 四 五 六 七 八 九

　　｛屰入五。｝（甲橋刻辭）　　　　　　　（《合集》3979 典賓）

這版占卜“戜來”之辭，龜腹甲表面以腹股溝爲界，上部反面鑽鑿爲首甲中甲無鑽鑿單環稀疏型變式 i，六個鑽鑿。其正面對應部位，因該版龜腹甲尺寸較大，刻寫空間相對充足，是正反對貞三組成套的方式來占卜的卜辭，兆序分別爲一至三。下部反面爲主體左右各三列密集型布局，其正面對應部位卜辭以一辭多兆的形式來占卜，該辭兆序從一至九。兩個部分，兩種鑽鑿模式，分別采用各自的特色占卜方式來進行，即稀疏部分成套，密集部分一辭多兆。

（六）鑽鑿布局與犯兆

　　卜辭犯兆的現象最早由張秉權指出。[1] 龜腹甲卜辭犯兆情況主要有三種情況，即犯兩側卜辭之兆，犯反面卜辭之兆，犯自身卜辭之兆，例見

---

[1]　張秉權：《殷虛卜龜之卜兆及其有關問題》，《“中研院”院刊》第一輯《慶祝朱家驊先生六十歲論文集》，1954 年。

《合集》902、12051。

鑽鑿布局下的犯兆，在 YH127 坑賓組龜腹甲上看得比較清楚，單環稀疏型基本未見犯兆，複環稀疏型個別有犯兆（如《合集》11006），主體兩列密集型有少量犯兆（如《合集》3458、12051）。以上這些犯兆卜辭，一般文字刻寫得比較大。主體左右各三列及以上密集型有三分之一以上龜腹甲有犯兆現象，而且刻字有大有小（如《合集》6943）。據此推斷，犯兆主要是由於鑽鑿密集、卜辭刻寫空間不足所致。

（七）兆序刻寫時間

最早探討兆序辭刻寫時間的是張秉權，他認爲是在灼兆以後、刻卜辭以前。[1] 實際兆序的刻寫可能有三個時間點。

第一，兆序辭在灼燒卜兆以後，灼燒一個卜兆即刻寫一個兆序辭。這主要出現在兩種情況下，一是一辭一兆，一灼一刻；一是兆序排列較爲混亂的一灼一刻。

> 唯南庚害王。一
>
> 不唯南庚害王。一
>
> 貞：王屰出害。一
>
> 貞：王屰不唯出害。一　　　　　　　　（《合集》10299 賓一）

這版龜腹甲近舌下縫之上左右各有一條卜辭，是一組"南庚害王"正反對貞卜辭，每條卜辭有一個卜兆。左右後甲近甲橋下部各有一條卜辭，是一組"王屰有害"正反對貞卜辭，每條卜辭有一個卜兆。以上四條卜辭各占卜一次，兆序辭很可能在每次灼燒之後即行刻寫。

> 呼妊、疫克。一 二告 二 三
>
> 貞：呼妊、疫克。一 二
>
> 二 三 二告

---

[1] 張秉權：《卜龜腹甲的序數》，《"中研院"歷史語言研究所集刊》第二十八本上册，1956 年。

丁酉卜，爭，貞：呼妌、疫克。一 五 六 四 二告 七

{奠來二十。在寧。}　　　　　　　　　　　　（《合集》4464 典賓）

這版龜腹甲上的卜辭爲"呼妌、疫克"之事占卜了三個回合。從卜辭的完整程度來判斷，占卜刻寫的順序是先左後右。第一個回合占卜了七次："一"在左首甲，"二""三"在右後甲及右尾甲，"四"在左後甲上部，"五"在左前甲上部，"六"在左前甲下部，"七"在左後甲下部。這種排列很混亂的兆序辭很可能是一灼一刻。第二個回合在右首甲、中甲及右前甲上部，占卜了三次。第三回合在右前甲下部及右後甲上部，占卜了兩次。按照張秉權對成套卜辭的界定，這三條不在一個占卜回合內，當不屬於成套卜辭。

第二，龜腹甲上兆序排列較爲普遍的行式是自上而下或先從內向外、再自上而下依次排列。這種很規則的兆序排列行式，兆序辭的刻寫可以灼一組刻一組，當然也可以一灼一刻。

戊寅卜，爭，貞：敗，王徝于之若。一 二 三 四 五 六 七 八 九 十

貞：勿敗，不若。一 二 三 四 五 六 七 八 九 十 二告

　　　　　　　　　　　　　　　（《合集》16152 典賓）

這版龜腹甲跨後甲及尾甲部位的正反對貞卜辭，兆序辭從內向外、自上而下依次排列，左右基本沿千里路對稱分布。這種規則排列的兆序辭，可以灼完一組之後再一起刻寫，也可以一灼一刻。

第三，當卜辭犯自身卜兆時，一般會在卜辭刻寫之後再刻寫兆序辭，或者重新調整、修改兆序辭的順序。這要據甲骨實物或清晰的甲骨照片上有無刮削或修改過兆序辭的痕跡來確定，僅僅憑藉拓本是不能够作出準確判斷的。

壬戌卜，韋，貞：今十二月雨。一 二 三 四 五 六 七 八 九

貞：今十二月不其雨。一 二 三 四 五 ［六］七 ［八 九］

　　　　　　　　　　　　　　　（《乙編》908+ 典賓）

這版龜腹甲前甲上部有正反對貞卜辭，左右兩條卜辭犯了自身的三個卜兆。從兆序刻寫情況來看，所犯之兆未刻寫兆序辭，首甲部位三個卜兆分別刻寫了一至三，之下又接續首甲從內向外、自上而下依次刻寫了兆序辭四至九。這兩條卜辭的兆序辭爲一至九。兆序辭被卜辭隔斷後接續刻寫，説明這些兆序辭應該是在刻寫卜辭之後刻寫上去或重新修改過的。

此外，有些甲骨上只刻寫了卜辭，沒有刻寫相應的兆序辭，可能是遺忘了兆序辭的刻寫。午組龜腹甲，如《合集》22048、22050、22098、22094+22441、《合集》21073+《乙編》5573 等整版未見兆序辭，可能是遺漏刻寫，也可能是午組卜辭不重視兆序辭的刻寫。

商代占卜，兆序辭刻寫的時間比較靈活。但大多數還是在灼兆之後、刻寫卜辭之前進行。

（八）占卜預設

從 YH127 坑賓組龜腹甲呈現出的卜辭以及兆序的布局來看，當時的貞人集團在占卜一件事之前應該有一個預先設想的占卜方案。這些設想的方案可能包括以下兩個方面的內容：使用哪個區域的哪些鑽鑿①和灼燒鑽鑿的順序。確定占卜一件事所使用的區域，就確定了占卜要使用鑽鑿的個數，這就是占卜的次數。確定了灼燒鑽鑿的順序，也就確定了兆序辭，即確定了占卜的起點、過程與終點。由於一些特色鑽鑿布局有自己特有的刻寫行款，懷疑占卜預設中也許會把刻寫行款部分考慮在內。

　　乙巳卜，㱿，貞：我其出令戓，叀用王。一 二 三 四 五 六 七二告

　　乙巳卜，㱿，貞：我勿出令戓，弗其叀用王。一 二 三 不 $\downarrow$ 四五 六

（《合集》1107 典賓）

這版龜腹甲應是占卜之前就預設好了用正反對貞的形式，右側分配給正貞

---

① 這一點是方稚松先生在給本文初稿提意見時提出的。

之辭，左側分配給反貞之辭。雖然取用了主體左右各兩列密集型鑽鑿布局的龜腹甲，但占卜前決定有些鑽鑿不必使用，按照首甲中甲有鑽鑿單環稀疏型布局的方式來占卜，右側用外環的七個鑽鑿，左側用外環的六個鑽鑿，兩側都自上而下依次灼燒。

> 甲寅卜，賓，貞：我山王事。一 二 三 四 五 二告 六 七
>
> 貞：我弗其山王事。一 二 三 四 五 六
>
> 貞：牟山王事。一 二 三 四 五 六
>
> 貞：牟弗其山王事。一 二 三 四 五 六
>
> ｛疾□，唯父乙害。｝一 二 三 二告
>
> ｛不唯父乙害。｝一 二 三
>
> ｛貫入二十。｝
>
> ｛殼。｝ （《合集》5480 典賓）

這版龜腹甲占卜之前就預設了用正反對貞的形式。占卜"我堪王事"使用首甲、中甲、前甲部位及其上所有鑽鑿；占卜"牟山王事"使用後甲部位及其上所有鑽鑿；占卜"父乙害"使用尾甲部位及其上所有鑽鑿；灼燒各相應部位鑽鑿的順序皆爲先從內向外，再自上而下。

> ｛貞：御于父乙。｝一 二 二告 三 四
>
> ｛勿御于父乙。｝一 二 三 四
>
> 壬申卜，爭，貞：父乙觜羌甲。一 二 二告 三 四 五 六 七 八 九 十 一 二 三 四 五 六 七［八］九 十 十① 一 二
>
> 壬申卜，爭，貞：父乙弗觜羌甲。一 二 三 四［五 六］七 八 九 十［一 二］三 四 五 六［七 八］九 十 一 二
>
> 父乙觜祖乙。一 二 三 四 五 六 七 八 九 十 一［二］三 四
>
> ［父乙弗觜祖乙］。一 二 三 四［五］六 七 八 九［十］一 二 三 四

---

① 第二個兆序"十"爲衍刻。

{御于父乙。}①一 二 三 四 五 六 七②

父乙牾南庚。一 二 三 四 五 六 七 八 九③

父乙弗牾南庚。一 二 三 四 五 六 七 二告 八 九

{御于父乙。}一 二 三 四 五 六 七 八

{爭。}

(《合集》1656+ 典賓)

這版龜腹甲占卜之前就預設了用正反對貞的形式；占卜"御于父乙"使用
首甲部位及其上四個鑽鑿；占卜"父乙牾羌甲"使用前甲部位及其上的二
十四個鑽鑿；占卜"父乙牾祖乙"使用後甲上部及其上的十四個鑽鑿；占
卜"父乙牾南庚"使用後甲下部及其上的九個鑽鑿；占卜"御于父乙"
使用尾甲部位及其上的八個鑽鑿；尾甲部位右上一個卜兆有卜辭犯兆，未
刻寫兆序辭。整版灼燒鑽鑿的順序皆爲從内向外，自上而下。這版龜腹甲
是主體左右各三列密集型鑽鑿排列布局模式中特別中規中矩的一版，也是
YH127 坑賓組龜腹甲中占卜最隆重的一版。整版基本在選貞祖先，共進行
了九十二次占卜，其上卜辭分布十分規範。實際上在 YH127 坑賓組龜腹
甲中，由於整版腹甲常常用於很多事類的占卜，能如此規範的并不多見。

方稚松指出："卜辭在甲骨上應該是分區的，把某一個區域分配給某
一條卜辭，這個區域的所有鑽鑿就歸這條卜辭所有。判斷吉凶的時候，有
的是看單獨的卜兆，有的是看這個區域整體的卜兆情況，可能這就是兆和
體。"④ 這就是説，一辭多兆的占卜，決定占卜結束的并不是最後一個卜
兆的形態，而是把哪個區域的哪些鑽鑿分配給了這條卜辭。占卜結束於它

---

① 這條卜辭刻寫在反面左側後甲甲橋附近，但所屬卜兆可能還是在右尾甲。
② 兆枝在右尾甲"庚"字下，故此未刻該兆序，但實際這一鑽鑿被使用了。該版左
   右尾甲兆序排列布局不同，推想是先刻右側卜辭及卜兆，後覺右後甲的兆序
   "九"與右尾甲的兆序"八"都不好刻寫，遂在左尾甲處調整文字的刻寫位置，
   使得這兩個卜兆都可以刻寫。這也是右後甲底部尾甲上部這兩條正反對貞卜辭刻
   寫不對稱的原因所在。
③ 從拓本狀態看，"九"可能刻後被刮削，目的在於使其不混同在卜辭中。
④ 這一點也是方稚松先生在給本文初稿提意見時提出的。

所屬的占卜區域，而吉凶的判斷取決於綜合考慮這個區域整體卜兆顯現的形態。

　　癸丑卜，爭，貞：戓往來亡憂。王占曰：亡憂。一 二 三 四 五
二告

　　貞：戓往來其出憂。一 二 三　　　　　　　　（《合集》914 典賓）

這版龜腹甲尾甲部分的占卜涉及占卜預設、犯兆、兆序刻寫時間等問題。① 占卜預設時，決定用正反對貞的形式把“戓往來亡憂”這件事分配到尾甲部位。從反面照片來看，這輪占卜灼燒了整個尾甲部位的所有鑽鑿。從卜辭的完整性以及兆序的分布情況來看，占卜刻寫的順序應該是先左後右。在刻寫卜辭的時候，刻手先刻寫了左側的卜辭，并且犯了上面的三個卜兆。刻寫卜辭之後，在其下方刻寫或重新修改了兆序辭一至五。至於右尾甲，刻手把卜辭刻寫在中間部位，犯了中間一行的兩個卜兆。刻寫卜辭之後，在其下方刻寫或重新修改了兆序辭一至三。這使得這組正反對貞卜辭刻寫位置以及兆序布局都沒有形成沿千里路左右對稱的格局，具有隨意性。

　　壬子卜：其雨。一 二 三

　　壬子卜：不雨。一 二 [三]

　　辛亥卜，韋：其雨。一 二 三

　　[不其雨。一 二 三]

　　庚戌卜，韋：其雨。一 二 三

　　不其雨。一 二 三

　　己酉卜，韋：其雨。一 二 三

　　不其雨。一 二 三

　　戊戌貞：其雨。一 二 三

　　[貞：不] 其雨。一 二 三

----

① 這段內容是筆者與方稚松先生共同討論的結果。

乙未卜，韋，貞：雨。一二三

貞：不其雨。一二三

丁酉貞：其雨。一二三

丁酉貞：不其雨。一二三

｛丙申卜，韋，貞：雨。｝一二三 (右尾甲近齒縫處)

｛貞：不其雨。｝一二三 (左尾甲近齒縫處)

一二①

一［二］   （《合集》11892 戌類·賓一）②

這版龜腹甲首刻之辭在後甲下部近原邊處，第二辭刻寫在反面尾甲千里路兩側，第三辭刻寫在尾甲下部，第四辭刻寫在後甲下部近千里路處，第五辭刻寫在後甲上部近原邊處，第六辭刻寫在後甲上部千里路右側，第七辭刻寫在前甲下部近原邊處，第八辭刻寫在中甲下面千里路右側。與其對貞之辭在左側對應位置。占卜刻寫順序基本自下而上，從內向外。兆序排列從內向外依次橫排，一辭三兆。首甲中甲處鑽鑿皆被灼燒過，疑有未刻之辭。這版卜雨之辭，很均勻的一辭三兆也體現了占卜預設。

占卜預設比較明確地體現在以下幾種情況：一、每種鑽鑿布局模式的特色行款；二、見於不同版的成套腹甲以及一版內只有一套的成套卜辭；三、按龜的天然結構"齒縫"或某一明確界限來分配的占卜區域。這些較規則的一事多卜都能比較明確地體現出占卜預設。

（九）鑽鑿布局與綴合

是否可以嘗試以反面鑽鑿布局模式爲着眼點來考慮甲骨綴合還需要探討。但事實表明，鑽鑿布局有時可以作爲驗證綴合正確與否的一項標準。

《合集》13333+16998 這版龜腹甲的鑽鑿布局爲近甲橋處無鑽鑿、主體左右各兩列密集型，整版鑽鑿布局應爲：首甲左右各一個鑽鑿，中甲一

---

① 未能確定反面是否有字，或有未刻寫之辭。

② 這版龜腹甲由兩個刻手刻寫，乙、丙、丁、戊日占卜由"戌"類刻手刻寫，戊、己、庚、辛日占卜由賓組一類刻手刻寫。

個鑽鑿，前甲左右各五個鑽鑿，後甲左右各三行兩列六個鑽鑿，尾甲左右各三個鑽鑿。這組綴合缺少了後甲第三行的下半行鑽鑿及尾甲第一行的上半行鑽鑿，相當於少了一行鑽鑿并齒縫的空間。以此證明，這版綴合不成立。

《合集》10275 這版龜腹甲反面鑽鑿布局爲近甲橋處有鑽鑿、主體左右各兩列密集型，整版鑽鑿布局應爲：首甲左右各三個鑽鑿；中甲兩個相對的鑽鑿；前甲左右上部近首甲及原邊處有三個鑽鑿，下部有兩行三列六個鑽鑿，共九個鑽鑿。後甲左右兩列四行八個鑽鑿，後甲近甲橋處有一個鑽鑿，共九個鑽鑿，尾甲左右各三個鑽鑿。而《合集》10275 最右側一條有一列五個鑽鑿，明顯過長，不合鑽鑿布局模式，應該重新考慮。此外，這版正面兆序數也不合賓組兆序排列的常規。

（十）鑽鑿布局與甲骨字體類別

不同字體類別有其主要的鑽鑿布局模式，反之，這些特色鑽鑿布局也可以輔助推測甲骨組類。

1. YH127 坑賓組龜腹甲的鑽鑿布局與甲骨字體類別　對於 YH127 坑賓組龜腹甲來説，密集型主要見於賓一類、典賓類以及介於它們之間的組類，稀疏型主要見於賓組一類與典賓類之間的類別及典賓早類型。這也就是説，從時間發展序列來看，YH127 坑賓組龜腹甲中主體左右各三列及以上型出現使用的時代比較早，持續時間很長，其他鑽鑿排列布局是稍晚一些的產物。

2. 一些組類的基本型特色鑽鑿布局輔助推斷甲骨組類　對比觀察武丁中晚期王卜辭與非王卜辭的反面鑽鑿排列布局，有時可以大概確定其所屬組類。

午組龜腹甲多使用尺寸較大的龜，鑽鑿排列較爲密集。首甲一般左右各一個鑽鑿；中甲一般兩個左右相對的鑽鑿；前甲一般左右各十個鑽鑿，前甲近首甲原邊處一個鑽鑿，下面主體部分三行三列九個鑽鑿；後甲一般左右各十四個鑽鑿，主體部分三列鑽鑿，其中中間左右各兩列五行十個，外側左右各一列四個鑽鑿，共十四個鑽鑿；甲橋一般不施加鑽鑿；尾甲左右各兩個鑽鑿，并且單個鑽鑿有歪斜感，如《合集》22045+15108。午組卜辭兆序排列一般從一到三或六，也有到"十一"的（如《合集》22046）。

　　婦女卜辭龜腹甲一般使用尺寸比較小的龜，鑽鑿相對稀疏：首甲一般不施鑽鑿；中甲可施可不施鑽鑿；前甲左右一般各零至四個鑽鑿，以三、四個爲多；後甲與尾甲部位的鑽鑿呈圓形排列，如《合集》22138、22283。殷墟第十五次發掘中的婦女卜辭正面顏色多數較爲斑駁。婦女卜辭的兆序數比較小，有成套卜辭。①

（十一）中甲部位的鑿數、序數及所屬情況

　　主體左右各三列及以上密集型鑽鑿布局，中甲位置一般有二至四個鑽鑿，兆序數排列較靈活，有如下幾種情況：1. 中甲不使用（如《合集》10950）。2. 中甲鑽鑿獨立，一辭一兆，自成一卜（《合集》14295）。3. 接續首甲兆序，從內向外，自上而下排列，爲反面卜辭之兆（《合集》2273）。4. 接續首甲兆序，自上而下排列（《合集》2002）。5. 與首甲兆序相連續，中甲爲兆序之始，從內向外，自下而上排列（《合集》14198+）。6. 與前甲兆序相連續，爲兆序之始，從內向外，自上而下排列（《合集》10902）。7. 與前甲兆序相連續，爲兆序之始，自上而下排列（《合集》766）。8. 接續首甲，再與前甲兆序相連續，從內向外，自上而下排列（《合集》14002）。9. 接續前甲，再與首甲兆序相連續，自下而上排列（《合集》1677+）。

三、小　　結

　　本文指出的一些現象，只能説是 YH127 坑賓組龜腹甲上存在的一些現象，有些可能適用於大多數或絶大多數，有些是特例。

　　YH127 坑賓組龜腹甲鑽鑿布局總體上可以分爲稀疏型和密集型兩大類。稀疏型又分爲單環稀疏型（"0"字型）和複環稀疏型。單環稀疏型

---

① 對於婦女類成套卜辭的研究成果介紹可參見孫亞冰：《殷墟花園莊東地甲骨文例研究》，上海：上海古籍出版社，2014 年，第 12—13 頁。

可進一步分爲首甲中甲無鑽鑿型（“0”字Ⅰ型，包括兩種變式）和首甲中甲有鑽鑿型（“0”字Ⅱ型，包括一種“8”字變式）。密集型又分爲主體左右各兩列型和主體左右各三列及以上型。主體左右各兩列型可進一步分爲近甲橋處無鑽鑿型和近甲橋處有鑽鑿型。此外，還有稀疏密集混合型。

　　YH127 坑賓組龜腹甲鑽鑿布局涉及很多占卜現象。鑽鑿布局模式下有一般與特色卜辭布局、刻寫行款與兆序排列順序。不同的鑽鑿布局下，龜腹甲反面的使用也有所不同，賓組一類主體三列密集型龜腹甲反面卜辭較多，占辭驗辭較少。施鑽鑿時間絕大多數具有預先性，也有少數典賓類具有臨時性。影響鑽鑿數目的因素主要是鑽鑿布局模式，但在密集型模式中鑽鑿數目普遍與龜腹甲大小成正比。成套腹甲主要出現在首甲中甲不施鑽鑿的單環稀疏型和複環稀疏型鑽鑿布局的龜腹甲上，婦女卜辭的成套腹甲也有這個規律。成套卜辭的實質在於標示卜兆所屬，當所在龜腹甲比較大、一版內又只有一套卜辭時，這種標示作用就被形式化了。犯兆主要有犯兩側卜辭卜兆、犯反面卜辭卜兆和犯自身卜兆三種情況，主體左右各三列密集型鑽鑿布局犯兆多見，是鑽鑿密集、刻寫空間有限的結果。刻寫兆序辭的時間可以在刻寫卜辭之前一灼一刻或灼一組刻一組；卜辭犯自身卜兆時，可以在刻寫卜辭之後刻寫或調整修改兆序辭。午組、出組等卜辭中有遺忘刻寫兆序的情況。占卜預設比較明確地體現在每種鑽鑿布局模式的特色行款中，見於不同版的成套腹甲以及一版內只有一套的成套卜辭，按龜的天然結構“齒縫”或某一明確界限來分配的占卜區域等較規則的一事多卜占卜方式中。YH127 坑賓組龜腹甲的主體左右各三列及以上密集型出現的時間比較早，持續的時間很長，其他鑽鑿布局模式，尤其是稀疏型鑽鑿布局是稍晚一些的産物。通過午組、婦女、花東、賓組等一些基本型特色鑽鑿布局可以輔助推斷甲骨組類。主體左右各三列密集型鑽鑿布局，中甲部位的鑿數、序數及所屬很靈活。

　　YH127 賓組龜腹甲的鑽鑿布局向我們展示了武丁中期偏晚到晚期這段時間，王的貞人們一直在致力於占卜方式（包括占卜審美）的不斷嘗試與探索。這使得這一時期的占卜呈現出多樣化。

附表：YH127 坑賓組龜腹甲鑽鑿排列布局模式表（667 版）

1. 總體情況表　　　　　　　　　　　　　　　　　　　　　　　　長度單位：厘米

鑽鑿排列模式			組類	尺寸	鑿數	套辭	套甲	犯兆
稀疏型	單環	首中無	典	20	10	√	√	×
		首中有	典	15	13	偶	×	×
	複　環		典	26—32	26	√	√	個別
密集型	主體左右各兩列	近橋無	典	17—18	31	√	×	少量
		近橋有	典	18—22	54	√	×	漸多
	主體左右各三列		一典	27—30	120	√	×	三分之一上
稀疏密集混合型			一典	20—30	？	√	×	少量

2. 首甲中甲無鑽鑿單環稀疏型（86 版）

《合集》14311、5446、10833、12972、7851、9075、7103、4855、10515、13675、96、8310、18353、466、10964、671、1532、12487、6654、18860、3438、10136、14、9950、4259、10989、5354、10345、10656、3238、255、952、273、901、1100、18800、894、14437、274、10184、3947、3946、5924、7351、11498 正、6619、14210、9522、6959、772、6771、14209、9523、203、1780、9520、9521、11497、9472、15576、1104、12488、5117、1584、11217、1747、2779、16789、275、860、5774、5397、4179、10655、7584、469、3715、11962、9271、17407、11483、7387、4509

《丙編》364

《乙編》6383

《合補》3809

3. 首甲中甲有鑽鑿單環稀疏型（66 版）

《合集》14138、8796、5445、1114、10935、14147、17411、13338、2422、12438、1868、882、8987、9658、7267、5298、13658、12842、9013、3333、9742、14929、838、575、14621、11177、9735、2355、13931、728、14639、13282、1086、14638、9233、10174、9743、11964、17185、10808、15563、8985、9788、965、10910、14184、4769、1370、812、18899、9464、122、4464、768、3163、9002、1748、9671、19377、1707、3771、14149、14148、1623

《乙編》3925+5978

《丙編》255

4. 複環稀疏型（56 版）

《合集》32、1901、13505、10346、6016、904、1854、418、10407、6486、698、6653、11006、6483、4769、6480、12648、13490、10408、6482、14735、6571、5637、506、6486、6476、946、6647、12921、152、6485、8938、1657、1191、6945、916、10306、11484、721、17409、1402、943、5483、13697、11007、11971、2190

《丙編》269、231、396、245、182、379

《乙編》3248

《合補》1595

《乙補》4428

5. 主體左右各兩列近甲橋處無鑽鑿密集型（99 版）

《合集》14888、10937、10137、2530、5776、10539、9235、4121、17485、3458、656、14395、9012、9236、6655、715、267、1171、17221、9791、2940、9810、1822、2415、555、8990、5611、5480、12324、12862、12898、9774、6572、5096、10601、9775、5516、5884、3271、6577、116、5995、14951、722、16335、7023、11274、787、17230、18911、12434、12973、13151、13750、14201、1107、2429、14153、12396、13333、7226、7942、19269、14228、1531、12163、3201、133、3171、9087、9131、6827、10133、4178、12839、14182、11511、9717、8015、8947、17105、18662、4174、3695、14364、9067、829、9849、17820

《丙編》225、375、356、315

《乙編》4676、2907、3638

《乙補》4352、6491

《合補》3453

6. 主體左右各兩列近甲橋處有鑽鑿密集型（77 版）

《合集》10124、13648、5638、10299、13934、270、9503、775、10315、930、1280、893、926、13390、17085、7773、9177、697、17408、17301、12051、4735、6033、5769、8969、4300、915、12439、716、488、11506、13757、6037、13696、13506、16131、9792、9783、14468、3481、6928、822、438、456、16152、6032、4611、500、3482、1772、2252、14930、9252、9251、15854、13803、2606、15176、10049、707、17799、2130、14127、8912、6550、10275、7239、235、702、11000、13674

續　表

《丙編》205、108、427

《乙編》4360、908

《合補》5425

7. 主體左右各三列及以上密集型（274 版）

《合集》11893、585、10936、419、140、590、17798、6834、810、7426、9741、
17271、14295、1051、903、5775、11018、14161、672、6943、5658、808、478、
734、900、880、914、2002、635、1899、5332、14199、10976、151、1076、7075、
10950、10902、795、14207、891、1076、6474、940、776 正、8984、6478、3332、
1656、18521、11892、14293、423、2273、809、974、1285、14755、738、10613、
6648、376、536、1677、93、9504、14200、14659、6583、2685、14198、945、709、
7768、6947、6649、13555、1773、6952、14732、7076、892、7772、14211、6949、
947、190、17397、667、13624、201、3200、6948、13752、6461、14002、1052、
17817、1027、248、6475、272、9668、505、7352、11423、1128、10198、1655、
249、11596、7571、10859、371、2504、12831、7877、9197、641、17845、16463、
1707、15531、17079、14107、17253、4498、6657、1821、7929、15849、12766、
14034、14033、12312、2629、505、19208、6530、13647、97、1115、3216、3196、
1248、8656、4154、17784、14156、973、13283、14795、5381、9947、1717、
13713、6530、17228、5415、1006、454、14329、16256、13623、2775、15641、
136、12447、9750、3971、2231、14576、10938、2478、12446、2891、7407、5473、
3898、4551、14787、717、1744、13656、17797、14001、14696、309、5435、
17920、9934、462、1795、9322、4907、12939、600、17816、8808、226、1385、
10040、7852、1395、2521、13695、8129、10331、5532、16026、11422、271、
4141、991、98、3061、14173、9608、3217、6457、7427、905、1878、11940、
3521、6830、8720、1140、6664、2652、17474、13514、5447、13584、6828、9019、
1817、17390、12651、6650、4814、15457、6826、13649、10022、4499、8913、
6473、15403、556、5477

《丙編》293、299、433、235、345、159、347、409、311

《乙編》3334、5589、1265、6970、3135、3918、7389、2335、639、3857、2945、7658

《乙補》4916

《合補》3476

8. 稀疏密集混合型（9 版）

《合集》9525、975、10344、12577、3979、6460、6946、939、110

引書簡稱表：

《合集》　　　《甲骨文合集》

《乙編》　　　《殷虛文字乙編》

《丙編》　　　《殷虛文字丙編》

《合補》　　　《甲骨文合集補編》

附記：本文蒙方稚松先生幫忙審閱，并提出多處修改意見，謹致謝忱！

2015 年 11 月 16 日一稿

2016 年 2 月 11 日二稿

2016 年 10 月 8 日定稿

（原載《考古學報》2017 年第 1 期）

由五種記事刻辭動詞用法之別試析占卜龜骨之貢納程序[*]

方稚松

北京外國語大學中國語言文學學院

　　殷墟甲骨文五種記事刻辭中出現的動詞，據我們考察多達十一個：入、來、以、乞、示、取、見、堇、肇、受、龜。這其中又以"入""來""以""乞""示"最爲常見，我們對它們在不同記事刻辭中的出現頻率大致作了統計，列表如下：

表 1　五種記事刻辭動詞出現頻率

種　類	動　　詞					備　注
	入	來	以	乞	示	
甲橋	304 例	94 例	52 例	75 例	164 例	
甲尾	75 例	5 例		1 例		
背甲	19 例	11 例	5 例	18 例	24 例	
骨臼	3 例			36 例	285 例	
骨面	3 例	3 例		44 例（此處不含歷組）	11 例	歷組骨面刻辭全是用乞

　　這些動詞都含有貢納、致送類含義。對於其中"示"的含義，由它在記事刻辭中的用法看，與"入""來""以""乞"等又有所區別。柳東春在《殷墟甲骨文記事刻辭研究》中對記事刻辭中"示"的用法特點歸

---

* 　本文從筆者博士論文《殷墟甲骨文五種記事刻辭研究》（北京：綫裝書局，2009年）第三章節選而成。論文得到黃天樹師的悉心指導，謹致謝忱。

納得較爲詳盡，我們引用如下：

1. 大部分記事刻辭裏"┬"字，與"入""來""取""气"動詞一起出現。甲橋：入與┬、來與┬、取與┬；骨臼：气與┬；背甲：入與┬；骨面：气與┬。由此現象可知，"入""來""取""气"等動詞與"┬"動詞性質迴然不同。

2. 依文例看，先有"入""來""取""气"之後，再有"┬"。

3. 大部分刻辭之"┬"字下面之數字比同一句子内其他動詞（入、來、取、气）下面之數字小，或没有記數字。此無記數字者，蓋其數字與其他動詞下面數字同，因此省略了。

4. 多數骨臼刻辭僅記"┬"動詞，此可能與大部分胛骨由商朝自己供給有關。

5. "┬"前所見專名，似爲人名，最多的是婦名。據鍾柏生學長，諸婦中有封地者，只有婦好、婦井兩人。因此董先生之"致送"之説，似難成立，因爲無封地者，不可能致送骨與甲。

6. 卜辭裏或作"〒"或作"┬"，兩字可通，但記事刻辭裏皆作"┬"。此有其一定的原因，蓋記事刻辭裏"┬"字與卜辭裏"〒""┬"字有不同意義在。①

上表中我們若抛開"示"字不看，考察"入""來""以""乞"在五種記事刻辭中的出現頻率，明顯可看出肩胛骨類記事刻辭（骨臼、骨面）以動詞"乞"最爲常見，龜甲類（甲橋、甲尾、背甲）以"入"爲最多。對於出現這一現象的原因，胡厚宣在《武丁時五種記事刻辭考》文中所作的解釋是有道理的，即龜甲大部分由外地貢入，而牛胛骨無需他求，大多自行采集。② 對此，我們可通過分析龜甲和肩胛骨這兩類記事刻

---

① 柳東春：《殷墟甲骨文記事刻辭研究》，臺灣大學碩士學位論文，1989 年，第 122—123 頁。

② 胡厚宣：《武丁時五種記事刻辭考》，《甲骨學商史論叢初集（外一種）》，石家莊：河北教育出版社，2002 年，上册。

辭各自的特點來説明。

　　龜甲類（甲橋、甲尾、背甲）記事刻辭中用於動詞"入""來""以"前的"某"即表示龜甲的貢納者。這裏的"某"理解爲人名是没有問題的，但不同名稱的具體性質也有所不同。其中很多是屬於人、地、族同名的，像這樣的貢入者往往表示的就是龜甲的貢納地，如"皋、並、弜、屮、受、壴、雀、子奠、子商、子畫（即畫）、甾"等，據朱鳳瀚《商周家族形態研究》一文考證都屬於商王朝的貴族。① 朱先生認爲這些貴族都占有一定的屬地，對商王朝要擔負勞役和貢納等義務，這些意見應該是正確的。這些名稱很多都是與商代青銅器上的族氏銘文相合，可參嚴志斌《商代青銅器銘文研究》。② "入""來""以"前的"某"除了商朝貴族名外，還有一些屬於方國名，如"周、失、虎、竹、絴"等。此外，也有一部分是屬於商王朝的職官臣僚，如"小臣、史、册（乍册）、丙、亞（《花東》500）"等。這些職官的入貢性質與那些族氏名、方國名有所不同，後者所貢龜甲可能就來自本族内，貢納龜甲是他們應盡的義務之一；而職官臣僚屬商王朝的内服系統，他們所貢入的龜甲應是得自他處而貢入的，這種納貢甲骨也并非他們的職責義務，只是偶爾爲之，故這部分刻辭數量并不多見。

　　總之，由入納龜甲較多的名稱"雀、畫、我、奠、賈、壴、屮、念、虘"等可知，當時占卜所用的龜甲主要是由商王朝的貴族們貢入的，此外還有一部分是由歸附商朝的方國貢入的，偶爾一些職官、貞人和婦人也會貢入少量龜甲。

　　明確龜甲的貢入情況後，我們再看看肩胛骨的來源情況。關於肩胛骨的來源，胡厚宣在《殷代卜龜之來源》中所作的解釋是有道理的，胡先生説："殷人祀祖，每用牛祭，且用牛之多，每駭人聽聞。……牛祭之後，除沉牛於河、埋牛於地、燎牛於火之外，其胛骨當存之以備占卜

① 朱鳳瀚：《商周家族形態研究（增訂本）》，天津：天津古籍出版社，2004年。
② 嚴志斌：《商代青銅器銘文研究》，上海：上海古籍出版社，2013年。

之用也。"① 這應該是合乎實際的，肩胛骨類記事刻辭的特點也能反映出這點。這一類記事刻辭在動詞使用上以"示""乞"爲主，格式主要是"某示多少""某乞多少""乞自某多少"。

關於記事刻辭中的"示"，我們認爲其有"付與"之義。"示"前名稱婦名占的比例最大，這些婦應爲商王及王室成員的配偶，她們多是生活在商王城内的。這説明這種"婦某示"與前面那些"某入（來、以）"不同，不是表示龜骨貢納的族氏或來源地，而只是説明龜骨由這些人交付來而已。《周禮·天官·世婦》記載："世婦掌祭祀、賓客、喪紀之事，帥女宫而濯概，爲齍盛。及祭之日，蒞陳女宫之具，凡内羞之物。"從甲骨文看，商代的"婦人"多需承擔交付占卜所需龜骨之事。這類刻辭中的那些小臣名和羌名也應是承擔如此職能的。"示"者中也有與"入""來""以"者相同的，可能是族氏之名，如"邑、虎、壴、畫、亘、攸、并、奠、陜、辠、禽、我、子央"等。這些名稱中除"邑"較爲常見、所"示"次數比例較多之外，其他名稱出現次數都不多，而"邑"作爲"來""以"者（不見其"入"例）又較爲少見，這説明"邑"更多是充當"示者"的職能。對於這些"示者"與"入（或來、以）者"名相同的現象，其實也并不難解釋。因爲我們雖然認爲"示"與"入""來""以"存有區別，但它畢竟表示的也是致送類的含義，故出現這種"示者"與"入（或來、以）者"同名的情況也并不爲怪。不過，這種"示"來的龜骨和"入（或來、以）"的龜骨可能還是有區別的，詳下。

"乞"也并見龜甲類與肩胛骨類記事刻辭，以肩胛骨記事刻辭爲多，主要有"某乞""乞自某""自某乞""某乞自某"等幾種格式。其中"某乞"多見於歷組骨面刻辭，"乞"前的人名多爲"夨"，此外有1例"尸"和3例"力"；歷組之外"乞"前的人名比較少見，有"則、畫、㱿、婦井、𪊦"。這些人名的性質與龜甲類記事刻辭"入（來、以）"前

---

① 胡厚宣：《殷代卜龜之來源》，《甲骨學商史論叢初集（外一種）》，上册，第 464—465 頁。

面的名稱多有不同，并不是表示胛骨來源地的。"乞"字格式中表示龜骨來源的是"乞自某""自某乞"中的"某"，這一"某"與表龜甲貢納地的名稱也不同，主要是"雩、畕、叟、邑、橐"等。這些名稱的性質比較複雜，其中有些可能是人、族、地合一表示胛骨來源地的族氏名稱，如"畕、邑、橐"；有一些可能是屬於宗廟類建築或處所名稱，如"束"；① 還有一些是從"丙（賈）"那裏得來的。值得注意的是，在整個肩胛骨的記事刻辭中，像這樣"乞自某"或"自某乞"標明胛骨來源的刻辭出現頻率并不算高，所占比例較大的是賓組骨臼刻辭中的"某示多少"和歷組骨面刻辭中的"某乞多少"，而這種"某示""某乞"的"某"一般都不是作爲族、地名的。這就是説，肩胛骨記事刻辭中多數都沒有指明胛骨的來源地，爲何如此？就是因爲當時占卜所用的大量牛肩胛骨多數應是來自祭祀中所用的牛牲，② 不必由他處貢入，故無需注明來源地。

在對占卜所用龜甲和肩胛骨的來源有了了解後，下面要側重討論的是記事刻辭中"入（或來、以）""乞""示"幾個不同動詞所表達的內容性質上是否存有區別？爲何"示"可與"入""來""以""乞"連用，且多在其後，其中又有着怎樣的含義？

我們在對五種記事刻辭分析考察的過程中，發現"乞""示"與"入""來""以"在使用上有一些較爲獨特的特點：

一、"示"與"乞"常和"屯"搭配，而"入""來""以"却不和"屯"連用。

"屯"表示的是成對的肩胛骨或背甲，只見於背甲、骨臼、骨面刻辭中，龜腹甲不是成對的，故常用於甲尾、甲橋刻辭中的"入""來""以"後當然不會出現"屯"字。但有意思的是，背甲雖是成對的，但背甲中的

---

① 姚萱：《殷墟花園莊東地甲骨卜辭的初步研究》，北京：綫裝書局，2006 年，第185—190 頁。

② 需説明的是，當時祭祀所用的活牛除當地圈養外，也有從外地貢入的，卜辭中有"以牛"（《類纂》23 頁）、"共牛"（《類纂》362 頁）、"見牛"（《合集》102、1520）等。

動詞"入""來""以"後也從不見"屯"字，這是由於搭配習慣所致還是別有原因呢？這一問題引起了我們對龜甲類記事刻辭中由那些族氏或方國"入（或來、以）"的貢納物性質的考慮。

肩胛骨類記事刻辭中出現的大量"屯"字表明"乞""示"來的物品（包括爲數不多的用"入"和用"來"的幾例）肯定已是動物的胛骨而不會是動物本身，即使有些辭中并没有"屯"字，那也只能如此理解。但龜甲類記事刻辭就不同了，除背甲刻辭中那些帶有"屯"字的能表明貢入的是成對的背甲外，其他大量的甲橋、甲尾刻辭都不會帶有"屯"字，"入""來""以"後僅是記下一些單獨的數字。雖然我們知道這種刻辭表示的是關於龜甲的貢納記錄，但它却并没有告訴我們所貢入的是整龜還是經過整治的腹甲、背甲。而這一問題無疑是值得我們思考的。對此，董作賓《殷虛文字乙編》"序"中曾明確表達過看法，他以爲："貢納以前，龜甲皆經製造過，龜甲分開腹、背；背甲又中分爲左右兩半。"① 後黃天樹、劉一曼等學者亦持此觀點。② 也有學者認爲當時貢納來的龜胛是未經整治的整龜，如陳夢家《殷虛卜辭綜述》即持此觀點，③ 王宇信、王蘊智等學者贊同。④ 對此，我們認爲貢入整龜的可能性更大。《周禮·春官·龜人》記載："凡取龜用秋時，攻龜用春時，各以其物入於龜室。"鄭玄注："秋取龜，及萬物成也。攻，治也。治龜骨以春，是時乾解不發傷也。"孫詒讓《正義》："此官以秋時令鼈人既得龜，獻之，此官則受殺而

---

① 董作賓主編：《殷虛文字乙編》，臺北："中研院"歷史語言研究所，1948年，上冊，第13頁。此處據1994年6月二版。
② 黃天樹：《甲骨形態學》，黃天樹主編：《甲骨拼合集》，北京：學苑出版社，2010年，第514—538頁；又收入《黃天樹甲骨金文論集》，北京：學苑出版社，2014年，第356—388頁。劉一曼：《論殷墟甲骨整治與占卜的幾個問題》，李宗焜主編：《古文字與古代史》第四輯，臺北："中研院"歷史語言研究所，2015年，第187—227頁。
③ 陳夢家：《殷虛卜辭綜述》，北京：中華書局，1988年，第10頁。
④ 王宇信、魏建震：《甲骨學導論》，北京：中國社會科學出版社，2010年；王蘊智：《殷商甲骨文研究》，北京：科學出版社，2010年。

乾之，以待春時攻治之以備用。"由殺龜可知貢入的應是活龜。當然，文獻中的這些記載是否符合商代事實現還無法考證，但從甲骨文中的一些辭例看，似也有貢入整龜之可能，如記事刻辭中有這樣幾例：

(1) ☑龜五百。　　　　　　　　　　　（《合集》9182 反 典賓）

(2) ☑龜五百。　　　　　　　　　　　（《合集》9183 典賓）

(3) 丙子來十，龜百。　　　　　　　　（《合集》9188 反 賓組）

(4) ☑入五十☑婦井乞龜自耳五十☑。　（《合集》9395 典賓）

(5) 雀入龜五百。　　　　　　　　　　（《合集》9774 反 賓一）

(6) □亥受盤龜☑。　　　　　　　　　（《合集》16012 反 自賓間）

(7) ☑［受］自盤龜☑。　　　　　　　（《英藏》784 反 自賓間）

卜辭中又有這樣的記載：

(8) 屮來自南以龜。

(9) 不其以。　　　　　　　　　　　　（《合集》7076 正 賓一）

(10) 貞：龜不其南以。　　　　　　　　（《合集》8994 典賓）

(11) ☑貞：屮☑來。王［占曰］☑惟來。五日☑允至，以龜：龜八，龜（龜①）五百十。四月。　（《合集》8996 正＝8997 典賓）

(12) 丁丑卜，殼（反面）貞：偁不其以龜。（《合集》8998 正 典賓）

(13) 貞：則不其［以］龜。　　　　　　（《合集》8999 典賓）

(14) 壬辰□□貞：則☑龜。　　　　　　（《合集》9000 典賓）

(15) 貞：念自般龜。　　　　　　　　　（《合集》9471 典賓）

(16) 庚申：令龏惟來，龏以龜二，若令。（《合集》21562 子組）

(17) 乙亥：弜巳叙盤龜于室。用。　　　（《花東》449）

(18) 癸亥：子往于兴，肇子丹一、盤龜二。（《花東》450）

---

① 裘錫圭：《釋"秘"》，《裘錫圭學術文集·甲骨文卷》，上海：復旦大學出版社，2012年，第51—71頁。從甲骨文常出現"盤龜"一詞，此字或也可理解爲"盤龜"合文。

這些刻辭都是貢龜的明確記録，這裏的龜應該有指整龜的，并且卜辭中還有用龜的記録：

(19) 丙午卜：其用龜。　　　　　　　（《合集》17666＝17667 賓三）

這裏的"用龜"應該與用牲相當，指的是活龜，這種龜可能就是由外地貢入的。此外，在殷墟發掘中，據當地人介紹也"曾發現一儲藏龜料之所，大小數百隻，皆爲腹背完整之龜甲"。[1] 這種剮空腸腹的龜殼標明當時加工的應是整龜。若如此，那麽貢納來的整龜在用於占卜之前是肯定需經過一個整治過程的。董作賓曾列甲骨的占卜程序有：取用第一，辨相第二，釁燎第三，攻治第四，類例第五，鑽鑿第六，燋灼第七，兆璺第八，書契第九，庋藏第十。[2] 陳夢家分作取材、鋸削、刮磨、鑽鑿、灼兆、刻辭、書辭、塗辭、刻兆九事。[3] 我們這裏所説的整治主要相當於董先生的"攻治"、陳先生的"鋸削、刮磨"這一過程，具體大致包括殺龜、除去頭足內臟、分開腹背甲、切錯刮磨等。

退一步説，即使認爲貢納來的并非爲整龜而是龜甲，那麽這種龜甲在鑽鑿之前仍有可能需進一步加工處理。考古發掘表明不同時代不同地點所出土的甲骨在整治方面都會有所差別，即使在某一時期內，甲骨整治技術上呈現出一些共同的特點，但具體到不同地點也會有所區別。劉一曼及宋鎮豪兩位先生曾對同屬殷墟的小屯、花園庄東地、苗圃北地三地龜甲整治上的特點作過比較，[4] 它們之間的區別也是很明顯的。如腹甲方面：小屯

---

[1]　董作賓：《新獲卜辭寫本後記》，《安陽發掘報告》第一期，北平：國立中央研究院歷史語言研究所，1929 年，第 212 頁；收入《董作賓先生全集》甲編，臺北：藝文印書館，1977 年，第 2 册，第 517—547 頁。

[2]　董作賓：《商代龜卜之推測》，《安陽發掘報告》第一期，北平：國立中央研究院歷史語言研究所，1929 年；收入《董作賓先生全集》甲編，臺北：藝文印書館，1977 年，第 3 册，第 813—884 頁；又收入宋鎮豪、段志洪主編：《甲骨文獻集成》，成都：四川大學出版社，2001 年，第 17 册，第 1—19 頁。

[3]　陳夢家：《殷虛卜辭綜述》，第 10—16 頁。

[4]　劉一曼：《安陽殷墟甲骨出土地及其相關問題》，《考古》1997 年第 5 期；宋鎮豪：《夏商社會生活史（下）》，北京：中國社會科學出版社，2005 年，第 878 頁。

的腹甲一般甲首裏面均鏟平，不留邊緣，甲橋只留一小部分，甲橋與腹甲連接處成鈍角，邊緣呈弧綫狀，花東與之相似；苗圃北地的腹甲以甲首經過掏挖，留有寬厚的邊緣，甲橋與腹甲相連部分成鋭角的占多數。背甲方面：小屯有兩種整治方式，一是從中脊平分對剖爲二，邊緣經修整刮磨，近梭形；二是對剖以後，又鋸去中脊凹凸部分和首尾兩端，邊緣修整成弧綫，近似鞋底狀。花東背甲只對剖爲二，邊緣略加刮磨，無改制爲鞋底形的。苗圃北地背甲也有兩種：一種略呈梭形，似小屯第一類；另一種似刀形，裏面兩端較厚，中部較薄，有明顯的鋸磨痕迹，中部穿一圓孔，此式爲苗圃所獨有。這種同一地點出土甲骨在整治上的共同性表明某一時段内所使用的甲骨應是由當地的專門機構統一進行加工的，若是説從四面八方貢納的龜甲都是已整治好的，那它們在整治方面能具有如此特點是難以讓人想象的。

至於肩胛骨，自然也需有專門機構對祭祀時所宰殺的牲牛進行處理整治後才能用於占卜，考古發掘中就獲得許多未經切錯削治的獸骨和已經刮治過的肩胛骨骨料。如1973年小屯南地發掘的H99坑就發現有一些未經加工的牛肩胛骨，其上保留有圓的骨臼，骨版背面有骨脊，没有鑽鑿。① 這些現象都告訴我們當時商都城裏是設有專門整治甲骨的場所或機構的，由外地貢納來的那些整龜和宰殺後的牲牛應先送到這些地方經過整治處理後方能用於占卜。

既然"入（來、以）"的龜甲在性質上可能存有整龜之可能性，那"乞""示"來的又是怎樣呢？前面已提到，由肩胛骨類刻辭和背甲刻辭中"屯"和"乞""示"連用的情況表明這類刻辭中"乞""示"來的應已經是龜骨了，這點還可從下面這條"乞""示"的用法特點得到證明。

二、"乞"與"示"前常帶有干支，且有些與同版卜辭的干支一致；

---

① 中國社會科學院考古研究所安陽工作隊：《1973年小屯南地發掘報告》，《考古學集刊》第九輯，北京：科學出版社，1995年，第53頁。

而其他動詞前帶干支却極爲少見。①

　　“乞”和“示”前常帶有干支的特殊現象，尚秀妍《再讀胡厚宣先生〈五種記事刻辭考〉》文中曾明確指出，她認爲這些干支可以表示王室官員采集甲骨的日期、修治甲骨的日期或收存甲骨的日期三種可能。② 究竟哪一種可能性最大呢？對此我們可通過對記事刻辭干支與同版卜辭干支關係的考察找到答案。對這一問題進行關注考察的學者并不多，1985 年，李學勤於《論賓組胛骨的幾種記事刻辭》一文中曾注意到記事刻辭干支日與卜辭干支日之間的差距，但只是論及了兩條具體辭例。③ 1988 年，丁驌的《三期與武乙卜辭之區別》一文注意到我們所説的歷組骨面刻辭中的干支“往往與骨上之卜辭同一旬”，但也未作進一步具體分析。④ 至 2003

---

① 記事刻辭中其他動詞前帶干支的有以下幾例：

　　庚□喜入五十。(右甲橋) 殼。(左甲橋)　　　　　　　　　　　　　　（《合集》419 反）

　　乙未𠦪入二。　　　　　　　　　　　　　　　　　　　　　　　　（《合集》12312）

　　庚辰入。賓。　　　　　　　　　　　　　　　　　　　　　　　　　（《合集》19528）

　　丙寅邑示七屯。帚。壬申入　。　　　　　　　　　　　　　　　　　（《合集》1534 白）

　　丙寅邑示七屯。小帚。壬申入二𡦔（?）。　　　　　　　　　　　　（《合集》1661 白）

　　□未粟入七。　　　　　　　　　　　　　　　　　　　　　　　　　（《合集》19946）

　　丁丑粟入七。　　　　　　　　　　　　　　　　　　　　　　　　　（《合集》20646）

　　己未粟入，在亘。　　　　　　　　　　　　　　　　　　　　　　　（《合集》20576 反）

　　丙子來十黽百。　　　　　　　　　　　　　　　　　　　　　　　　（《合集》9188 反）

　　□亥我來☑示十。　　　　　　　　　　　　　　　　　　　　　　　（《合集》17645）

　　□亥受盜黽☑。　　　　　　　　　　　　　　　　　　　　　　　　（《合集》16012 反）

　　癸亥受☑。　　　　　　　　　　　　　　　　　　　　　　　　　　（《合集》17096 反）

　　乙酉小臣𡧽堇。　　　　　　　　　　　　　　　　　　　　　　　　（《合集》28011）

② 尚秀妍：《再讀胡厚宣先生〈五種記事刻辭考〉》，《殷都學刊》1998 年第 3 期；收入宋鎮豪、段志洪主編：《甲骨文獻集成》，第 40 册，第 506—507 頁。

③ 李學勤、齊文心、艾蘭：《英國所藏甲骨集》下編，北京：中華書局，1985 年，上册，附錄第 161—166 頁；在《甲骨文中的同版異組現象》一文中又提到《屯南》910 記事刻辭與卜辭干支的差距，參看李學勤：《綴古集》，上海：上海古籍出版社，1998 年，第 75—77 頁。

④ 丁驌：《三期與武乙卜辭之區別》，《中國文字》新十二期，1988 年；收入宋鎮豪、段志洪主編：《甲骨文獻集成》，第 16 册，第 9—22 頁。

年，林宏明在其博士論文《小屯南地甲骨研究》一文中對歷組骨面刻辭干支與同版卜辭干支之間的關係作了詳細的考察。① 林文提出了骨面卜辭中首刻卜辭的概念，并指出記事刻辭干支有與首刻卜辭干支相同的現象。林先生跟據這一現象及字體特徵，認爲記事刻辭中的干支當理解爲"卜（契）者向管理胛骨的處所取用胛骨的日期"。② 林先生的這種理解主要基於對歷組骨面刻辭的研究，若針對這類刻辭而言，這種理解大致是合適的，因這類刻辭中動詞只有"乞"，"乞"舊多理解爲"求""取"義，故林先生認爲干支就是取用胛骨的日子。林先生以此種取用甲骨日子有與占卜日子相同的現象懷疑"乞"類署辭的含義不會是"由某地或某族貢獻來的"或"向別的國气求骨"之義，因爲從乞骨到卜骨的整治、到可以用來契刻所需過程不可能在一天內完成。實際上，我們認爲這種懷疑是沒有必要的。要説明這點，需先弄明白記事刻辭中的"干支"究竟該如何理解。

記事刻辭中的干支常見於"乞""示"之前或單獨出現。無名組那些單刻的干支，學者多理解爲是甲骨收存的日子，這應該是可信的。"示"前的干支，學界多認爲就是"示"的日期。而"示"表示的是"交付"之義，故這種干支表示的也就是甲骨交付至占卜機構的日子。至於"乞"前的干支，過去學者也多將兩者連讀，但這樣連讀有一歧義："乞"學界多理解爲"求""取"之義，那麼其前的干支表示的是去求取的那天，還是求取來之後的日子呢？當然，若所"乞"的地點就是在商王城內或附近，一天之內完全可以往還，那去求取的日子和求取來的日子沒有什麼區別；但對自外地"乞"來的情況就不同了，故有必要弄清這點。我們認爲若將干支與乞連讀，考慮到記事刻辭干支和卜辭干支有同屬一天的現象，這種干支最好理解爲"乞"來後的日子。不過記事刻辭干支和卜辭干支一致的辭例在賓組中多爲"某示"形式，而少量"乞自某"形式中的"某"又全都爲雫。雫在目前所見的甲骨文中幾乎都是用於記事刻辭中的，或作

---

① 林宏明：《小屯南地甲骨研究》，臺灣政治大學博士學位論文，2003 年，第 277 頁。
② 林宏明：《小屯南地甲骨研究》，第 277 頁。

爲"示"者，或作爲"乞自"對象，它是否是族氏名，有没有自己的屬地都很難説。歷組骨面刻辭也同樣，干支相同的幾例也都不見"自某"格式。況且這類刻辭中所涉及的唯一"乞自"對象🀄（或作🀄、🀄）也并非是具有固定地理位置的地點名稱，而是建築或處所名。這樣一來，在記事刻辭干支與同版卜辭干支一致的例子中，没有一例是肯定從外地"乞"來的，故若有人將"乞"前干支就理解爲求取那天的日子也并不是不可以。對此，我們目前的確找不出堅實的證據來證明若干支與乞連讀，必須將干支理解爲"乞"來後的日子，我們只能按"示"前及單獨出現的干支性質來推測這種"乞"前的干支表示的也應是甲骨入藏的日子。當然爲避免文意上的這些糾紛，也可以按照一些學者的做法，將這一干支與後面的"乞自某多少"點斷。但這種點斷又會讓人有另一種理解：前面的干支和"乞"是没有關係的，干支表示入藏的日子，"乞"字句表示的是龜骨的來源，兩者可以是不同日子的事。這種理解我們也不贊成，"乞"前的干支表示的就是"乞"來的日子，且這種"乞"來的胛骨應該是已經整治處理完備了的，故"乞"來當天就可以用於占卜，"示"來的龜骨也是如此。

下面我們可對賓組肩胛骨類記事刻辭中干支和"乞"搭配的幾種格式作一解釋，這種"乞"前帶干支的主要格式有：

A. 干支乞自某多少

B. 干支某乞自某多少

C. 干支乞自某多少，某示

D. 干支乞自某多少，某示多少

E. 干支某示多少，自某乞

A 意思就是某天自某"乞"來的多少肩胛骨，由於干支表示的就是胛骨入藏的日子，故這一格式也可以這樣理解，某天入藏了多少胛骨，這些胛骨是自某"乞"來的。B 與 A 相比，就是多加了"乞"的人，C 與 A 相比是加了"示"者，值得一提的是 B 中的"乞"者與 C 中的"示"者

名稱多是相同的，故之所以不見“某乞”與“某示”連用，就是因爲某
“乞”來後直接交付就可以了。D 類只見以下兩例：

(20) 己丑乞自岳五屯，後示三屯。岳。　　　　（《合集》9408 典賓）

(21) 壬午乞自橐十屯屮一）屯（？），伐示二十。

（《合集》8473 反 賓三）

這兩例都是後面“示”的數量與前面“乞”的數量不一致，第一例是少，
第二例是多。這種格式含義應是某天自某地“乞”來了多少肩胛骨，其中
或由某人“示”來一部分；或又添加了一些肩胛骨，由某人一并“示”
來。由這種格式知 C 中的“乞自某多少，某示”之“示”後省去數量，
大概是因爲“示”的數量與“乞”的數量應是相同的；甲橋刻辭中的一邊
記“某入（或來、以）多少”，一邊記“某示”可能也當如此理解。E 類格
式中後面的“自某乞”就是補充説明前面“示”來的肩胛骨之來源的。

　　至於其他動詞前帶有干支的記事刻辭，如甲橋刻辭《合集》419 反、
12312、19528、9188 反、16012 反、17096 反、28011 幾例，其中的干支
可能也應理解爲貢入到占卜機構的日期，那些貢入的龜甲也應是整治好的
了。這樣一來，是不是和我們前面所説“入”“來”“以”的是整龜相矛
盾呢？問題恐怕不能這麽看，我們并不是説只要用動詞“入”“來”“以”
記録的就一定指整龜，“乞”“示”來的就一定是已整治好的龜骨。貢納
物性質的差別不是由動詞本身來體現的，而是由具體的語境決定的。肩胛
骨類刻辭中也有用“入”“來”表示貢入胛骨的辭例，故在龜甲類記事刻
辭中用“入”“來”表貢入龜甲版也并非不可。

　　“乞”“示”來的龜骨多爲已經過整治的，這種整治是否包括鑽鑿在
內，也還可進一步考察。爲此，需先弄清記事刻辭是何時刻寫的？

　　張秉權在《甲橋刻辭探微》一文中説：

　　乙編 7041（引者案：即《合集》656 反）“帝咼示十，殻”辭，
這一左甲橋上的刻辭，靠邊的“帝”字僅存▰形，咼字僅存▰形，
顯然那是刻好以後，才被鋸去的。這一事實，説明了甲橋記事之辭的

契刻，應在攻治以前。至少，在這一版上，必定如此。①

張先生認爲記事刻辭可能是在攻治以前刻寫，但不知所説的"攻治"究竟指哪些？恐怕至少要理解到上引陳夢家所説的"刮磨"這一步爲止。不過我們認爲"刮磨"應是在整治機構完成的，而記事刻辭是在甲骨貢入到占卜機構後刻寫的。林宏明博士論文就指出記事刻辭的字體與同版卜辭的刻法及字體大小粗細風格一致，説明記事刻辭的刻者一般情況下應和刻卜辭的是同一人。② 卜辭是占卜後的記録，應是在占卜機構完成的，故記事刻辭也是在占卜機構內刻寫的。也就是説刻寫記事刻辭時甲骨已經是整治好的了，張先生所舉一例恐別有原因。

明確記事刻辭是刻於甲骨整治之後，我們再看記事刻辭和鑽鑿的時間先後關係，對此，可通過考察記事刻辭是否被鑽鑿打破或爲避鑽鑿而刻寫來確定。學者對此問題也多有注意，董作賓在《骨臼刻辭再考》一文中就曾舉有《乙編》6398、5270（《合集》926）中的刻辭被鑽鑿打破之例來説明鑽鑿當在刻辭之後。③ 我們這裏也對記事刻辭與鑽鑿的關係作了考察。因五種記事刻辭中，甲橋刻辭最能體現和鑽鑿的關係，故此處僅以甲橋刻辭作爲考察對象；又因《丙編》和《花東》中所著録的龜甲多完整，故我們重點對這兩本書中的甲橋記事刻辭進行了考察。考察中發現有記事刻辭被鑽鑿打破的例子：如《丙編》443（《合集》14755 反）"畫來十"的"畫""來"左邊被鑽鑿打破；《丙編》236（《合集》902 反）"竹入十"的"竹"也被打破；《花東》79 左甲橋"菷乞"被鑽鑿打破；《花東》190右甲橋上的"庚入二"被鑽鑿打破，細察照片，左邊的"庚入五"中的"五"也被打破，後又在旁邊補刻了一個"五"；《花東》192 中的"示"也被打破；《花東》133 中"史入"刻寫的位置致使右邊比左邊少一個鑽

---

① 張秉權：《甲橋刻辭探微》，《漢學研究》1984 年第 2 卷第 2 期。
② 林宏明：《小屯南地甲骨研究》，第 277 頁。
③ 董作賓：《骨臼刻辭再考》，《"中研院"院刊》第一輯《慶祝朱家驊先生六十歲論文集》，1954 年；收入《董作賓先生全集》甲編，第 2 册，第 661—673 頁；又收入宋鎮豪、段志洪主編：《甲骨文獻集成》，第 18 册，第 48—51 頁。

鑿;《花東》399 右甲橋上的"屵入十"之"屵"被鑽鑿打破;《花東》407 右甲橋上的記事刻辭也被打破;《花東》425 左甲橋上的"五"以及《花東》440、444 左甲橋上的"莽"都被打破。這些例子中的刻辭無疑應是刻在鑽鑿之前的,那是否由此就可推斷所有的刻辭都刻寫於鑽鑿之前呢? 恐怕情況并非這麼簡單,在考察過程中也發現有似爲避鑿而刻辭的例子:如《丙編》213(《合集》14199 反)"婦枼來"的"來"避鑿之意就極爲明顯;《丙編》200(《合集》14207)左甲橋"壹入二,爭"中"爭"的刻寫位置也可看出有避鑽鑿之嫌疑;還有些可能因鑽鑿影響而使字刻寫得較小,如《丙編》422(《合集》140 反)中左甲橋的"殼"因鑽鑿之影響而使字右邊刻寫的較緊密;而《丙編》416(《合集》201)"以自我二十"、《丙編》420(《合集》1385 反)"唯入二"因兩行鑽鑿之間位置較寬,而刻寫較大;《丙編》378(《合集》18911 反)、《丙編》268(合 2530 反)中左右甲橋的記事刻辭似爲避鑽鑿而貼着邊緣刻寫,《丙編》389(《合集》1531 反)"雀入二百五十"亦如此;《丙編》206(《合集》938 反)右甲橋"良子强入五"中的"入五"也似因避開鑽鑿之故。

《丙編》中像這種讓人感覺刻辭是在鑽鑿之後的例子還有不少。當然,也不排除有爲留有鑽鑿之處而特意如此刻寫之可能,但我們認爲鑽鑿在前刻辭在後之現象也還是有存在可能性的。因爲龜骨上的鑽鑿很多是事先就鑿好的,并非都是因占卜需要而臨時挖鑿。這點董作賓在《商代龜卜之推測》一文已指出,文中説:

> 鑽鑿之先於灼,卜事之順序然也。然是否灼之時,隨用而隨鑽之,抑先鑽全龜以備灼用? 是不可不一考究之。觀於龜骨,往往有既鑽鑿而未灼之處,可知非臨時鑽之也。預先鑽(并鑿而言)之則其數何由定? 曰定於龜版之大小。①

---

① 董作賓:《商代龜卜之推測》,《安陽發掘報告》第一期;收入《董作賓先生全集》甲編,第 3 册,第 813—884 頁;又收入宋鎮豪、段志洪主編:《甲骨文獻集成》,第 17 册,第 1—19 頁。

《丙編》中大量鑿而未灼的例子都説明鑿大都是事先備好的。張秉權在《甲骨文的發現與骨卜習慣的考證》一文中就提到：

> 在殷墟的遺址中，曾經發現過未曾攻治過的甲骨原料的堆積場所，也曾發現過已經攻治而尚未使用過的甲骨，又有許多刻了卜辭的甲骨上面，還遺留着很多没有灼過的凹穴（雙聯的或單鑽單鑿的）。這些事實，再加上一塊甲骨有時可以用上幾十天或幾個月的現象，就可以證明每一塊甲骨上面的全部攻治工作（包括那上面的全部鑽鑿凹穴的工作），一定是在占卜取用之前，都已完成的了。并且更可以確定那時必須有專司保管的人和專門儲藏甲骨的地方，才能够發生像上面所説的那類情形和那些事實。①

這些現象説明當時也可能有一批甲骨是先做好鑽鑿再刻寫記事刻辭的。至於鑽鑿是在整治機構還是於占卜機構完成，考慮到記事刻辭有被鑽鑿打破之例及當時也存在隨占隨鑿之現象，我們認爲還是應理解爲在占卜機構内完成爲妥，也就是説鑽鑿是在龜骨"示"或"乞"來之後完成的。

討論至此，我們可對上面提出的爲何"示"常用於"入""來""以""乞"後，其間的含義有何區别這一問題作一回答：那就是"入""以""來""乞"所記之辭表示的只是龜骨的來源地，而"示"表示的則是龜骨交付至占卜機構的這一過程。對於一些"入""以""來"的龜甲，在性質上我們還是有疑問的，它們有可能是仍需整治的整龜或龜甲版，需先經過整治機構的整治，然後才能交付到占卜機構用於占卜。這種交付工作就是由"示"者完成的，"示"來的龜甲或胛骨應是已經整治完畢只需加以鑽鑿就可用於占卜了。猜想當時的整治機構與占卜機構應是不同的兩個部門，龜甲或胛骨在經過一定的整治後由"示"者交付至

---

① 張秉權：《甲骨文的發現與骨卜習慣的考證》，《"中研院"歷史語言研究所集刊》第三十七本下册，1967 年；收入宋鎮豪、段志洪主編：《甲骨文獻集成》，第 17 册，第 57—71 頁。着重號爲引者所加。

占卜機構。從事甲骨整治工作的人身份應較低，戰爭中所獲得的俘虜就有可能需從事此事，作爲"示"者的那些羌人名就可能是負責整治甲骨之羌人中的頭目。而從事"示"這種工作的常是婦人，不過這裏的婦人只是負責人而不是搬運工，因爲有時"示"入的龜甲數量很大，多達幾百版，婦人是不可能親自動手的。現所見有些龜腹甲的甲橋上鑽有小圓孔或在左右甲橋中部外緣刻有半圓缺口，可能就是爲便於捆綁携帶而特意加工的。① 有時由某地貢入的龜甲數量較大，整治時間也會較久，就陸續分成幾批交付到占卜機構，如"我以千"的這批，就分爲"婦井示三十"（《合集》116 反）、"婦井示四十"（《合集》838 反、10935 反）、"婦井示百"（《合集》2530 反）、"婦丙示百"（《合集》9013 反）等數次。也有"示"的數量比"入"的數量大的例子，如背甲刻辭《合集》9274"彘入三。婦□示十。殼"，即使我們認爲"入"的"三"是整龜，那最多也只能修治成三對背甲、三個腹甲，加在一起也就九個，但"示"來的卻有"十"，説明"示"來的還包括其他貢入的龜甲。《合集》8473 反（《合集》未收）"壬午，乞自橐十屯屮一)屯（？），伐示二十"也是這種情況。

　　即使我們認爲"入""來""以"的都是已整治好的龜甲，這也并不影響上面對"示"的解釋。由"入""來"後可接有"在某"看，當時一些"入""來"的龜甲并没有直接交付到占卜機構，而"示"這一過程是明確表示交付至占卜機構的。"入""來""以""乞"的甲骨可以直接交付至占卜機構，也可以中間經過某些手續後再入藏至占卜機構。對於肩胛骨刻辭來説，因"乞"和"示"來的多是已整治好的胛骨，故這類可直接入藏到占卜機構。而對於龜甲類中常出現的"入""來""以"的數量與後面"示"數量不一致的情況，中間肯定是經過了什麼程序，而不是直接交至占卜機構的。

---

① 宋鎮豪：《夏商社會生活史（下）》，第 878 頁。

引書簡稱表：

《花束》	《殷墟花園莊東地甲骨》
《類纂》	《殷墟甲骨刻辭類纂》
《合集》	《甲骨文合集》
《英藏》	《英國所藏甲骨集》
《乙編》	《殷虛文字乙編》
《丙編》	《殷虛文字丙編》

殷墟甲骨文中句式使用的組類差異考察
——以"歲"字句爲例

齊航福

鄭州大學文學院

　　殷墟甲骨文是距今三千多年的殷商晚期之物。隨着學者們研究的深入，我們現在已經知道，殷墟甲骨文有王卜辭和非王卜辭之分，而無論是王卜辭還是非王卜辭又都可以再細分爲若干不同的組類。不同組類的卜辭，在許多方面都存在着一些差異，如字體、書體和用字習慣等。① 那麼，在句式的使用方面，不同組類的卜辭之間是否同樣也存在着差異呢？

一、花東子組中的雙賓語句及相關句式②

　　我們曾對花東卜辭中的雙賓語句進行過整理，③ 整理的過程中發現，"歲"字雙賓語句以及相關句式非常多，如：

1. "歲+神名+牲名"式雙賓語句

　　花東卜辭中這類雙賓語句最多，我們共整理出 244 例，現僅舉數例如下：

---

① 黃天樹、李學勤、彭裕商等先生均有較多論述，詳細情況請參看黃天樹：《殷墟王卜辭的分類與斷代》，北京：科學出版社，2007 年；李學勤、彭裕商：《殷墟甲骨分期研究》，上海：上海古籍出版社，1996 年。

② 本文"相關句式"是指"歲+于+神名+牲名""歲+牲名+于+神名"兩式，雖然也有學者把這兩式視作雙賓語句，但我們傾向於把這類句式中的"神名"視作介詞"于"的賓語，"于+神名"一起充當動詞"歲"的補語。

③ 齊航福：《花東卜辭中所見非祭祀動詞雙賓語研究》，《北方論叢》2009 年第 5 期；《花東卜辭中的祭祀動詞雙賓語句試析》，《古漢語研究》2010 年第 1 期。

（1）歲妣庚牡。 (3.5①)

（2）乙亥夕：歲祖乙黑牝一，子祝。 (67.1)

（3）乙亥夕：歲祖乙黑牝一，子祝。 (67.2)

（4）己丑：歲妣己彘一。 (67.3)

（5）甲辰卜：歲祖乙牢，惠牡。 (169.2)

（6）庚辰：歲妣庚豕。 (258.3)

（7）甲辰：歲祖甲莧一，友［彘一］。 (338.2)

（8）甲辰：歲祖甲莧一，友彘一。 (338.3)

（9）戊申：歲祖戊犬一。 (355.5)

上述例（1）貞問，是否要劌殺牡牛來祭祀妣庚？例（4）貞問，是否要劌殺一頭野豬來祭祀妣己？例（7）（8）兩辭中有"莧"字，《説文》莧部："莧，山羊細角者。"因此，"歲祖甲莧一"是説用一只莧來歲祭祖甲。兩辭"彘"後的數詞"一"，從洪颺女士增補。② 卜辭中出現的"友"該作何解釋？似乎可以有三種不同的理解：用作名詞，指"僚友"或私名爲"友"這個人，"友彘一"是指"友"獻來的一頭野豬；用作連詞，只是其前的連接成分省略而已，"友彘一"是指把（其他東西）和彘一起獻給妣己；用作動詞，沈培先生認爲或許應該讀爲"醢"。③ 但是無論何種解釋，兩辭都是"歲"字雙賓語句無疑。

花東卜辭中歲祭最爲常見，故而其中的"歲"字雙賓語句也就特別多，"歲+神名+牲名"式尤爲突出，我們這裏僅舉上述9例。

2. "歲+于+神名+牲名"式

花東卜辭中這類句式最少，僅出現2例：

---

① 本文所引卜辭除已注明的外，皆出自《花東》，其中小點"."前是片號，其後是辭序號。

② 洪颺：《〈殷墟花園莊東地甲骨釋文〉校議》，復旦大學出土文獻與古文字研究中心網站，2008年1月5日。

③ 沈培：《殷墟花園莊東地甲骨"叀"字用爲"登"證説》，《中國文字學報》2006年第1輯。

(1) 乙：歲于妣庚［麋］。 (304.4)

(2) 乙：歲于妣庚麋。 (304.5)

兩辭同文，卜辭是在乙日舉行占卜，貞問歲祭"妣庚"，是否要選用野豬？

3. "歲+牲名+神名"式雙賓語句

花東卜辭中這類雙賓語句共出現 17 例，現全部列舉如下：

(1) 己卜：歲牛妣己。 (223.9)

(2) 己卜：歲牡妣己。 (223.10)

(3) 己卜：歲牡妣己。 (223.11)

(4) 乙夕卜：歲十牛妣庚，权邕五。 (276.4)

(5) 己卜：歲牛妣庚。 (276.7)

(6) 戊卜：歲牛子癸。 (276.10)

(7) 戊卜：歲十豕妣庚。在呂。 (284.1)

(8) 甲戊夕：歲牝一祖乙，舌多☐。 (310.1)

(9) 乙：歲羊妣庚。 (337.1)

(10) 甲辰：歲莧祖甲，又友。 (338.1)

(11) 乙夕卜：歲十牛妣庚于呂。 (401.5)

(12) 甲卜：乙歲牡妣庚。 (446.1)

(13) 甲卜：乙歲牡妣庚。 (446.2)

(14) 乙卜：其歲牡母、祖丙。 (446.9)

(15) 壬午夕：歲犬一妣庚。 (451.6)

(16) 壬午夕：歲犬一妣庚。 (451.7)

(17) 歲麋妣丁。 (468.2)

上述例（6）中的"子癸"，花東卜辭中又稱"癸子"，是殷人祭祀的先祖名。"歲牛子癸"是在貞問是否要劇殺牛來祭祀子癸？例（8）中的"歲牝一祖乙"是指劇殺一頭牝牛來祭祀祖乙。例（12）（13）兩辭同文，均是在甲日舉行占卜，貞問第二天的乙日是否要用劇殺牡牛的方式來祭祀妣

庚？例（14）中的"母、祖丙"是指"母丙"和"祖丙"，"丙"乃一字
二用，卜辭貞問是否要用劂殺牡牛的方式來合祭"母丙"和"祖丙"兩
位神靈？

4. "歲+牲名+于+神名"式

花東卜辭中這類句式共出現 6 例：

(1) 癸丑卜：歲食牝于祖甲。 （37. 23）

(2) 癸丑卜：歲食牝于祖甲。 （63. 5）

(3) 歲□羊于庚，[告發來]。 （85. 4）

(4) 歲二羊于庚，告發來。 （85. 5）

(5) 又歲牛于妣己。 （204. 1）

(6) ☑又 [歲牛于] 妣己。 （204. 3）

上述例（1）（2）兩辭同文，其中的"食"字可能用作"牝"字的定語，
"食牝"是指某種牝。① 例（3）（4）中的"庚"是"妣庚"之省，②
"發"乃人名。"歲二羊于庚"是指劂殺兩只羊來祭祀妣庚。例（5）（6）
兩辭中的"又"字，我們暫解爲再又之"又"，但也可能是祭名。若是祭
名，則屬祭祀動詞連用，不屬本文討論範疇。③

當"歲"字與神名和牲名一同出現時，花東卜辭中共有上述"歲+神
名+牲名""歲+牲名+神名"兩類雙賓語句式以及"歲+于+神名+牲名"
"歲+牲名+于+神名"兩類相關句式。四類句式相加共有 269 例，數量上
非常可觀。花東"歲"字雙賓語句以及相關句式不僅數量多，而且格式齊

---

① "食"和"牝"也有可能當分讀，"食爲以簋盛食的祭品，與牝并列"，參看朱岐
  祥：《〈殷墟花園莊東地甲骨釋文〉正補》，第五屆國際漢語語法研討會論文，"中
  研院"語言學研究所，2004 年 8 月。此説也有一定道理，可以參考。

② 花東卜辭中多見省稱，除稱"妣庚"爲"庚"外，其他還有稱"婦好"爲"婦"
  （218. 1、218. 2、379. 1），稱"子畫"爲"畫"（247. 10），稱"沚或"爲"或"
  （41. 1），稱"子配"爲"配"（41. 1、379. 1），等等。

③ 蒙《中國語文》評審專家指出，根據目前的語言資料，商代甲骨文中的"又"字
  還没有用作再又之"又"的例子，到西周金文"又"字才有用作再又之"又"的。

全，其他組類中乙類祭祀動詞雙賓語句和相關句式在花東子組"歲"字句中都能找到。可見，花東卜辭中大量使用"歲"字雙賓語句（包括相關句式），這是花東子組在句式使用上的一大特色。

二、花東子組之外的其他組類中 雙賓語句及相關句式

面對花東子組中大量出現的上述四類句式，我們不禁產生了一個很大的疑惑：既然"歲"（劌牲而祭）是殷人常用的一種祭牲法，"歲"字句也常常見於其他非王卜辭以及王卜辭中的村北和村中南系列，但是爲什麼在我們的印象中，這些組類中却很少出現這四類句式呢？爲了進一步驗證我們的想法，我們對四類句式在其他組類中出現的辭例作了窮盡性的搜集。

1. "歲+神名+牲名"式雙賓語句

該式在午組中出現 1 例，在歷二類中出現 2 例：

(1) 己丑卜：歲父丁、戊羘。　　　　　　　　　（《合集》22073 午組）

(2) 乙未［卜］：歲祖□三十牢，易［日］。兹用。羞中日歲礿雨，不延雨。　　　　　　　　　　　　　　　　（《合集》33986 歷二）

(3)［壬］午貞：癸未延歲□癸牛三。　　　　　（《合集》34436 歷二）

上述例（1）中的"父丁、戊"是指"父丁"和"父戊"，二者共用一"父"字。"歲父丁、戊羘"是在貞問，是否要劌殺母羊來合祭父丁和父戊？例（2）(3)兩辭中的神名均殘缺不全，但據辭例來看，缺文處當爲神名無疑。

2. "歲+于+神名+牲名"式

該式在午組中出現 2 例，在歷草類中出現 1 例：

(1) 丙辰卜：歲于祖己牛一。

（《合集》22055+《乙補》1534+《乙編》1557① 午組）

---

① 林宏明綴合，蔣玉斌加綴，詳參蔣玉斌：《殷墟子卜辭的整理與研究》附錄三"子卜辭新綴 80 組"之第 31 組，吉林大學博士學位論文，2006 年。

（2）癸巳卜：甲午歲于入乙牛。七月。　　（《合集》22098 午組）

（3）庚寅卜：其歲于□辛□牢。　　（《屯南》2667 歷草）

上述例（1）貞問，是否要劙殺一頭牛來祭祀祖己？例（2）中的"入乙"是先祖名，本辭是在癸巳這天舉行占卜，貞問在第二天的甲午日，是否要劙殺牛來祭祀入乙？

3."歲+牲名+神名"式雙賓語句

該式僅在自歷間類中出現2例：

（1）又伐十五，歲小宰上甲。　　（《合集》32198 自歷間）

（2）又升伐十五，歲十宰上甲。　　（《合集》32200 自歷間）

上述兩辭貞問內容基本相同，"歲小宰上甲"是指劙殺圈養的小羊來祭祀上甲。

4."歲+牲名+于+神名"式

該式僅在出二類中出現1例：

[甲戌卜]，即[貞]：翌乙亥[歲]人于祖乙，又卯牝。

（《合集》22945 出二）

本辭是在甲戌這天舉行占卜，貞人"即"問道，第二天的乙亥日是否要劙殺"人"來祭祀祖乙，另外還要卯殺牝牛。歲祭時選用人牲，卜辭中也十分罕見。

從上文論述可以明顯看出，"歲"字"歲+神名+牲名"（247例）、"歲+于+神名+牲名"（5例）、"歲+牲名+神名"（19例）、"歲+牲名+于+神名"（7例）四類句式大量出現於非王卜辭，尤其是花東子組中，而在王卜辭中卻很少出現。

三、花東子組之外的其他組類常見句式使用情況

既然四類句式僅集中出現於花東卜辭中，那麼在其他組類卜辭的

"歲"字句中，如果相關的神名和牲名一同出現，又會使用什麼樣的句式來表達呢？我們曾對這部分辭例作了完整搜集。辭例少量見於自肥筆類、何組一類中，大量見於出組、歷無名間類、歷類和無名類中。

（一）自肥筆類

該類中共有 2 例，均使用"神名+歲+牲名"式，如：

> 庚寅卜，扶：示壬歲一牛。〇庚寅卜，扶：示壬歲三牛。
>
> （《合集》19813 反）

本例中的兩辭均爲庚寅日舉行貞卜，貞人"扶"問道，歲祭先祖"示壬"，是選用一頭牛呢，還是選用三頭牛呢？

（二）何一類

該類中僅有 1 例，使用"神名+歲+其+牲名"式，如：

> 癸巳卜，暊貞：翌日祖甲歲，其宰。　　　（《合集》27336）

本例是在癸巳日舉行占卜，貞人"暊"問道，第二天歲祭祖甲，是否要選用圈養的羊作爲祭牲？

（三）出組

出組中數量最多，共有 70 例，其中"神名+歲+牲名"式 49 例，"神名+歲+其+牲名"式 13 例，"神名+歲+惠+牲名"式 8 例。

1. "神名+歲+牲名"式

（1）貞：中丁歲一牛。	（《合集》22861）
（2）貞：祖辛歲一刍。①	（《合集》22991）
（3）貞：祖辛歲宰牡。	（《合集》22996）

---

① 嚴格説來，本例中"祖辛歲一刍"并不符合"神名+歲+牲名"式受事主語句，因爲"刍"并不是牲名，而是其他類別的祭品名。不過，考慮到歲祭所施祭品（尤其是本文討論的祭品）絕大多數都是牲名，所以爲討論方便，我們還暫且把辭例歸入"神名+歲+牲名"式。

（4）甲申卜，即貞：羌甲歲一牛。　　　　　（《合集》23021）

（5）丁未卜，行貞：小丁歲宰。○貞：小丁歲牡。（《合集》23055）

（6）丙午卜，行貞：翌丁未父丁暮歲牛。①　　（《合集》23207）

（7）己未卜，〔王〕貞：小王歲宰。　　　　　（《合集》23808）

（8）乙巳卜，喜貞：妣歲牡。　　　　　　　　（《合集》25161）

（9）癸巳卜，即貞：妣歲勿（物）牛。　　　　（《合補》7710）

上述例（1）貞問，歲祭仲丁，是否要選用一頭牛？例（2）貞問，歲祭祖辛，是否要選用“一爸”？殷人舉行歲祭時，多見選用牛、羊等物牲，選用“爸”者不多見。例（3）同版還有選貞之辭“貞：宰牝”，兩辭應該是貞問，歲祭祖辛時，是選用“宰牡”，還是選用“宰牝”作爲祭牲呢？“宰牡”“宰牝”可能分別是指圈養的羊外加牡牛或牝牛。例（5）中的兩辭選貞，貞問歲祭小丁，是選用圈養的“羊”作爲祭牲呢，還是選用牡牛作爲祭牲呢？例（6）中的“父丁暮歲牛”是指暮時選用牛對父丁舉行歲祭，本例在神名“父丁”與祭祀動詞“歲”之間出現了時稱“暮”。

2.“神名＋歲＋其＋牲名”式

（1）丙戌卜，行貞：翌丁亥父丁歲，其勿（物）牛。（《合集》23215）

（2）己卯卜，旅貞：翌庚辰妣庚歲，其勿（物）牛。（《合集》23363）

（3）庚申卜，〔王〕貞：妣庚歲，其牡。在七月。（《合集》23364）

（4）庚子卜，〔喜〕貞：妣庚歲，其勿（物）牛。（《合集》23367）

（5）貞：兄庚歲，眔兄己，其牛。　　　　　　（《合集》23477）

（6）□□卜，旅貞：妣庚歲，其牡。八月。　　（《英藏》1961）

上述例（1）是在丙戌日舉行占卜，貞人“行”問道，第二天丁亥日歲祭

---

① 這種表示法，出組、無名類中常見，如屬於出組的《合集》23206、23207、23208、23210、23211、23212 等中的“父丁暮歲宰”“父丁暮歲牛”，屬於無名類的《屯南》20 及《合集》27274、27275 中的“祖丁暮歲二牢”與《屯南》1031、4510 中的“父甲夕歲，惠牡”等即是。

父丁，要選用雜色的牛嗎？例（3）是在庚申日舉行占卜，商王親自貞問，歲祭妣庚，要選用牡牛作爲祭牲嗎？例（5）貞問，歲祭兄庚，和兄己一起，要選用牛作爲祭牲嗎？本辭的特殊之處在於，"神名+歲"與"牲名"之間插入了其他成分，即"其"字。

3."神名+歲+惠+牲名"式

(1) 戊戌卜，旅貞：祖戊歲，惠羊。（《合集》22852＝《合集》22853）

(2) 戊戌卜，□貞：父戊歲，惠小宰。在四［月］。（《合集》23299）

(3) 貞：父戊歲，惠宰。　　　　　　　　　　（《合集》23300）

(4) 貞：母歲，惠牡。　　　　　　　　　　　（《合集》23464）

上述例（1）貞問，歲祭祖戊，是否要選用祭牲"羊"？例（3）貞問，歲祭父戊，是否選用圈養的羊作爲祭牲？例（3）同版還有"貞：惠小宰""貞：惠大宰"兩選貞卜辭，這應該是在"父戊歲，惠宰"一辭貞問有結果的情況下，即已經確定要選用圈養的羊作爲祭牲，遂進一步貞問到底是選用圈養的小羊，還是選用圈養的大羊？例（4）貞問，歲祭"母"，是否要選用公羊？

（四）歷類

該類中共有 15 例，其中"神名+歲+牲名"式 11 例，"神名+歲+惠+牲名"式 3 例，"其+牲名+神名+歲"式 1 例。

1."神名+歲+牲名"式

(1) 丁丑卜：大甲歲十牛。　　　　　　　　　（《合集》32475）

(2) ［癸］□，貞：大甲歲宰。　　　　　　　（《合集》32477）

(3) ［癸］酉，貞：祖乙歲宰又牛，乙亥。　　（《合集》32505）

(4) ☑父丁歲二宰。　　　　　　　　　　　　（《合集》32693）

(5) 丁亥卜：妣己歲一小。　　　　　　　　　（《合集》32746）

(6) 伊歲一牛。○其三牛。　　　　　　　　　（《合集》32982）

(7) ☑毓妣歲大☑。　　　　　　　　　　　　（《合集》33359）

    (8) 祖辛歲二牢。   (《合集》33431)

    (9) 祖乙歲三勿（物）牛。   (《屯南》631)

    (10) 上甲歲三牢。○五牢。   (《屯南》2130)

    (11) ☑父丁歲五牢。   (《屯南》3042)

上述例（1）是在丁丑日舉行貞卜，貞問，歲祭大甲是否要選用十頭牛？例（3）是在癸酉日舉行貞卜，貞問，是否要在後天的乙亥日選用"牢"（圈養的牛）外加"牛"作爲祭牲來歲祭祖乙？例（6）中的"伊"是指伊尹，受祭的先祖名，"伊歲一牛"與"其三牛"構成一組選貞卜辭，貞問歲祭伊尹時，是選用一頭牛呢，還是選用三頭牛呢？例（9）貞問，歲祭祖乙時，是否選用三頭雜色牛？

    2. "神名+歲+惠+牲名"式

    (1) 辛酉卜：上甲歲，惠緞。   (《合集》32353)

    (2) 丁巳［卜］：中丁歲，惠牡。   (《合集》32495)

    (3) □□卜：羌甲歲，惠☑。   (《合集》32586)

例（1）貞問，歲祭上甲，是否要選用牡豕？例（2）貞問，歲祭仲丁，是否要選用牡牛？例（3）貞問，歲祭羌甲，是否要選用某犧牲？"惠"字後缺文，但據辭意此處缺文似爲祭牲名。

    3. "其+牲名+神名+歲"式

        丁丑卜：其十牛大甲歲。   (《合集》32476)

本辭貞問，是否要選用十頭牛來歲祭大甲？

    （五）歷無名間類

    該類中例子也較多，共有 31 例，其中 "神名+歲+牲名" 式 18 例，"神名+歲+惠+牲名" 式 13 例。

    1. "神名+歲+牲名"式

    (1) 己丑卜：兄庚歲二牢。   (《合集》27621)

    (2) 弜公歲牢。   (《合集》31678)

（3）甲午卜：高祖乙歲三牢。　　　　　　　　（《合集》32453＝32456）

（4）癸卯卜：羌甲歲一牛。○牢。　　　　　　　（《合集》32454）

（5）［丙］戌卜：小丁歲一牛。　　　　　　　　（《合集》32645）

（6）己丑卜：妣庚歲二牢。○三牢。　　　　　　（《屯南》1011）

（7）甲辰卜：毓祖乙歲牢。　　　　　　　　　　（《屯南》1014）

（8）己未卜：父己歲牢。○牢又一牛。○二牢。○三牢。

（《屯南》2315）

（9）丙戌卜：二祖丁歲一牢。○二牢。○三牢。　（《屯南》2364）

上述例（2）中的"公"是受祭神靈名，本辭中否定副詞"弜"位於受事主語"公"的前面，卜辭中并不多見。例（7）貞問，歲祭先祖"毓祖乙"，是否要選用一頭圈養的牛？例（8）（9）均爲一組選貞卜辭。例（8）貞問，歲祭父己時，是選用圈養的牛呢，還是選用圈養的牛外加一頭"牛"① 呢，抑或僅選用兩頭或三頭圈養的牛（不外加"牛"）呢？例（9）中的"二祖丁"是受祭先祖名，卜辭貞問，歲祭二祖丁時，是選用一頭，還是選用兩頭、三頭圈養的牛作爲祭牲？

2. "神名+歲+惠+牲名"式

（1）父甲歲，惠三牢。　　　　　　　　　　　　（《合集》27441）

（2）父甲歲，［惠］羊。　　　　　　　　　　　　（《合集》27443）

（3）兄己歲，惠牡。　　　　　　　　　　　　　　（《合集》27611）

（4）妣癸歲，惠小牢。　　　　　　　　　　　　　（《合補》13333）

（5）壬辰卜：母壬歲，惠小牢。　　　　　　　　（《屯南》1011）

（6）癸酉卜：魯甲歲，惠牝。　　　　　　　　　（《屯南》2091）

（7）戊子卜：妣辛歲，惠牡。　　　　　　　　　（《屯南》2683）

（8）己亥卜：母己歲，惠牡。　　　（《英藏》2406＝《合集》41456）

---

① 既然卜辭中的"牢"是指圈養的牛，那麼這裏的"牛"當與圈養的牛有別。

上述例（2）中的"羊"，是指"牲之赤色者"。① 本辭貞問，歲祭父甲，是否要選用"羊"作爲祭牲？例（4）貞問，歲祭妣癸，是否要選用圈養的小羊？例（5）貞問，歲祭母壬，是否要選用圈養的小牛？例（6）中的"魯甲"，神名，即典籍中提到的"陽甲"。本辭貞問歲祭"魯甲"，是否要選用牝牛？

（六）無名類

該類中用例也很多，共有 33 例，其中"神名+歲+牲名"式 13 例，"神名+歲+惠+牲名"式 20 例。

1."神名+歲+牲名"式

（1）□卯卜：祖丁暮歲二牢☑。   （《合集》27275）

（2）父己歲一牛。   （《合集》27403）

（3）伊尹歲十羊。   （《合集》27655）

（4）己酉卜：雍己歲一牢。○二牢。   （《屯南》2165）

（5）☑父庚歲牢。   （《屯南》2209）

（6）□□卜：妣癸歲牢。   （《屯南》2984）

（7）☑高祖歲牢。   （《屯南》3831）

（8）甲申卜：妣丙歲一小牢，王受佑。 （《屯南》4563）

上述例（1）中的"祖丁暮歲二牢"是指暮時選用兩頭圈養的牛歲祭祖丁之意。例（3）貞問，歲祭先公伊尹時，是否要選用十只羊作爲祭牲？例（4）中的兩辭選貞，貞問，是選用一頭圈養的牛，還是選用兩頭圈養的牛來祭祀雍己？例（7）貞問，歲祭高祖時是否要選用圈養的牛？例（8）是在甲申日舉行占卜，貞問，歲祭妣丙時選用一只圈養的小羊，商王是否會受到福佑？

2."神名+歲+惠+牲名"式

（1）父己歲，惠羊。   （《合集》27013）

---

① 于省吾主編：《甲骨文字詁林》，北京：中華書局，1996 年，第 1526 頁。

(2) 戊子卜：父戊歲，惠牛。　　　　　　　　　　　　（《合集》27485）

(3) □巳卜：三公父二歲，惠羊。　　　　　　　　　　　（《合集》27494）

(4) 壬申卜：母戊歲，惠牡。　　　　　　　　　　　　　（《合集》27583）

(5) 辛丑卜：公父壬歲，［惠］☒，王［受佑］。　　　　（《屯南》153）

(6) 癸酉卜：父甲夕歲，惠牡。　　　　　　　　　　　　（《屯南》1031）

(7) 戊辰卜：中己歲，惠羊。○惠小宰。　　　　　　　　（《屯南》2354）

(8) 妣辛歲，惠羊。○惠勿（物）牛。　　　　　　　　　（《屯南》2710）

(9) 大示歲，惠羊。　　　　　　　　　　　　　　　　　（《屯南》3563）

上述例（3）中的"三公父二"是指受祭神靈，本辭貞問，歲祭三公二父
時，是否要選用羊作爲祭牲？例（6）貞問，夕時歲祭父甲，是否要選用
牡牛？例（7）有可能屬於一組選貞卜辭，貞問歲祭仲己時，是選用
"羊"呢，還是使用圈養的小羊呢？但也有可能兩辭并不屬於選貞，而是
在第一辭已經確定了要選用"羊"作爲祭牲後，第二辭進一步貞問，（既
然要選用"羊"這類祭牲），那麼是否要選用被圈養的小羊呢？兩相比
較，我們更傾向於前一種可能性。例（8）爲選貞卜辭，兩辭貞問，歲祭
妣辛時，是選用"羊"（學者或以爲即赤色的牲）呢，還是選用"物牛"
（即雜色的牛）呢？例（9）中的"大示"乃合文形式。卜辭中的"大
示"究竟指哪些先王，學界有爭議，或説是指自上甲開始的所有直系先公
先王，或説只包括上甲、大乙、大丁、大甲、大庚、大戊六位直系先公先
王。常玉芝先生則認爲這兩種説法均可商，"大示"應該是指自大乙開始
的所有直系先王。[①] 常説似可從。本辭貞問，歲祭自大乙開始的所有直系
先王時，是否要選用"羊"作爲祭牲？

　　綜上，如果在"歲"字句中，相關的神名與牲名一同出現，花東子組
之外的其他組類常常使用四類句式："神名+歲+牲名""神名+歲+惠+牲
名""神名+歲+其+牲名"和"其+牲名+神名+歲"。除第四類以及屬於第

---

①　常玉芝：《卜辭"大示"所指再議》，《甲骨文與殷商史》新一輯，北京：綫裝書
　　局，2009年，第49—56頁。

一類的"弜公歲宰"(《合集》31678) 屬於賓語前置句外，其餘三類都屬於受事主語句。① 而無論是在賓語前置句中，還是在受事主語句中，句子焦點一般都是牲名。

需要指出的是，在歷無名間類卜辭中，有下述一條卜辭：

戊子卜：其歲于中己，惠羊。 (《合補》8721 甲 =《合集》27392)

本辭是在戊子日舉行占卜，貞問，要歲祭仲己了，是否要選用"羊"作爲祭牲？像"歲于中己，惠羊"這種"歲+于+神名+惠+牲名"式的表達方式殷墟卜辭中十分罕見，我們僅見到這麼一例。在歷無名間類中，當神名和牲名一起出現時，常常使用另外兩種表達方式："神名+歲+牲名"式和"神名+歲+惠+牲名"式。此外，在花東子組、午組以及歷草類卜辭中，也會使用"歲+于+神名+牲名"式的表達方式。此類句式均已見於前文，這裏不再舉例。

四、"歲"字各類句式分布之比較

我們把"歲"字各類句式分布情況列表如下：

表1　"歲"字雙賓語句及其相關句式統計表

	非王卜辭	村北系列	村中南系列
$V_Z + O_{神} + O_{牲}$	245	/	2
$^* V_Z + 于 + O_{于(神)} + O_{牲}$	4	/	1
$V_Z + O_{牲} + O_{神}$	17	/	2
$^* V_Z + O_{牲} + 于 + O_{于(神)}$	6	1	/

① 朱岐祥先生在《論花園莊東地甲骨用詞的特殊風格——以歲字句爲例》(《古文字研究》第二十四輯，北京：中華書局，2002 年) 中，依照傳統觀點，仍把此類句子稱爲"賓—動"句式，即視作賓語前置句。隨着受事主語句概念的提出，越來越多的學者主張應當把此類句子看成受事主語句，詳見陸儉明：《周遍性主語句及其他》，《中國語文》1986 年第 3 期，第 164—165 頁；沈培：《殷墟甲骨卜辭語序研究》，臺北：文津出版社，1992 年，第 58—59 頁。

表2 "歲"字句神名在前者統計表①

	自肥筆類	出組	何一類	歷類	歷無名間類	無名類
神名+歲+牲名	2	49	／	11	18	13
神名+歲+其+牲名	／	13	1	／	／	／
神名+歲+惠+牲名	／	8	／	3	13	20
其+牲名+神名+歲	／	／	／	1	／	／

通過以上二表，結合其他卜辭我們至少可以看出七點：

（一）"歲"字雙賓語句及其相關句式主要出現於非王卜辭中（絕大多數都屬於花東子組），王卜辭中很少出現；"歲"字神名用作受事主語非王卜辭中未見，只見於王卜辭中的兩系。

（二）"神名+歲+牲名"式出現最早，使用時間也最長，即該式最爲發達，其次是"神名+歲+惠+牲名"式，而"神名+歲+其+牲名"式或只在較短的時間記憶體存在過。

（三）在時代較早的自肥筆類、歷類和出組中，"神名+歲+牲名"式比"神名+歲+惠+牲名"式發達。而在時代較晚的歷無名間類和無名類中，"神名+歲+惠+牲名"式却比"神名+歲+牲名"式發達。這説明，時代越靠後，越較多使用"惠"字引出表牲賓語。

（四）"歲"字上述各種結構中的焦點一致，一般都是表牲成分，也就是說這時它們要表達的是完全相同的意思，只是采用了不同的表達方式而已。辭中的"其"字用法應同"惠"，它也可看作一個焦點標記。

（五）"歲"字句中很少有"于+神名"前置用作狀語的例子，完整的辭例只出現兩條，② 分別爲"于祖乙歲牢又一牛"（《花東》420）、"于

---

① 表中出組"歲"字句神名在前者僅1例爲出一類，其餘均爲出二類。

② "☐父庚歲牢"（《屯南》2209 無名）、"☐父丁歲五牢"（《屯南》3042 歷類）屬於殘辭，雖不能判定神名前一定沒有"于"，但我們傾向於不會有"于"。

![图]乙歲牛五"（《屯南》2698 午組），① 兩例均屬於非王卜辭一系。

（六）在不少祭祀動詞引導的句子中，表牲成分也可以用作受事主語，②"歲"字中却没有見到。"其+牲名+神名+歲"式中的表牲成分用爲前置賓語。

（七）卜辭中當神名和牲名都出現時，除去較多使用雙賓語句外，也較多使用神名作受事主語，而牲名用作受事主語的例子很少見到，這與牲名往往是句子焦點，而漢語言中的焦點又往往不位於句首有關。

下述一辭很有意思：

> 癸卯卜：歲，其宰。○惠小宰。　　　　　　　（《合集》34428）

兩辭選貞，"其"和"惠"後的牲名均爲焦點。正如上文所説，"神名+歲+其+牲名"中的"牲名"一般都爲焦點。推廣開來，"（神名）+祭祀動詞+其+牲名"中牲名大都也應該是焦點。

引書簡稱表：

《花東》	《殷墟花園莊東地甲骨》
《合集》	《甲骨文合集》
《乙編》	《殷虛文字乙編》
《乙補》	《殷虛文字乙編補遺》
《屯南》	《小屯南地甲骨》
《英藏》	《英國所藏甲骨集》

（原載《中國語文》2014 年第 2 期）

---

① "![字]"字，姚孝遂、肖丁《小屯南地甲骨考釋》（北京：中華書局，1985 年）中釋爲"高"。另，《小屯南地甲骨考釋》《殷墟甲骨刻辭摹釋總集》（姚孝遂、肖丁著，北京：中華書局，1988 年）以及《屯南》編著者把本辭從右往左讀。從位置上來看也有能從左往右讀作"歲牛五于![字]乙"，但考慮到"牛五"（或應讀爲"五牛"）位於"歲"字右下方而不是常規的正下方，可能是因爲刻手在先刻過"于![字]乙歲"字後發現位置不足時才故意爲之。所以，本文暫從左行説。

② 表牲成分等用作受事主語的出現有没有組類特點，留待以後作深入研究。

釋甲骨文中的"阱"字[*]

王子楊

清華大學出土文獻研究與保護中心

本文主要討論下揭甲骨文字形：

A 組： 《合集》961（采自《天理》133）　　《合集》4951

《合集》10358　　《合集》13044

B 組： 《屯南》2408

C 組： 《合集》8282

D 組： 《合集》7076 正　　《合集》7077

《合集》7078　　《合集》7079

《合集》7080　　《合集》11506 反

《合集》18268（采自《京人》675）

對於這四組形體，學界長期沒有予以認同。關於 A 形，《甲骨文字詁林》

---

[*] 本文是國家社科基金項目"甲骨字釋的整理與研究"（15BYY149）的階段性成果。

根據上下橫筆是否打穿兩端豎筆的情形（即嚴格區分"丼"和"丹"），將其分別編爲 2855 和 2861 兩個號，并沒有隸釋，2855 號按語云："字不可識，其義不詳。" 2861 號按語云："當爲人名。"① 關於 B 形，《詁林》列爲 2876 號，亦無隸釋，按語引《屯南》2408 辭例并稱"爲地名"。② 關於 D 形，討論最多。商承祚先生釋作"葬"，陳漢平先生釋作"仚（充）"。《詁林》按語云："字从'歺'从'凵'，釋'葬'、釋'充'皆不可據。"③ 從《詁林》所錄情形看，學界對這四組形體的認識還不是十分清晰，一方面，論者并沒有把四者統一起來研究；另一方面，也沒有對四種形體給予準確隸釋。在這種情況下，甲骨釋文類的工具書一般采用摹錄原形的做法，④ 也在情理之中。

經過近二十年的研究，學界對上述形體的認識逐漸清晰起來。以當前最有代表性的兩部甲骨工具書爲例，可見一斑。A 形，劉釗先生主編的《新甲骨文編》隸定作"弁"，⑤ B、D 二形，《新甲骨文編》分別隸定作"皐"和"卤"，相次排列。⑥ 把 A 形隸定作"弁"，顯然是吸收裘錫圭先生意見的結果。裘先生在《釋"柲"》後面所附"釋'弋'"一文中，末尾提到了本文討論的 A 形，并説"這個字似从'丹'或'井'，从'弋'，上引卜辭似用爲人名"。⑦ 李宗焜先生的《甲骨文字編》把 A、C 二形分別編爲 3681、3683、3684 三個編號，并沒有隸釋。⑧ 又把 B 形編爲

---

① 于省吾主編：《甲骨文字詁林》，北京：中華書局，1996 年，第 2855、2859 頁。
② 于省吾主編：《甲骨文字詁林》，第 2883 頁。
③ 于省吾主編：《甲骨文字詁林》，第 2882 頁。
④ 參看胡厚宣主編：《甲骨文合集釋文》，北京：中國社會科學出版社，1999 年；曹錦炎、沈建華編著：《甲骨文校釋總集》，上海：上海辭書出版社，2006 年；陳年福：《殷墟甲骨文摹釋全編》，北京：綫裝書局，2010 年。
⑤ 劉釗主編：《新甲骨文編（增訂本）》，福州：福建人民出版社，2014 年，第 319 頁。
⑥ 劉釗主編：《新甲骨文編（增訂本）》，第 266 頁。
⑦ 裘錫圭：《古文字論集》，北京：中華書局，1992 年，第 31—32 頁。
⑧ 李宗焜編著：《甲骨文字編》，北京：中華書局，2012 年，第 1154—1155 頁。

3616 號，隸釋作"皐"；把 D 形編爲 3610 號，隸釋作"卤"。① 可見，李先生對 B、D 二形的處理與《新甲骨文編》相同。現在所能見到的論文，涉及這些字形時，也多以這些隸定字形指代，并未見到相關字形方面的深入討論。

無論何種隸定，也只是反映了對該字所從兩個偏旁的認知，并没有指出該字到底相當於後世的哪個字。另外，目前所見甲骨文字典、字編仍然没有將上述四種形體加以認同。這都是值得進一步仔細探究的。下面先從文字結構層面對上述四組形體進行分析，將之加以認同，然後再討論此字相當於後世哪個字的問題。

此字上部所從之"𣏾"，更多時候寫作"𣏾"，柄部有歧出的斜筆，且下部兩個平行豎筆之間有斜筆連接。這種形體，裘錫圭先生曾經指出象一種歧頭的鑱㬰類掘土工具。② 所言甚是，這一觀點得到學界多數學者的贊同。A 組下部所從當是"丼"字。需要説明的是，這些形體拓本效果不是很好，以致於"丼"中的點畫多没有拓出。《新甲骨文編》收有這些形體，比較齊全。③ 其中《合集》4951 又見於《旅藏》55，從公布的照片看，中間確實有點畫。《合集》961 又見《天理》133+52，由於"丼"字中間剛好被齒紋打穿，不能看清中間點畫痕跡，但《新甲骨文編》在反色處理時誤把齒紋當成筆畫而入字，不妥。《合集》13044 的形體最爲清晰，"丼"字中間亦有點畫。因此，A 組形體象以鑱㬰類掘土工具挖掘陷阱之形。《合集》10358 辭例爲"……𣐈麋，獲"，"𣐈"用在"麋"之前，似正用作本義，即阬陷野獸。

B 形跟 A 同，只是象鑱㬰類工具的㬰頭刻寫得比較肥大而已，不論。C 組"𣏾"旁增加"又（手）"形，表示手持鑱㬰以掘土，構意跟不加

---

① 李宗焜編著：《甲骨文字編》，第 1133、1135 頁。
② 裘錫圭：《燹公盨銘文考釋》，《裘錫圭學術文集·金文及其他古文字卷》，上海：復旦大學出版社，2012 年，第 149 頁。
③ 劉釗主編：《新甲骨文編（增訂本）》，第 319 頁。

手形的相同。我們知道，在甲骨文形體中，表示工具類的構件偏旁，有無手形筆畫并不區別字形。如甲骨文“折”，既可以寫作“🔣”，又可以寫作“🔣”；“敢”，既可以寫作“🔣”，又可以寫作“🔣”；“肇”，既可以寫作“🔣”，又可以寫作“🔣”，例多不贅。準此，C組上部“🔣”上添加手形并不影響構意。C組下部所从也當是“井”，只是中間沒有點畫而已，不能看作“同”等其他偏旁，這是需要特別注意的。比如一般釋作“陷”的字，下部一般皆作“井”或“凵”，而有一種寫法作“🔣”，見於《合集》33167、33404 及《屯南》815 等版，下部也不是“同”，這是一樣的道理。因此，C組形體就是A組的異體，當沒有問題。

D組下部从“凵”，顯然也表示以鏟臿類工具挖出坑坎之意，“凵”中還有表示土塊的點狀筆畫，造字意圖跟上述A、B、C相同。我們知道，用作表意偏旁的“凵”有時可以跟“口”“井”等偏旁通用，如學界一般釋作“陷麋鹿”之｜陷｜的專字，既可以寫作下部从“凵”的“🔣”，又可以寫作从“口”的“🔣”，還可以寫作从“井”的“🔣”“🔣”“🔣”，從這些形體用法相同看，把它們認同爲一字異體是沒有問題的。①以“陷”字例之，D組跟A、B、C三組也可以看作是同一個字的不同寫法。可以注意的是，D組《合集》18268 的寫法，“🔣”上似有手形筆畫，如果是這樣，則跟C組形體非常接近，區別只在於下部“井”與“凵”的不同了。從類組分布上看，A組見於師賓間類，B組見於無名類，C組見於賓出類，D組見於賓類，大致處於互補分布狀態，② 從這一角度看，將A、B、C、D四組認同爲一字異體也是説得過去的。最爲重要的是，

---

① 趙鵬：《釋“陷”及其相關問題》，“商代與上古中國文明國際學術研討會”論文，羅格斯大學，2011 年 11 月 11—12 日；後收入《甲骨文與殷商史》新六輯，上海：上海古籍出版社，2016 年，第 82—93 頁。王子楊：《甲骨文字形類組差異現象研究》，上海：中西書局，2013 年，第 138—140 頁。

② 陳劍：《殷墟卜辭的分期分類對甲骨文字考釋的重要性》，《甲骨金文考釋論集》，北京：綫裝書局，2007 年，第 317—453 頁；王子楊：《甲骨文字形類組差異現象研究》，第 138—140 頁。

A、B、C、D 四種形體在卜辭中的用法互有交叉，可以互相通用（詳下）。

　　筆者認爲，此字應該就是見於《説文‧㗊部》的“㓞”（羍）。《説文》：“㓞，坑也。从㗊，从井，井亦聲。”段注云：“㓞，阬也。阜部曰：‘阬，閬也。’《釋詁》曰：‘叡，阬虛也。’羍與井部阱、窒音同義異。羍謂穿地使空也。”① “阱”“窒”見於《説文‧井部》：“阱，陷也。从阜从井，井亦聲。窜，阱或从穴。㴱，古文阱，从水。”段注云：“阱，穿地陷獸。”② 可見，段玉裁以“穿地使空”訓“羍”而以“穿地陷獸”訓“阱”，這就是他所説的“音同義異”。其實早在明代，閔齊伋在《訂正六書通》中就把“羍”與“阱”“窒”“㴱”并列，共同置於阱字頭下。《正字通》亦曰：“羍，阱、窒同。”清人錢大昕、朱駿聲也指出，“羍”就是陷阱之“阱”的別體。朱駿聲在《説文通訓定聲》中言：“阱，陷也。《一切經音義》引《説文》‘大陷也；从阜从井會意，井亦聲。……《倉頡篇》‘培坑曰窒’，《廣雅‧釋言》‘窒，坑也’。《書‧費誓》‘敜乃窒’，鄭注：‘山林之田，春始穿地爲窒。’《周禮‧雍氏》‘春令爲阱擭溝瀆之利於民者’，注：‘穿地爲塹，所以禦禽獸，其或超踰，則陷焉，世謂之陷阱。’《禮記‧中庸》‘罟擭陷阱’，《魯語》‘設窒鄂’，《孟子》‘爲阱於國中’，《漢書‧司馬遷傳》‘及其在穽檻之中’，《後漢書‧趙壹傳》‘機穽在下’，字又作‘洴’。”又云：“‘羍’，即‘阱’之別體。”③ 沈濤《説文古本考》“羍”字頭按語稱“《華嚴經音義》下云：‘羍，籀文阱字。’則古本此字爲井部阱字重文，二徐誤竄於此”。可見，“羍”就是傳世古書中“阱”“窒”“㴱”等字。尤爲重要的是，《華嚴經音義》指出，“羍”乃“阱”的籀文。

　　前引 C 組形體“𦥑”，从又（手）、从夕、从井，與《説文》形體完全相同，正象手持鏟臿類工具開挖坎陷之形。省去手形的“𡦼”類形體，

---

① 段玉裁：《説文解字注》，上海：上海古籍出版社，1988 年，第 161 頁。
② 段玉裁：《説文解字注》，第 216 頁。
③ 朱駿聲：《説文通訓定聲》，北京：中華書局，1984 年，第 859 頁。

構字意圖亦十分顯豁。就挖鑿阬陷的最終結果而言，形成一個大小、深度適中的坎陷，跟《説文》訓爲"坑也"的"奔"對應；就挖鑿阬陷的目的而言，即坎陷野獸，這就跟《説文》訓作"陷"的"阱"（包括"穽"等）對應。上述兩個方面，就是段玉裁總結的"穿地使空"（坑）和"穿地陷獸"（陷），兩者是同一行爲的兩個方面，學界也稱之爲"名動相因"。① 這種情形可以類比甲骨文中的"坎陷"之"坎"。甲骨文中的"凵（坎）"除了有名詞用法外，"還有動詞用法，掘地爲坎或是掘地而埋物其中都可以叫'坎'"。② 從這個角度看，把前引甲骨文形體釋作"奔""阱""穽"都是可以的。

"穽"字，最早見於出土秦文獻，如睡虎地秦簡《秦律十八種》5 號簡和龍崗秦簡 103 號簡，作"穽""穽"之形，這些"穽"字皆用爲"陷阱"之"阱"。"阱"字多見於出土的戰國三晉文獻，形體一般作"阱"，多用作姓氏或人名。③ 《説文》古文"汬"見於上博簡《周易》44、45 號簡，屬於楚地文獻。因此，《説文》"阱"字下收或體"穽"以及古文"汬"皆來源有自，似是戰國時期不同地域所使用的不同形體。"阱""穽""汬"所从之"阜""穴""土""水"等顯然都是形旁，"井"是其聲旁。"奔"亦从"井"得聲，只是"井"又跟"又""攴"等會意，構形更爲形象、原始，從其與甲骨形體有密切的對應關係看，"奔"顯然是更爲古老的形體，後來的"阱""穽""汬"等形體，明顯對其形符進行了一定的改造，這符合文字演進的一般規律。因此，唐代《華嚴經音義》指出："奔"乃"阱"之籀文，似也不爲虛妄。鄔可晶先

① 黄天樹：《殷墟甲骨文中所見的"名動相因"現象》，《首都師範大學學報》2013年第 3 期；後收入《黄天樹甲骨金文論集》，北京：學苑出版社，2014 年，第281—293 頁。

② 裘錫圭：《釋"坎"》，《古文字論集》，第 48 頁。

③ 何琳儀：《戰國古文字典——戰國文字聲系》，北京：中華書局，1998 年，第 817頁；陳斯鵬、石小力、蘇清芳編著：《新見金文字編》，福州：福建人民出版社，2012 年，第 411 頁。

生在討論古文字中"疏濬"之"濬"跟"溝壑"之"壑"的關係時指出，"'叡（叡）'在較古的時候可能既是疏濬之'濬'字，又是谷壑、溝壑之'壑'字，一形兼爲二用。前面説'𧮫'似象開豁出來的阬谷、溝壑之形，其上加注'叔'，表示'壑'是用鏟臿之類的挖土工具開鑿、疏通出來的，這從表意的角度也完全講得通。《説文·四下·叔部》有一個'从叔、从井，井亦聲'的'𡩋'字，其本義爲'坑也'，錢大昕、朱駿聲以爲就是陷阱之'阱'的别體，當是。'𡩋'的表意方式與用爲'壑'的'叡'很可類比。"① 鄔先生所言甚是。豳公盨"濬"字寫作""，裘錫圭先生指出字形當分析爲从"叔"从"川"，"○"（圓之初文）是加注的聲符。② 除去聲符"○"，剩下的部分跟鄔先生所論的"叡"構字意圖頗爲一致，左下部的"川"顯然是手持鏟臿類工具工作的對象。把本文討論的甲骨文形體"𡩋"跟豳公盨"濬川"之"濬"、"溝壑"之"壑（叡）"的形體放在一起考慮，可知我們對甲骨文形體的分析是合理的。爲了排印方便，下文就用"阱"來指代甲骨文中的 A、B、C、D 四組字形。

甲骨卜辭中"阱"大致有三種用法，下面按照用法不同逐類列出，然後再作簡單的解釋。

甲種：

(1) ……阱麋，獲。　　　　　　　　　　　（《合集》10358 師賓間）

(2) 貞：乎（呼）阱于。　　　　　（《合集》8282 賓三）

(3) ［辛］亥卜：翌日壬王叀（惠）才（在）□□阱北，王利，擒，
　　亡災。　　　　　　　　　　　　　　　（《屯南》2408 無名）

(4) 貞：勿敢，阱。　　（《合集》18268［《京人》675 清晰］典賓）

---

① 鄔可晶：《説金文"𧶠"及相關之字》，《出土文獻與古文字研究》第五輯，上海：上海古籍出版社，2013 年，第 227 頁。

② 裘錫圭：《豳公盨銘文考釋》，《裘錫圭學術文集·金文及其他古文字卷》，第 149 頁。

乙種：

(5) 壬午卜，貞：阱不其肩同（興）。　　　　（《合集》4951 師小字）

(6) [貞]：翌癸□雀弗其翦阱邑。　　　　（《合集》7077 賓一）

(7) 壬戌 [卜] ……翌 [癸] 亥雀□阱邑，翦。

（《拼四》983 則 賓一）

(8) ……雀……阱邑。　（《合集》7078+《合補》1680 [何會綴] 賓一）

(9) ……雀……阱 [邑]。　　　　（《合集》7079 賓一）

(10) 雀克入阱邑。

　　雀不其克入。

　　雀翦阱。

　　雀弗其翦。　　　　　　　　　　　（《合集》7076 賓一）

丙種：

(11) 甲寅卜，𣪘貞：翌乙卯易（賜）日。

　　貞：翌乙卯不其易（賜）日。【正】

　　王占曰："止𦥑，勿雨。"乙卯允明陰，气（迄）阱，食日大星

　　（晴）。①【反】　　　　　　　　　　（《合集》11506 典賓）

(12) 己巳卜，王……阱，雨。之……　（《合集》13044 師賓間）

　　此外還有一些殘辭，如《合集》961 等，并不能斷定屬於哪種用法，故不再列出。甲種用法顯然用爲本義，即阱陷野獸。（1）辭是占問阱陷麋鹿，是否有所擒獲。（2）辭是占問呼令到𦐇地阱陷野獸，好不好。陳劍先生看過本文初稿後指示筆者，"𦐇"（从舟子聲）跟甲骨文"𦐇"（从舟字聲）應爲一字之繁簡，表示同一個地名，而"𦐇"跟"陷麋"見於

_____

① "晴"字釋讀參李學勤系列論文：《論殷墟卜辭的"星"》，《鄭州大學學報》1981年第 4 期，第 89—90 頁；《續説"鳥星"》，《夏商周年代學札記》，瀋陽：遼寧大學出版社，1999 年，第 62—66 頁；《論殷墟卜辭的新星》，《北京師範大學學報》2000 年第 2 期，第 14—17 頁。

同辭，很明顯是田獵地名，這對於指認《合集》8282 的"呼阱于⊡"之"阱"表示"阬陷野獸"之意很有幫助。陳先生的意見十分重要，現略加申述。先把"⊙"字之辭引述如下：

(13)［己］亥卜，［□貞］：翌庚［子］陷［于］⊙。

　　　　　　　　　　　　　　　　　　（《合集》10676 賓三）

(14)……翌庚辰……⊙麋，擒。⊡……陷，允擒獲麋八十八，兕一，豕三十二。　　　（《拼續》454［何會綴］賓三）

(15)□戌卜，貞：既……⊙麋歸……　　（《合集》10365 賓三）

根據卜辭行款，(13) 辭無疑可以補出"己""貞""子""于"諸字。補出後，辭例跟 (2) 辭十分相似，一個是"阱于⊡"，一個是"陷于⊙"。此可證明二事：第一，"⊡""⊙"確實如陳劍先生所言，爲同一個字的繁簡二體，表示同一個地名；第二，跟"陷"處於相同位置上的"阱"確實理解爲"阬陷野獸"之意更妥。(14) 辭從驗辭所記錄的情形看，"⊙麋"前應該可以補出動詞"陷"，而且一次阬陷就捕獲麋鹿八十八頭、野豬三十二頭、兕牛一頭，可見"⊙"地確實多有麋鹿、野豬等野獸出沒，是商王比較喜歡的狩獵場所之一。聯繫上引 (13) 至 (15) 諸辭，我們對 (2) 辭的理解應當是合理的。

(3) 辭占問第二日壬子王同某地的犬官在北方阬陷野獸，是否吉利無災，有所擒獲。(4) 辭"敢"，其形、音、義，陳絜先生、宋雅萍女士已經作了很好的研究和梳理，① 不贅。"敢"作爲田獵動詞經常出現，即手持獸網迎頭兜捕的一種田獵方式，如《合集》10701、21759—21763 等版經常占問"敢""呼敢"是否有所擒獲，"敢"表示一種田獵手段昭然若揭。本辭"阱"跟"敢"相對，似也用爲田獵動詞，即阬陷野獸。這條

---

① 陳絜：《説"敢"》，《史海偵跡——慶祝孟世凱先生七十歲文集》，香港：香港新世紀出版公司，2006 年，第 16—28 頁；宋雅萍：《説甲骨文、金文的"敢"字》，《出土文獻研究視野與方法》第二輯，臺北：臺灣政治大學中國文學系，2011 年，第 193—212 頁。

卜辭是占問不要使用"敢"的方式,使用阬陷的方式捕獵好不好。① 這種
用法可以跟傳世古書中的"阱"字互相發明。《孟子·梁惠王下》:"則是
方四十里,爲阱於國中,民以爲大不亦宜乎。"朱熹注:"阱,坎地以陷獸
者。"《玉篇·井部》云:"阱,穿地爲阱以陷獸。"《禮記·中庸》"人皆
曰予知,驅而納諸罟擭陷阱之中,而莫之知辟也。"陸德明《釋文》曰:
"阱,穿地陷獸也。"《周禮·秋官·雍氏》:"春令爲阱擭溝瀆之利於民
者,秋令塞阱杜擭。"鄭注曰:"阱,穿地爲塹,所以禦禽獸,其或超踰,
則陷焉,世謂之陷阱。"傳世古書中的"阱"多爲名詞用法,② 現在我們
知道,甲骨文時代,"阱"用作動詞,後面可以直接跟賓語,表示阬陷的
野獸之名,也可以跟地名,表示阬陷野獸的地點。這無疑豐富了我們對
"阱"字詞義的認識。

　　乙種"阱"用爲人名或族名、地名。用爲族名或人名時,不知跟周公
封第四子於邢的"邢"有没有瓜葛。(5)辭占問"阱(邢)"這個人疾
病是否好轉。(6)至(10)辭占問雀是否能翦伐阱(邢)邑。

　　丙種用法似與天氣狀況有關,這裏也簡單交代一下。(11)辭位於一
版大龜首甲、前甲的正反兩面,十分完整。不少名家都對其作過精審的研
究,提出了不少有益的看法。命辭部分占問第二日乙卯是否會出太陽。占
辭、驗辭刻寫在反面,由右至左排列,文字比較清晰,但諸家對占辭、驗
辭的理解頗爲分歧,甚至連斷句都不盡相同。拿首句四字來說,嚴一萍先
生讀爲"之🌑勿雨",③ 饒宗頤先生讀爲"之鳸,勿雨",④ 李學勤先生讀

---

① 當然,本辭的"阱"也可以理解爲方國名,"敢阱"就是迎頭打擊阱族(關於
　　"敢"的此種用法可以參看宋雅萍《説甲骨文、金文的"敢"字》一文)。如果
　　是這樣,則本辭當移入乙種。
② 匿名評審專家指示筆者,唐高彦休《唐闕史·崔尚書雪冤獄》有"值龐勛構逆,
　　穽於寇域,逾期不歸","穽"用作動詞,"雖不足證實早期'阱'也有動詞用法,
　　但道理是一樣的,似乎可備參考"。謹識於此。
③ 嚴一萍:《食日解》,《中國文字》新六期,臺北:藝文印書館,1982年,第51頁。
④ 饒宗頤:《釋紀時之奇字:卣、暴與埶》,《第二屆國際中國古文字學研討會論文
　　集》,香港:香港中文大學中國語言及文學系,1993年,第63頁。

爲"止勿鬿，雨"。① 可見一斑。具體到本文討論的"气（迄）阱"上
來，諸家看法也不一致。"气（迄）"字最早由嚴一萍改釋，先前一直釋
作"三"，所以才有"三焰食日"的誤讀。本文暫從"气（迄）"釋。
前文提到的嚴一萍、饒宗頤兩位先生都認爲我們釋作"阱"的字是介於
"旦"跟"食日"之間表示時稱的詞，而李學勤先生則將之讀爲"列"，
認爲"迄列"即"止列"。今按，諸家對"气（迄）阱"後面"食日大
星（晴）"之"食日"的理解分歧不大，確定是時稱，如此，按照殷人
對時稱把握的精密程度以及表達習慣，則"阱"不應該再表示時稱。另一
方面，既然我們釋作"阱"的字從"井"得聲，則此字就不會如李先生
所言讀爲"列"。因此，上述諸說皆不能令人滿意。按照筆者的理解，
"乙卯"到"大晴"都是驗辭，是刻手對第二天乙卯日的實時觀測記録，
顯然是在描寫天明至食日一段時間內的天氣變化狀況。先是天明時候的陰
天，最後是"食日"時段天氣大晴，處於中間的"迄阱"肯定也是表示
天氣狀況的詞或短語。甲骨文"迄"，沈培先生指出大多數都是副詞，表
示最終、終究一類意思。② 沈說可從。既然"迄"是副詞，則"阱"當表
示由陰轉晴或者放晴一類意思的詞，待考。整個驗辭大意是說：乙卯之日
果然沒有下雨。天明的時候陰天，最終"阱"，到上午吃飯的時候天氣大
晴。《合集》12532 有一條類似的卜辭：

（16）貞：[今日其雨]。王占曰："疑兹迄雨。"之日允雨。三月。

沈培先生解釋這條占辭、驗辭說："懷疑這個卜兆（顯示）終究會下
雨。驗辭'允雨'證明王的懷疑是有根據的。"③ "迄雨"之"迄"跟我
們討論的"迄阱"之"迄"用法一致，語境也相似，似可作爲一個旁證。

---

① 李學勤：《"三焰食日"卜辭辨誤》，《夏商周年代學札記》，第 18—20 頁。
② 沈培：《申論殷墟甲骨文"气"字的虛詞用法》，《北京大學中國古文獻研究中心
集刊》第三輯，北京：北京大學出版社，2002 年，第 11—28 頁。
③ 沈培：《申論殷墟甲骨文"气"字的虛詞用法》，《北京大學中國古文字研究中心
集刊》第三輯，第 23 頁。

當然，所謂的"迄"也可能是"三"（從照片和拓本上，三筆似等長），"三阱"詞意仍不可知。（12）辭，黃天樹老師面告筆者，當在"雨"後點斷。"之"疑是"之日（或夕）雨"之殘（看《綜類》64 頁"之日""之夕"條）。黃説可從。如此，本辭"阱"之用法有其他可能性，暫置於此，待考。

　　綜上所論，筆者把前引甲骨文中上從"屮"（即鏟臿類挖土工具）、下或從"井"或從"凵"的字釋作"阱"，并且對相關甲骨卜辭進行了簡單的説解。由甲骨文中的"阱"，自然可以聯想到師同鼎首字，形作：

學者對其隸釋各有不同，主要分歧在於對左上部件的理解。李學勤先生隸定作"犁"，分析爲從"列"從"井"。① 馬承源先生隸定作"犁"，認定左上偏旁是"宂"。② 中國社會科學院考古所編的《殷周金文集成》釋作"犁"。③ 筆者認爲，釋作"犁"有合理成分，即正確地把該字左上構件釋作"屮"。聯繫上述"阱"字形體，此字除去右部"刀"旁後的部分，很可能就是"阱"字的一種寫法，與前引甲骨"阱"字的 B 類寫法相同。左上部"**才**"可能就是"屮"的變體，即把鏟臿類工具柄部的歧筆拉長，貫穿竪筆即成此形。上"屮"下"井"，自然有可能是"阱"字。因此，此字可以看作從"刀""阱"聲的一個字，似可隸定作"剙"。④ 至於"剙畀其井"如何理解，則有待進一步研究。

　　最後談談甲骨文中另外一個從"井"之字：

───────────

① 李學勤：《師同鼎試探》，《文物》1988 年第 6 期；後收入《新出青銅器研究》，北京：文物出版社，1990 年，第 116—117 頁。

② 馬承源主編：《商周青銅器銘文選》，北京：文物出版社，1988 年，第 324 頁。

③ 中國社會科學院考古研究所編：《殷周金文集成（修訂增補本）》，北京：中華書局，2007 年，第 1446 頁。

④ 關於師同鼎此字的分析，是匿名評審專家的意見，本文初稿直接將其釋作"阱"，顯然不如作如此分析妥當。

合集 17965　　　　合集 17966

上部從"人"，下部即我們討論的"丼"，整個形體象人墜入陷阱之形。甲骨文中比較確定的"臽（陷）"字形體作""（《花東》165），① 象人陷凵（坎）中之形，"凵（坎）"亦表聲。"坎""臽（陷）"古音極近，意義相同，裘錫圭先生曾經指出，"臽"就是從"坎"分化出來的一個詞。② 因此，"凵（坎）"也可能作爲"臽（陷）"的聲符使用。西周𣪘鐘銘文"臽"字寫作""，不少學者指出，下部的"臼"就是由甲骨文中的"凵"演進而來，上部的構件乃由側立之人加腳趾之形而繁化。這都是正確的，小篆形體即來源於這種形體。戰國秦漢"臽（陷）"字又進一步簡化作""""之形。可見"臽"字形體演進脈絡十分清晰。比照前面"陷麋鹿"之"陷"以及本文前面考釋出的"阱"字形體，下部既可以寫作"凵"，也可以寫作"丼"，這個從"人"從"丼"的形體很可能也是"臽（陷）"的一種寫法。由於辭例不能提供有效信息，此字究竟是否可以釋作"陷"，還可以進一步研究。

---

① 甲骨文中確定的"臽"字不多見，因此劉釗先生主編的《新甲骨文編》沒有出"臽"字頭，這是比較謹慎的。李宗焜先生的《甲骨文字編》倒是收錄不少"臽（陷）"字形體，如 4222 號收錄的""，從辭例上看，這些形體并不宜釋作"陷"，裘錫圭先生懷疑是"坎女"合文或是"坎女"的專字，也有讀爲"坎奴"的可能。參看《釋"坎"》一文（《古文字論集》第 48 頁）。陳劍先生在給筆者的郵件（2016 年 8 月 4 日）中指出，他早就認爲此字從"凵"從"𤕦"（并非"女"字，雙手作反剪之形，實乃"𤕦"字簡體或係其原始之形），當爲"坎𤕦"之合文或專字。將甲骨文"𤕦"字形體跟此字比對，可知陳說相當有理。另外 4224、4225、4226 號收錄的""""""等形體皆當看作"坎某"的專字或"坎某"合文。尤其要指出的是，所收《合集》15664 的形體亦非"臽"字，過去幾乎所有工具書把這個形體看作"臽"，并作爲"臽"字的源頭反復加以引用，其實這個形體當釋作"𣎵"。黃天樹先生把《合集》15664 跟《合集》13692（17984 重見）遙綴，綴合後，明顯可以看出所謂"臽"當爲"𣎵"。參看黃天樹：《甲骨綴合六例及其考釋》，《甲骨文與殷商史》新一輯，北京：綫裝書局，2008 年，第 315—322 頁。

② 裘錫圭：《釋"坎"》，《古文字論集》，第 48 頁。

引書簡稱表：

《合集》	《甲骨文合集》
《天理》	《天理大學附屬天理參考館甲骨文字》
《屯南》	《小屯南地甲骨》
《京人》	《京都大學人文科學研究所藏甲骨文字》
《詁林》	《甲骨文字詁林》
《旅藏》	《旅順博物館所藏甲骨》
《拼四》	《甲骨拼合四集》
《合補》	《甲骨文合集補編》
《拼續》	《甲骨拼合續集》
《綜類》	《殷墟卜辭綜類》
《花東》	《殷墟花園莊東地甲骨》

　　附記：拙文先後蒙黃天樹師、陳劍先生審閱，兩位先生提出不少修改意見。另外，匿名評審專家也提出了很好的修改意見，匡正了不少疏失。各位前輩、專家的意見，本文或在正文正式提及，或以脚注形式反映，讀者可以參考。謹向上面提到的各位前輩、匿名專家表示由衷的感謝！

　　追記：2016 年 10 月 21 日，在中國古文字研究會第二十一屆年會上，孫亞冰先生提交了《釋甲骨文中的“耕”字》一文，文末最後一段已經把本文論及的 B、C、D 三組形體予以認同，釋作“阱”，并把 A 組形體釋作“耕”。另外，謝明文先生在《釋徐州北洞山西漢楚王墓出土陶文“㝐”字——兼説古文字中“⺈”的異體》一文（“慶賀羅君惕先生《説文解字探原》出版暨語言文字學術研究會”論文，2014 年 10 月 12 日）注 23 把本文所論 B 組形體釋作“阱”。請讀者參看。

（原載《文史》2017 年第 2 輯）

幾組綴合爲甲骨學研究提供的新材料[*]

劉　影

首都師範大學甲骨文研究中心

黃天樹先生在《甲骨拼合集》序中說："一門學科必須有新材料不斷出現才能永葆生機。甲骨學新材料的來源有兩條途徑，一是源於甲骨出土，二是源於甲骨綴合。"甲骨綴合提供的新材料也新在兩個方面，一是對已有材料的繼續補充，沒有新意；一是發現以往未見的新字、新辭例、新文法等，是對已有材料的更新補充。本文的幾組綴合，在字形、辭例、語法、文例等方面爲甲骨學研究提供了新材料，以下試述之。

第一，《合集》27456+《合補》10222 之綴合（圖 1）提供了商代早期"瓚"字字形研究的新材料，同時揭示了裸禮中的重要儀式"示瓚"。

《合集》27456 與《合補》10222 之綴合復原了一版牛胛骨的大部，二者相拼合後，恰好補足了一個"𤳃"字。

關於卜辭中的"瓚"字，方稚松先生最早將花東卜辭中的"𤰇"釋爲"瓚"，認爲其字形象"將玉件置於同中"，通過相關辭例比對，并聯繫西周金文中的"瓚"字，從而得出花東卜辭中的"𤰇"字也是"瓚"字的結論。[①] 此字被釋出後，學者又根據考古學和歷史文獻學的相關資

---

[*] 本文是 2013 年教育部人文社會科學研究青年基金項目"甲骨斷片殘字的搜集與整理"課題（13YJC740060）的階段性成果。

[①] 方稚松：《釋殷墟花園莊東地甲骨中的瓚、裸及相關諸字》，《中原文物》2007 年第 1 期。

《合集》27456正

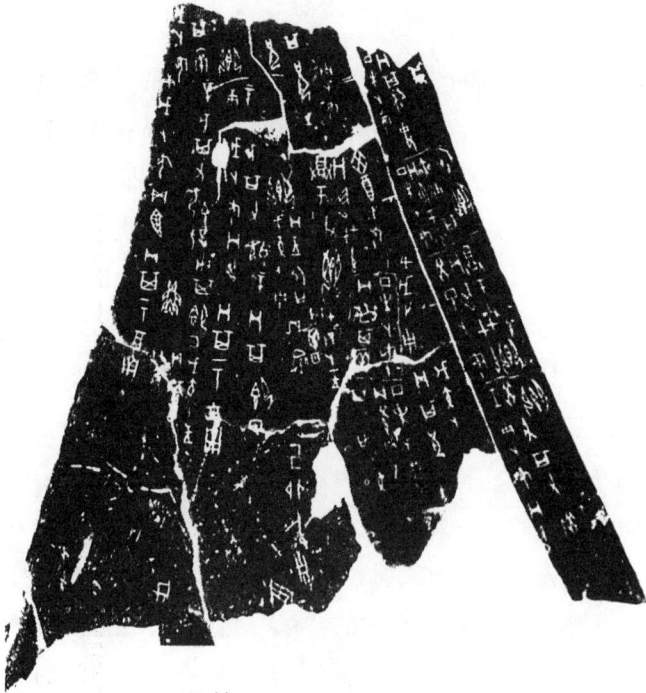

《合補》10222正

圖 1

料，論證了卜辭與西周金文中的"瓚"就是考古出土的玉柄形器。① "柄
形器是一種較常見的玉石器，在多數學者認爲屬於夏代二里頭文化已經出
現，而流行於商和西周"，② 據統計，商代前期的玉柄形器有 115 件，商
代后期的玉柄形器有 208 件。③ 殷商卜辭中祼禮很常見，但是"瓚"字在
卜辭中的用例却不多。上述方文中除將《花東》493 中的"𤤻"釋爲

---

① 李小燕、井中偉：《玉柄形器名"瓚"説——輔證内史亳同與〈尚書・顧命〉"同
   瑁"問題》，《考古與文物》2012 年第 3 期。
② 李學勤：《説祼玉》，《當代名家學術思想文庫・李學勤卷》，瀋陽：萬卷出版公司，
   2010 年，第 251 頁。
③ 張世超：《祼禮及相關問題新探》，中國文字學會第七屆學術年會會議論文，吉林
   大學，2013 年 9 月，第 177 頁。

"瓚"外，同時指出《屯南》2621 的 "🔶" 也應當釋爲 "瓚"，這兩例是目前卜辭中僅見的 "瓚" 字。

本組綴合中破鏡重圓的 "🔶" 應當是確定無疑的 "瓚" 字，這個字的復原爲研究和梳理 "瓚" 字字形的發展演變提供了新材料。這個字形與西周金文敔簋中的 "瓚" 字寫法幾乎完全相同，與盂鼎、矢簋、毛公唇鼎、多友鼎的寫法很像。本版是何組一類字體，① 此類字體時代大致在祖甲晚年至武乙初年，從卜辭中的 "父甲" 稱謂來看，本組綴合的時代應該在廩辛時期。因此，可以肯定地說，西周金文中的 "瓚" 有 🔶、🔶、🔶、🔶、🔶（《金文編》172—173 頁）的寫法，至少在廩辛時期就已經完成這種演變了，而《花東》493 與《屯南》2621 中的 "瓚" 字形體則是時代較早的寫法。

同時，由於 "瓚" 字被復原，又揭示了卜辭中一種新的辭例 "示瓚"，這是綴合提供的又一新材料。綴合後，得到一條完整的卜辭："貞：其示瓚。" 方稚松先生總結前人對 "示" 的研究成果，將其主要觀點概括爲七個方面，最後得出記事刻辭中的 "示" 是給予、交納義的結論。② 事實上，卜辭中用作動詞的 "示" 大都表示 "給予、交納" 的意思。本組綴合中的 "示" 字字形作兩橫一豎，有別於記事刻辭中作一橫一豎的 "示" 字，在卜辭中作動詞，是給予、交納、獻給的意思。"示瓚" 即將（裸祭中的）瓚玉給予、獻給某人。何景成先生提到《花東》475 的一條卜辭，"乙巳卜：又圭，叀（惠）之昇丁。玨（珥）五。用"，指出 "'惠之昇丁' 是指將裸禮中用作祭品的圭、璧等玉器獻給 '丁'。'昇' 是給予、獻給的意思"。③ 將這條卜辭與本組綴合的卜辭 "貞：其示瓚" 相比照，可以發現 "示" "昇" 在卜辭中都是 "給予、獻給" 的意思，獻瓚（或圭、珥）等裸玉是商周裸祭制度中的一項重要儀式。這項儀式可以在

---

① 本文字體分類與斷代依據黃天樹先生的分類與斷代體系，參看黃天樹：《殷墟王卜辭的分類與斷代》，北京：科學出版社，2007 年。

② 方稚松：《殷墟甲骨文五種記事刻辭研究》，北京：綫裝書局，2009 年，第 22—44 頁。

③ 何景成：《試論裸禮的用玉制度》，《華夏考古》2013 年第 2 期，第 88 頁。

《尚書·顧命》中找到相關記載,《尚書·顧命》在記述周成王臨終顧命、康王繼位及朝見諸侯君臣的典禮儀式中説:

> 太保承介圭,上宗奉同瑁,由阼階隮。太史秉書,由賓階隮,御王册命。曰:"皇后馮玉几,道揚末命,命汝嗣訓,臨君周邦,率循大卞,燮和天下,用答揚文武之光訓。"王再拜,興。答曰:"眇眇予末小子,其能而亂四方,以敬忌天威。"乃受同瑁,王三宿、三祭、三咤。上宗曰:"饗。"太保受同,降、盥,以異同,秉璋以酢,授宗人同,拜,王答拜。太保受同,祭、嚌、宅,授宗人同,拜,王答拜。太保降,收。諸侯出廟門俟。

這段文字中的"同瑁",李小燕、井中偉先生已正確指出,"同""瑁"爲二物,"同"即之前約定俗成所謂"瓺"的禮器,"瑁"即出土的自名爲"瓚"的玉柄形器。[①] 張世超先生也指出"上面那段文字所記是西周初年的祼禮場景,而祼禮在周王繼位的儀式上具有極其重要的地位"。[②] 文中的"受同瑁"即卜辭中所載"示瓚",是祼禮中的一項儀式。由於施受主體不同,卜辭中説"要不要將瓚獻給王",而《尚書·顧命》中記載"王接受了同和瑁"。另外,從花東卜辭與《尚書·顧命》的記載來看,祼禮中的祼玉一般是給予、獻給時王的,所以卜辭"其示瓚"中,接受瓚的王應該就是商王廩辛。

《合集》19047

《合集》4984

圖2

第二,《合集》19047+《合集》4984之綴合(圖2)提供了命辭中"允"字用法研究的新材料。

《合集》19047與《合集》4984兩個殘片相拼可以

---

① 李小燕、井中偉:《玉柄形器名"瓚"説——輔證内史亳同與〈尚書·顧命〉"同瑁"同問題》,《考古與文物》2012年第3期。

② 張世超:《祼禮及相關問題新探》,中國文字學會第七屆學術年會會議論文,第177頁。

補足一個"酉"字，綴合後呈現一條完整的卜辭"丁酉卜，争貞：一人允
夅☒"。殷墟王卜辭中，常見"余一人"與"一人"之稱。胡厚宣先生很
早就指出："此'一人'者，或爲殷王武丁所自稱，或爲貞卜史臣對於殷
王武丁的專稱。總之，由甲骨卜辭來看，自殷武丁以迄帝辛，'余一人'
與'一人'者已爲國王一人所專用的稱號。"① 從語法角度來看，"余一
人"是第一人稱代詞，"一人"可以和"余"構成同位短語，表示單
數。② 本組綴合是賓組三類字體，爲武丁時卜辭，貞人"争"所卜，卜辭
中的'一人'即貞人"争"對商王的專稱，卜辭言"一人允夅☒"，猶言
"王允夅☒"。卜辭中的"夅"，陳劍先生釋讀爲"遭"，"夅"與"徝"
即遭遇之"遭"的古字，"遭"的賓語經常是不好、不吉利的事情，卜辭
云遭風雨、遭鬼日、遭憂、遭艱和遭愆等，皆爲不利之事。③ 陳説可從。
本辭中"夅"字後面的卜辭殘缺，當可擬補"有囚"二字，辭例與陳文
中所舉之《合集》4194、《合集》16517、《合集》22293 等相類，與卜辭
"王束有求（咎），④ 不于一人囚""旬有求（咎），不于一人囚""卜有求
（咎），不于一人囚""其于一人囚"等亦關係密切，可參看《合集》
4975—4985 等辭。除此之外，本組綴合還爲甲骨語法學提供了"允"字
用法研究的新材料。

李學勤先生曾經研究過"允惟"在卜辭中的用法，用以否定三千多年
前的乙丑日食。李文中用比較完整的九例卜辭，對"允惟"的用法作出了
如下推論：

　　　　第一，卜辭中"允惟……"句例甚少，且僅見於早期的王卜辭：
　　　自組、賓組、歷組。
　　　　第二，"允惟……"與"允……"不同。"允……"常見於驗辭，

---

① 胡厚宣：《釋余一人》，《歷史研究》1957 年第 1 期。
② 張玉金：《甲骨文語法學》，上海：學林出版社，2001 年，第 26 頁。
③ 陳劍：《釋造》，《甲骨金文考釋論集》，北京：綫裝書局，2007 年，第 127—
　　176 頁。
④ 裘錫圭：《釋"求"》，《古文字論集》，北京：中華書局，1992 年，第 59—69 頁。

是叙述句；"允惟……"可語譯爲"確實……么?"或"確實是……么?"（以下舉例省略）

第三，"允惟……"可單獨成句，也可繼於一叙述句之後。在後一種情形下，"允惟……"句係對前面叙述句的引申。（以下舉例省略)①

從本組綴合的卜辭來看"允"出現在命辭中，大意是説"王確實會遭遇不好的事情"吧。這裏的"允……"與李文中提到的"允惟……"用法幾乎完全一樣，這就否定了李文中把二者區別對待的觀點。蒙黃天樹先生告知，非王卜辭中也有同樣用法的"允"，卜辭作："甲戌卜，鼎貞：我允出南。"

可見，"允……"不僅見於驗辭，是叙述句，也見於命辭，是疑問句，與"允惟……"用法相當。

第三，《合集》23525+《合集》23579②+（《合集》13561+《英藏》2187）③ 與《英藏》1976+《合集》13560 兩組綴合（圖3、圖4）提供了"邊面對應"文例研究的新材料。

李學勤先生很早就注意到了賓組卜辭的"邊面對應"，他在《關於甲骨的基礎知識》一文中提到："胛骨邊上面積狹小，所以在武丁時常只刻幾個字，而詳細的卜辭則抄在骨扇上，骨扇和骨邊互相對照"。④ 後來，他在《賓組卜骨的一種文例》中又列舉具體卜辭，詳細論述了這種關係。⑤ 因爲李先生提出這種文例形式，是基於賓組卜辭的用例，所以當時

---

① 李學勤：《乙丑日有啟的再研究》，《夏商周年代學札記》，瀋陽：遼寧大學出版社，1999 年，第 191—192 頁。

② 蔡哲茂：《甲骨綴合集》第 251 組，臺北：樂學書局，1999 年，第 259 頁。後《合補》收入此組綴合，即《合集》7479。

③ 方稚松綴合，收入黃天樹主編：《甲骨拼合集》第 91 組，北京：學苑出版社，2010 年，第 99 頁。

④ 李學勤：《關於甲骨的基礎知識》，《歷史教學》1959 年第 7 期，第 22 頁。

⑤ 李學勤：《賓組卜骨的一種文例》，南開大學歷史系編：《南開大學歷史系建系七十五周年紀念文集》，天津：南開大學出版社，1998 年，第 1—3 頁。

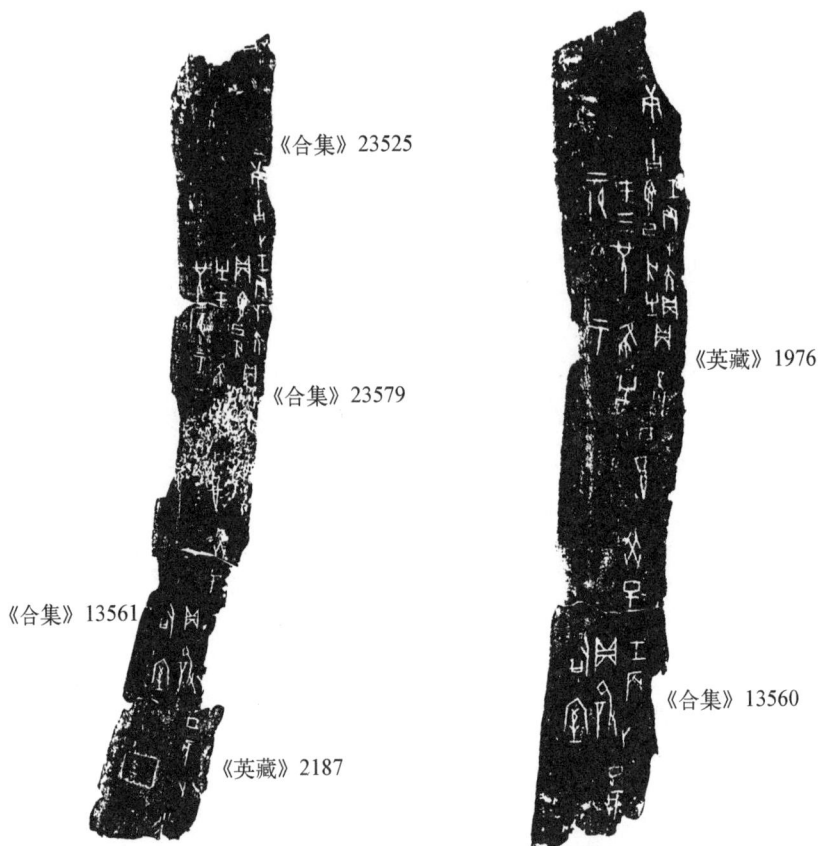

《合集》23525

《合集》23579

《英藏》1976

《合集》13561

《合集》13560

《英藏》2187

圖 3   圖 4

學界也只注意到賓組卜辭的"邊面對應"。後來，筆者注意到歷組二類卜辭也存在這種特殊的契刻形式，① 隨着研究的深入，本文的兩組綴合又證明了出組一類卜辭也存在"邊面對應"的文例形式。

    蔡哲茂先生在《甲骨綴合集》的釋文中，曾經指出《合補》7479（《合集》23525+《合集》23579）與《英藏》1976同文，而與《英藏》

---

① 劉影：《邊面對應關係的兩種特例》，《甲骨文與殷商史》新四輯，上海：上海古籍出版社，2014 年，第 192—196 頁。

1948、《合集》4387+《合集》4394、①《合集》23439、《合集》24412 及
《英藏》312 爲成套卜辭。雖然蔡先生指出了骨條卜辭《合補》7479、《英
藏》1976 與骨面卜辭《英藏》1948、《合集》4387+《合集》4394、《合
集》24412 爲成套卜辭，但是并未指出骨條卜辭與骨面卜辭的對應關係。
上面的兩組綴合，《合補》7479 與《英藏》2187 分別被《合集》與《英
藏》作爲二期卜辭所收録，《合集》13560 與《合集》13561 則被《合集》
視作賓組卜辭收在第五册。據黃天樹先生的分類，《合補》7479 與《英
藏》2187 是出組一類卜辭，《合集》13560 與《合集》13561 是賓出類卜
辭，二者關係非常密切。綴合後可見，《合集》13560 與《合集》13561
實爲出組一類卜辭。綴合後骨條提供的信息更完善，而且骨條卜辭與骨面
卜辭存在一一對應的關係，因此可以確定出組一類卜辭也存在"邊面對
應"的文例形式。這兩組綴合均爲骨條卜辭，與骨面卜辭（以較完整的
《英藏》1948 爲例）的對應關係如下：

　　第一組：丁亥卜，侃。(骨條卜辭)

　　　　　　癸巳卜，祝貞：丁辛吉，侃于並。(骨面卜辭)

　　第二組：癸巳。(骨條卜辭)

　　　　　　癸巳卜，祝貞：二示求（咎），王遣並。十月。(骨面卜辭)

　　第三組：貞：不隹有示。(骨條卜辭)

　　　　　　癸巳卜，祝貞：並來歸，隹有示☒。(骨面卜辭)

　　第四組：丁酉。(骨條卜辭)

　　　　　　丁酉卜，貞：子弗疾有疾。(骨面卜辭)

　　第五組：庚子（卜）。(骨條卜辭)

　　　　　　庚子卜，貞：其侑于五毓一宰。(骨面卜辭)

　　很遺憾的一點是，雖然我們知道骨面卜辭《合集》4387+《合集》
4394、《英藏》1948、《合集》24412 分別爲成套卜辭的一卜、二卜、三

---

① 蔡哲茂：《甲骨綴合集》第 287 組，第 417 頁。後蔣玉斌先生又在此基礎上加綴
　《史購》199，見蔣玉斌《甲骨綴合總表》第 284 組。

卜，但是骨條卜辭《合補》7479、《合集》25029 與《英藏》1976 却全都不見兆序辭，所以還不能認定究竟哪版骨條與骨面是一版之折。之所以出現 "邊面對應" 的文例形式，張世超先生的一段論述非常具有啓發性：

> 卜辭的命辭出自貞人之口，但也不是貞人命龜之辭的如實記錄。占卜時，貞人以口命龜，如果貞人與刻寫者不是同一人的話，占卜時刻寫者也應在場。卜事結束後，他再憑記憶或貞人的提示將卜辭刻在相應的兆坼旁。據包山楚簡 "卜筮祝禱記録" 所記，戰國時卜筮命辭長而且複雜，同時伴有祝禱。殷時的占卜情況當也大致相類。所以我們看到的龜、骨版上的簡要的語辭，其實是刻寫者對占卜言語簡化，甚至重新組織而成的。①

"邊面對應" 的文例形式正好是這種觀點的印證。骨條上刻得簡省的卜辭是 "刻寫者對占卜語言簡化，甚至重新組織而成的"，骨面上刻得相對完整的卜辭則是卜事結束後，刻寫者將完整的卜辭刻寫在空間充裕的骨面上。張先生的論述代表了大多數情況，但是邊面對應的文例則有兩點不同：第一，張先生提到 "卜事結束後，他再憑記憶或貞人的提示將卜辭刻在相應的兆坼旁"，實際情況是，不一定刻在相應的兆坼旁。在 "邊面對應" 的文例中，相應的兆坼旁已經刻有簡要的語辭，契刻者將相對完整的卜辭刻在空間充裕的位置，這個位置不一定有兆坼，骨面卜辭只是骨條卜辭的補充與完善。第二，張先生指出契刻者刻寫相對完整的卜辭是憑記憶或貞人的提示，實際上更重要的提示恐怕是契刻者在占卜時就已經刻好的比較簡省的卜辭。

綜上，本文在四個方面提供了甲骨研究的新材料，這些新材料的出現

---

① 張世超：《自組卜辭中幾個問題引發的思考》，《古文字研究》第二十二輯，北京：中華書局，2000 年，第 31 頁。這個問題還涉及占卜主體、貞人、契刻者三種身份的敘述角度與人我關係，參見沈培：《商代占卜中命辭的表達方式與人我關係的體現》，李宗焜主編：《古文字與古代史》第二輯，臺北："中研院" 歷史語言研究所，2009 年，第 93—116 頁。

則源於甲骨綴合。甲骨綴合貴在創新，却也任重道遠，大量殘片的拼合與復原，推動着這個學科不斷進步，永葆生機。

引書簡稱表：

《合集》　　　　《甲骨文合集》

《合補》　　　　《甲骨文合集補編》

《花東》　　　　《殷墟花園莊東地甲骨》

《屯南》　　　　《小屯南地甲骨》

《英藏》　　　　《英國所藏甲骨集》

《史購》　　　　《史語所購藏甲骨集》

（原載《故宫博物院院刊》2016 年第 2 期）

甲骨卜辭中的"子韋"

李愛輝

首都師範大學甲骨文研究中心

《合集》17156（圖1）是一片與商代喪葬有關的甲骨殘片，因其片小辭殘且《合集》拓本又不甚清晰，所以在相關文章中都少有提及，本文的論述將圍繞這一殘片展開。

先將各家釋文摘録於下：

……死。①

……芇。②

……芇。③

……殟。④

圖1

"殟"上一字，各家釋文均未釋讀。關於這片甲骨的分類也存在分歧，如楊郁彦將其分入典賓，⑤ 崎川隆將其分入過渡②類，并指出其材質爲龜甲。⑥

---

① 胡厚宣主編：《甲骨文合集釋文》，北京：中國社會科學出版社，1999 年，第 881 頁。
② 姚孝遂主編：《殷墟甲骨刻辭摹釋總集》，北京：中華書局，1988 年，第 1586 頁。
③ 曹錦炎、沈建華編著：《甲骨文校釋總集》，上海：上海辭書出版社，2006 年，第 2016 頁。
④ 陳年福：《殷墟甲骨文摹釋全編》，北京：綫裝書局，2010 年，第 1586 頁。
⑤ 楊郁彦：《甲骨文合集分組分類總表》，臺北：藝文印書館，2005 年，第 227 頁。
⑥ 崎川隆：《賓組甲骨文分類研究》，上海：上海人民出版社，2011 年，第 694 頁。

《合集》17156 的來源有二：《善》26127、《京》1697。《善》尚未出版，《京》的拓本質量略好於《合集》，但形態和殘字亦不是很清晰。筆者在中國社科院歷史研究所時曾翻看過《善》原書，《善》26127 "殟"字上方的殘筆非常清楚，即"口"和"止"；"止"與"殟"之間的白痕為泐痕。比照下方"殟"字刻字大小及其殘片斷邊形狀，我們推測"口"和"止"當為一字之殘，即為"韋"字殘筆，材質為骨。結合上述"限定條件"，我們找到了《合集》3270。《合集》3270 與《合集》17156 綴合後（見圖 2，其中《合集》17156 所用拓片是《京》1697）是一版胛骨骨面的殘片，斷邊拼合處殘字復原完整，確為"韋"字。

《合集》3270

《京》1697

圖 2

黃天樹曾指出："師賓間 B 類中還有一批'子'字作ʔ的卜辭，約有 30 多片。前辭作'干支卜'一種形式。"①《合集》3270 卜辭字體恰與之相符，當為師賓間 B 類，故《合集》17156 的字體亦應為師賓間 B 類。結合卜辭行款，綴合後釋文可擬補如下：

（1）癸丑卜：🔆子韋殟。

🔆字雖不識，但我們通過對命辭中"殟"字用法的整理可以發現，"殟"字前的成分主要有以下兩種類型：

---

① 黃天樹：《殷墟王卜辭的分類與斷代》，北京：科學出版社，2007 年，第 124 頁。

第一種：名詞+（其/不）殟

（2）己巳卜，殻貞：雀其殟。一

（3）貞：雀不殟。二月。一　　　　　　　　　　（《合集》110 正 典賓）

（4）□□卜，賓貞：子🦴不殟。一 二告 二　（《合集》17073 典賓）

（5）丙午卜，爭［貞］：七白馬殟，唯丁［取］。（《合補》2747 賓三）

第二種：(S)+V+O，（其/不）殟

（6）庚辰卜，王：朕椓羌，不殟。　　　　　　（《合集》525 師賓間）

（7）丙辰［卜］，貞：子雍不作觠，不殟。　　　（《合集》3122 賓出）

（8）辛卯卜，賓貞：以子🦴逸，不殟。六月。一 （《合集》6 賓三）

（9）壬子卜，賓貞：敦兆，不殟。一　　　　　　（《合集》339 賓三）

（10）貞：有疾羌，其殟。　　　　　　　　　　（《合集》526 典賓）

（11）有疾，不殟。　　　　　　　　　　　　　（《合集》13794 典賓）

（12）貞：刖🦴，不殟。　　　　　　　　　　　（《合集》581 典賓）

由上述例子可知，🦴字的詞性有兩種可能性：

第一，名詞。如果🦴是名詞，則🦴子韋當爲人名，即人名組合中的"某+子+某"。🦴爲族名，韋爲私名，子爲韋的身份，即🦴族族長韋。①

第二，動詞。如果🦴是動詞，例（1）命辭部分的句法當與例（8）至（12）同。在例（6）至（12）這些卜辭中，當"殟"字前面的成分出現動詞，這個動詞多非祭祀類，即不會像卜問"疾齒""疾目""疾身"等事項時，爲攘除上述疾病而進行祭祀禱問，而多是"致殟"的行爲，即遭受不好的事情而致殟。因此，如果🦴是一個動詞，那子韋將是因🦴而殟。

雖然🦴的詞性尚無定論，但有一點是確證無疑的，即這條卜辭的

---

① 趙鵬看過小文後指出，"🦴子韋"是人名組合的可能性更大，即"🦴"爲族名。筆者贊同趙鵬的意見，也傾向於"🦴"是族名，但由於"🦴"的辭例較少，所以也不排除"🦴"爲動詞的可能性。

"主人公"當是"子韋"。"子某"在卜辭中較爲常見，島邦男先生在《殷墟卜辭研究》一書中就整理出 114 位，但本版綴合中的"子韋"目前來看僅此一例。這個"子韋"有可能與典賓類卜辭中常見的貞人"韋"是一人。

從歷時的角度來看，"子韋"和"韋"是一人的可能性是成立的：師賓間 B 類卜辭主要存在於武丁中期，典賓類卜辭的時間上限是武丁中期。從共時的角度來看，雖然卜辭存在"同代同名"的現象，但"子韋"與"韋"當不屬此種情況。

首先，卜辭中的"子某"可單稱"某"，如：

(13) 貞：刅無疾。　　　　　　　　　　　　（《合集》13726 典賓）

(14) 貞：子刅無疾。　　　　　　　　　　　（《合補》3996 歷二）

(15a) 丙［寅卜］，貞：翌丁卯令子妻步。

(15b) 丁卯卜，貞：翌庚午令子妻。五月。

(15c) 貞：于辛未令子妻步。　　　　　　　（《英藏》130 賓出）

(16) 乙丑貞：王令子妻，惠丁卯。　　　　　（《合集》32774 歷二）

(17a) 癸巳貞：王令妻生月。

(17b) 甲午貞：于父乙告妻其［步］。

(17c) 甲午貞：于小乙告妻其［步］。

(17d) 甲午貞：告妻其［步］。　　　　　　（《合集》32856 歷二）

(18a) 癸巳貞：畢以妻于旬奠。

(18b) 癸巳貞：王令妻生月。

(18c) 癸午貞：告妻其步［于］祖乙。

(18d) 甲午貞：于☒告妻其步。

(18e) 甲午貞：于父丁告妻其步。　　　　　（《屯南》866 歷二）

上述例子是學者們用來證明歷二與賓組卜辭共期的實證。在這些例子中"子刅"可稱爲"刅"，"子妻"亦可稱爲"妻"，均是"子某"省稱爲"某"的典型事例。（子）刅和（子）妻也見於花東卜辭，其中刅還有用作貞人的例子，如：

(19) 刉貞。一　　　　　　　　　　　　　　　　　（《花東》22）

"韋"的用法恰與"刉"重合。

商王對貞人的健康也是很重視的，有專爲貞人疾病進行的貞卜，如：

(20a) 己巳卜，殼貞：夒不殟。王占曰：吉，勿殟。一 二 三 四

(20b) 己巳卜，殼貞：夒其［殟］。一 二 三［四］二告

　　　　　　　　　　　　　　　　　（《合集》734 正 典賓）

"夒"是賓組常見的貞人，上述卜辭即是商王對其"殟"否進行的卜問，由占辭可知"夒"是"有驚無險"，并未死去。

其次，在《花東》中有一版卜辭是爲"韋"選擇埋葬地：

(21a) 壬戌卜：在狀葬韋。用。

(21b) 于襄葬韋。不用。　　　　　　　　　　　　（《花東》195）

魏慈德和趙鵬曾據《花東》195 卜辭内容指出，此"韋"與典賓類貞人"韋"是同一人。① 《合集》3270+17156 貞"子韋殟"之事是在"癸丑"，《花東》195 的占卜日期是"壬戌"，由"暴死"至"下葬"前後相距 9 天，在時間上是吻合的。甲骨卜辭雖存在"同代同名"現象，但同代同名又相繼死亡，這樣的事情發生的概率還是比較低的，這亦可證花東、典賓中的"韋"與《合集》3270+17156 中的"子韋"可能是同一人。

綜上，我們的結論是：甲骨卜辭中新見人名"子韋"可能與典賓、花東中的"韋"是一人，且死於"癸丑"這一天。當然，由於"子韋"辭例僅此一見，甲骨中關於"韋"的完整卜辭（不包括出現在前辭中的）也很少，所以我們的結論也暫時停留在推論的層面，能否説死，還有待材料的進一步完善。但有一點是確鑿無疑的，即《合集》17156 的綴合印證

---

① 趙鵬：《殷墟甲骨文人名與斷代的初步研究》，北京：綫裝書局，2007 年，第205 頁。

了甲骨文 "内容豐富，問題繁複，殘文斷句，片羽吉光，無一不是商代的直接史料"，① 即使碎小至一字半字，但一經綴合，也可能給我們的學術研究帶來驚喜。

引書簡稱表：

《合集》　　　《甲骨文合集》

《善》　　　　《善齋藏契》

《京》　　　　《戰後京津新獲甲骨集》

《合補》　　　《甲骨文合集補編》

《屯南》　　　《小屯南地甲骨》

《英藏》　　　《英國所藏甲骨集》

《花東》　　　《殷墟花園莊東地甲骨》

（原載《古文字研究》第三十三輯，中華書局 2020 年）

---

① 胡厚宣：《五十年甲骨文發現的總結》，北京：商務印書館，1951 年，第 3 頁；後收入宋鎮豪、段志洪主編：《甲骨文獻集成》，成都：四川大學出版社，2001 年，第 34 册，第 2 頁。

利用深度神經網絡進行
甲骨文單字識別和檢測的初步測試

莫伯峰

首都師範大學甲骨文研究中心

2018 年 10 月 9 日至 11 日，中國古文字研究會在長春召開了紀念中國古文字研究會成立四十周年國際學術研討會暨中國古文字研究會第 22 次年會。在 9 日的大會開幕式和 11 日的大會閉幕式講話中，中國古文字研究會會長吳振武先生都提到，未來的古文字研究必將與人工智能融合，并取得長足進步。吳先生指出："未來的古文字研究可以與人工智能相結合，古文字複雜程度不如其他學科，是有邊際的學問，正確答案只有一個，這正是人工智能所擅長處理的領域。古文字利用人工智能是非常有前途的，需要我們高度關注。"

圖像識別是人工智能的一個重要研究領域，現在已具備了較爲成熟的技術，人臉識別、圖像搜索等應用産品都是這一技術的具體落地形式。利用圖像識別技術來進行甲骨文單字識別和檢測，與識別和檢測其他事物本質上具有極大的一致性，因此我們認爲這是將人工智能與古文字研究相結合的一個合適切入口。

圖像識別技術的顯著進步得益於深度神經網絡的利用，特別是其中一類名爲"卷積神經網絡"的運用。在全球範圍的圖像識別演算法競賽 ILSVRC 中，2017 年人工智能的圖像識別正確率達到了 97.7%，這一數值甚至已經遠超過了人眼的識別率，而這一成就主要就來源於深度神經網絡的采用。深度神經網絡識別圖像的基本工作原理，可以粗略地如此描述：首先運用深度神經網絡建立一個模型，然後向模型灌入包含若干圖片的

“訓練集”，因爲“訓練集”中的圖片事先已經被定義了類型，因此這一行爲相當於告知模型，我們對“訓練集”中圖片的分類標準。然後讓深度神經網絡進行訓練以學習我們的分類標準（這是深度神經網絡最厲害之處），最終形成一個預測模型。之後，利用“測試集”中的圖片對預測模型進行測試，“測試集”中的圖片是“訓練集”中所沒有出現過的。如果在測試中發現模型分類有錯誤，則讓深度神經網絡對模型進行校正（此稱爲“調參”，調整模型的各種參數），以最終形成一個性能優良的模型。

甲骨文單字識別，是指通過訓練深度神經網絡建立的模型，讓模型依靠字形對甲骨文單字進行識別。甲骨文單字識別是現在人工智能與甲骨文研究相結合的極佳入口，也是未來利用人工智能技術深化甲骨文研究的基礎。甲骨文單字檢測，是指通過訓練深度神經網絡建立的模型，讓模型依靠字形確定一片甲骨上該文字的位置。甲骨文單字檢測是利用人工智能技術解決實際甲骨文研究問題的一項實用技術，比如利用此項技術來編制甲骨文字編，根據甲骨文字形進行圖像搜索等，可以把研究者從簡單勞動中解放出來。

無論是甲骨文單字識別還是單字檢測，本質上都是將人類已經成熟的研究成果賦能於計算機。對於甲骨文研究而言，并不會産生新的知識。但是任何一種技術的運用，都有一個從低級階段走向高級階段的過程，正如吳振武先生所指出的那樣：“即使初級很幼稚，也得有人開始來做，只要做了，就慢慢會進步。”

對於很多甲骨文研究者而言，屬於工科範疇的人工智能技術仿佛離我們很遙遠。事實上，人工智能技術現在已經離我們的生活越來越近。本文所運用的“EasyDL 定製化圖像識別”① 是百度公司開發的通用人工智能研究平臺，該平臺無需編程就可以搭建滿足自己需求的神經網絡模型，非常簡單方便。這一模型暫未開放調參等功能，也就是經過一次訓練，模型就已經確定，不能依靠調參來進行進一步優化（根據百度的通告，今後將

———————

① http：//ai. baidu. com/easydl。

會逐步開放調參功能）。但利用這個通用模型來進行測試，幫助我們熟悉和理解深度神經網絡的整個流程，無疑也很有好處。本文即使用該平臺訓練出多個模型，測試了利用深度神經網絡識別和檢測甲骨文字的性能狀況。

一、甲骨文單字識別

利用深度神經網絡進行甲骨文單字識別，本質上其實是對字形進行分類。因此，在"EasyDL 定製化圖像識別"中，將此類問題歸入"圖像分類"部分。我們總的測試思路，首先是確定經由"EasyDL 定製化圖像識別"生成的模型，是否具有區分甲骨文字字形的功能。然後，再逐步增加識別文字的數量和類型，測試不同難度下模型的表現。

測試對象和目標：按照由易至難的模式，我們將逐步增加測試對象，以此來檢測模型在單字識別過程中的種種變化。因此，我們將測試對象和目標分爲三級：

（一）單個文字識別模型

該模型的目標，是通過變換同一文字不同形體和圖像，來測試模型是否能將同一文字的不同形體進行認同，也即是否能按照"認字"的思路來判定圖像的類型（因爲"EasyDL 定製化圖像識別"中大多數的模型，都是用來識別具體的物體。是否能識別文字，還是一個需要測試論證的命題）。我們選取了甲骨文"貞"字作爲測試目標，因爲甲骨文中"貞"字數量衆多，可以建立一個數量充足的"訓練集"，對模型進行充分的訓練。而在"測試集"的選擇上，我們則選擇了反色、傾斜倒置、後代文字、手寫文字、無關圖像等多種類型的圖像來進行檢測，以此來確定模型是否能夠"認字"。

（二）三個文字識別模型

該模型的目標，是在上一模型的基礎上，測試在一個模型中能否辨識出多個甲骨文字。我們選取了甲骨文中的常見字獨體字"貞"、次常見合體字"登"字和罕見的未識合體字"🐾"，作爲我們單字識別的主要測試對象。選擇這三個字的原因，是因爲他們形體上分別代表了甲骨文的獨體字、合體字、未識字三種類型，文字數量上則涵蓋了"最多""中等"和"稀少"三個數量級。同時，"登"字還包含了多種異體，我們也試圖來檢測一下模型對異體字形的識別狀況。

（三）五個文字識別模型

該模型的目標，是在上一模型的基礎上，進一步加大難度，測試在一個模型中能否辨識出形近字。在"貞""登""🐾"的基礎上，又增加"田""日"兩個形體較爲接近的甲骨文字，測試形近字的識別能力，訓練一個能够識別這五個文字的模型。

測試流程：按照前文我們所介紹的搭建深度神經網絡模型的基本思路，本測試的基本流程如下：1. 創建模型；2. 創建數據集并進行模型訓練；3. 模型校驗。前兩個流程對於所有的測試對象都是相同的，爲節省篇幅，下文我們只以"貞"字來示例説明。在第三個流程中，各測試對象的數據將産生較大差異，因此我們將逐一進行詳細説明。

1. 創建模型

根據實際需求，我們創建了一個名爲"甲骨文字識別例"的圖像分類模型（圖1）。這個模型的功能就是識別甲骨文"貞"字的形體。

2. 創建數據集并進行模型訓練

創建完模型以後，我們進入創建數據集頁面（圖2），在這個頁面我們選擇模型的類型，并確定數據集的名稱。然後，開始整理我們的訓練數據，準備上傳。

我們以"貞"字爲例説明如何準備訓練集。首先建立一個命名爲"zhen"的文件夾作爲訓練用例（"zhen"表示該文件夾内的圖片將會被識別爲何種名稱，因爲該平臺目前不支持中文格式命名，因此我們不能將文件夾直接命名爲"貞"），然後在文件夾内放置甲骨文"貞"字的不同字

圖 1　模型創建頁面

圖 2　創建數據集頁面

形作爲訓練集。我們選擇了各類字形共計 104 個，詳見圖 3。這些形體全部來源於《甲骨文合集》（以下簡稱"《合集》"），而我們的測試用例則來自《甲骨文合集補編》（以下簡稱"《合補》"）、《英國所藏甲骨集》（以下簡稱"《英藏》"）、《小屯南地甲骨》（以下簡稱"《屯南》"）等，儘量避免選用《合集》的例字。然後按照平臺要求壓縮文件并上傳。

圖3　"贞"字的圖像訓練集

其他文字，"登"字訓練集共計選用 51 個字形，" 𩵋 "字訓練集共計選用 8 個字形，"日"字訓練集共計選用 35 個字形，"田"字訓練集共計選用 35 個字形。這其中，" 𩵋 "字在甲骨文中一共只出現 4 次，其中 1 例還是較爲破損的殘字，不適宜作爲訓練圖像，選取 2 例作爲測試集，只剩下 2 例作爲訓練集。2 例數據數量太少，"EasyDL 定製化圖像識別"平臺過去也曾允許進行訓練。但由於效果太差，現在已經設置了數量限制，至少需要 4 例數據才能進行訓練。因此，爲建立符合平臺要求的" 𩵋 "字訓練集，我們對圖像數據進行了增强處理，將 2 例圖像進行了反色修製和水準翻轉處理，形成了一個 8 例的訓練集，如圖 4 所示。這種少樣本文字在甲骨文中有一批，所以我們也試圖嘗試利用簡單的數據增强來

觀察一下效果如何。其他文字的訓練集類同，限於篇幅我們不再一一
圖示。

圖 4 "𣲘" 字的圖像訓練集

在數據上傳成功之後，按照平臺的流程，選擇演算法（即判別結果所
使用的的一系列計算方法。我們選擇了通用演算法的默認訓練方式，這種
演算法所需要的訓練時間適中），點擊開始訓練，系統自動開始訓練
（圖 5）。

圖 5 進行模型訓練界面

訓練結束後（訓練時間至少在 10 分鐘以上，數量多的文字則可達數
小時，根據訓練集的大小而定），便可得到一個名爲 "甲骨文字識別例"

的模型（圖6）。在 A 區域導入用來測試的甲骨文字形，B 區域就會計算出該字形爲甲骨文某字的概率。

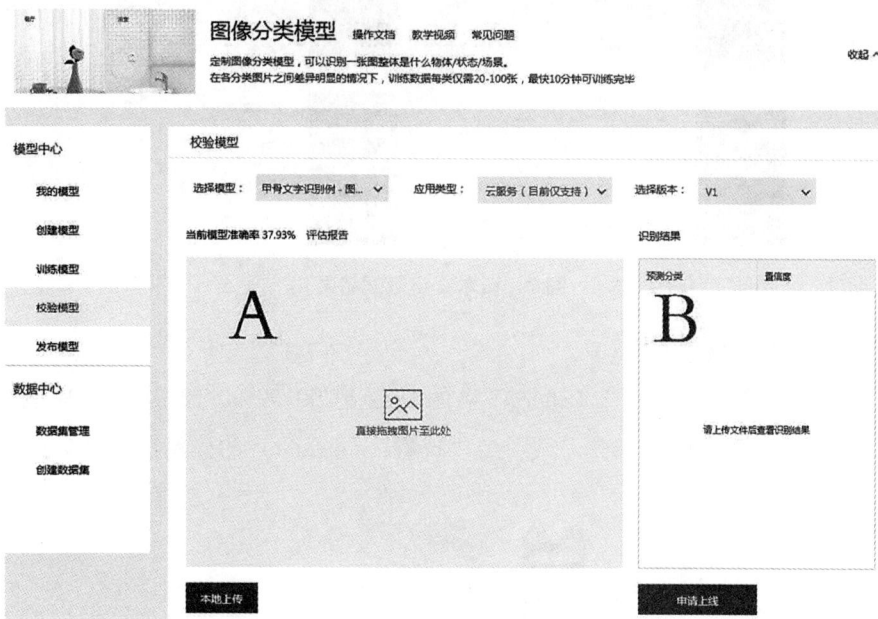

圖6　"甲骨文字識別例"模型生成

3. 模型校驗

3.1　單個文字識別模型校驗

在模型訓練好之後，就可以選取字形進行模型校驗了。針對"貞"字，我們選擇了各種類型的文字來對"甲骨文字識別例"這一模型進行校驗，包括拓本文字、反色文字、傾斜倒置文字、後代文字、手寫文字、其他無關圖像六種類型。

3.1.1　拓本文字

結果識別爲"貞"（zhen）字的概率是 98.07%—100%，識別爲"其他"（other）的概率是 0%—0.06%，識別爲"缺省"（default）的概率是 0%—1.87%。

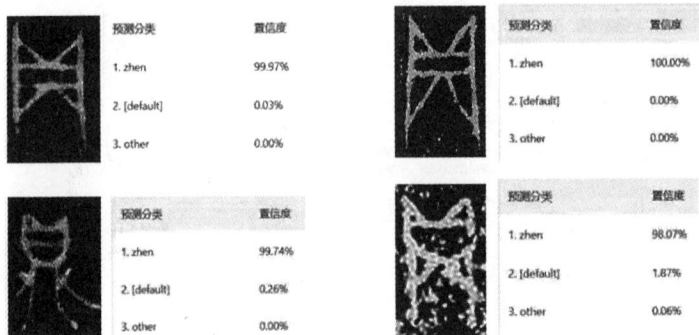

圖 7　拓本文字測試結果

3.1.2　反色文字

結果識別爲 "貞" （zhen） 字的概率是 90.59%，識別爲 "其他" （other） 的概率是 0.22%，識別爲 "缺省" （default） 的概率是 9.18%。

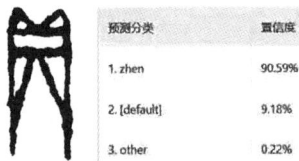

圖 8　反色文字測試結果

3.1.3　傾斜倒置文字

結果識別爲 "貞" （zhen） 字的概率爲 79.51% 和 98.18%，識別爲 "其他" （other） 的概率是 0.22% 和 0.26%，識別爲 "缺省" （default） 的概率是 1.56% 和 20.27%。

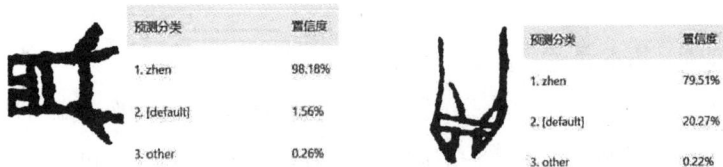

圖 9　傾斜倒置文字測試結果

3.1.4 後代文字

金文中"貞"字結果識別爲"貞"（zhen）字的概率是 86.61%，識別爲"其他"（other）的概率是 0.02%，識別爲"缺省"（default）的概率是 13.37%。秦簡中"貞"字結果識別爲"貞"（zhen）字的概率是 74.82%，識別爲"其他"（other）的概率是 0.04%，識別爲"缺省"（default）的概率是 25.14%。

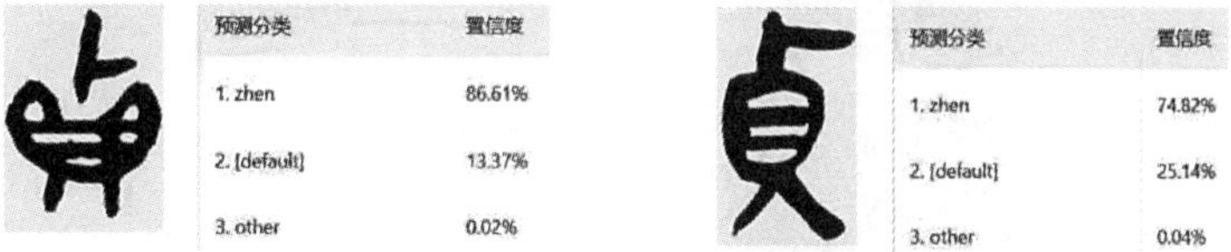

圖 10 後代文字測試結果

3.1.5 手寫文字

結果識別爲"貞"（zhen）字的概率是 53.19%，識別爲"其他"（other）的概率是 0.03%，識別爲"缺省"（default）的概率是 46.79%。

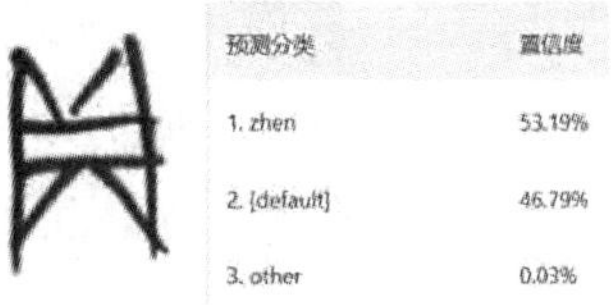

圖 11 手寫文字測試結果

3.1.6 其他無關圖像

爲形成對比數據，我們選取了一張甲骨拓本和一張人像進行測試。甲骨拓本識別爲"貞"（zhen）字的概率是 0.23%，識別爲"其他"（other）的概率是 92.27%，識別爲"缺省"（default）的概率是 7.49%。人像識別爲"貞"（zhen）字的概率是 0.01%，識別爲"其他"（other）的概率是 0.15%，識別爲"缺省"（default）的概率是 99.84%。無關圖像的選取，我們沒有選取其他甲骨文字作爲對比，而是選取這種差異性較大的圖像進行對比，是因爲在該階段我們的目標只是測試這一系統是否能將甲骨文字從其他類型中識別出來。與其他甲骨文字的對比，必須由下文的二級和三級模型才能完成。

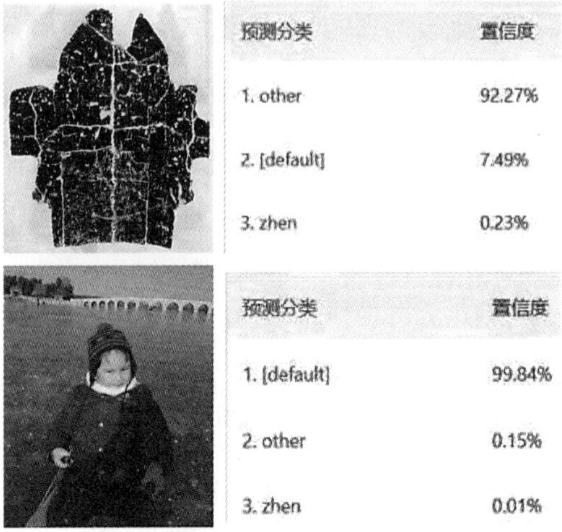

圖12　其他無關圖像測試結果

通過以上測試用例可以看到，該模型在辨識"貞"字方面的效果良好，唯一辨識度不高的是筆者自行掃描形成的手寫文字，根據 EasyDL 教學視頻的説明，不同來源圖像常導致識別效果急劇下降，這可能是導致該結果的重要原因。

3.2　三個文字識別模型校驗

爲增加識別難度，我們向系統中增添了"登"（deng）、"�(hanjian—罕見字）兩個文字的"訓練集"，重新對模型進行訓練，形成新的包含三個文字的測試模型，再次進行測試，測試對象包括"貞"字、"登"字和"�"字。

3.2.1　拓本"貞"字

由表1可見，測試結果良好，"貞"字共計測試 12 例，正確 11 例，錯誤 1 例，該例爲《合補》2741，從字形上看不出此"貞"字有何特殊之處，出錯原因未詳。

表1 "貞"字測試結果

來　源	字形	貞	登	罕見	缺省
《合補》570		89.85%	9.93%	0.17%	0.05%
《合補》602		96.97%	1.89%	0.72%	0.42%
《合補》632		94.17%	5.39%	0.35%	0.10%
《合補》641		94.33%	3.90%	1.24%	0.54%
《合補》2741		20.77%	78.94%	0.26%	0.02%
《合補》3082		86.43%	13.50%	0.06%	0.01%
《合補》6795		61.03%	38.73%	0.23%	0.02%
《合補》6948		96.56%	2.45%	1.2%	0.15%
《合補》8757		87.72%	10.92%	0.73%	0.25%
《合補》8621		99.85%	0.14%	0.01%	0
《合補》10918		96.09%	3.80%	0.07%	0.04%
《合補》11766		80.41%	19.47%	0.10%	0.02%

3.2.2　拓本"登"字

由表2可見，測試結果良好，"登"字共計測試8例，結果全部正確。但《英藏》558與《英藏》559字形極爲近似，而識別結果的置信度却相差30多個百分點，原因未詳。同時，"登"字的字形相較於"貞"字，異體情況更爲顯著，而且"訓練集"更小，但測試的結果却更加準確，這也是十分奇怪的，需要進一步研究。

表2 "登"字測試結果

來　源	字形	登	貞	罕見	缺省
《合補》4491		99.76%	0.13%	0.10%	0
《合補》7753		99.98%	0.01%	0	0
《合補》4468		99.66%	0.11%	0.21%	0.02%
《屯南》2916		96.17%	2.86%	0.51%	0.45%
《英藏》558		99.75%	0.23%	0.02%	0
《英藏》559		62.51%	36.74%	0.47%	0.28%
《英藏》477		99.88%	0.06%	0.05%	0
《英藏》837		67.34%	15.76%	11.58%	5.33%

3.2.3 "㳋"字

前文已述，由於"㳋"字數量很少，所以訓練集中既包含拓本，也包含反色修製圖像，因此我們的測試也集中選擇了拓本和反色修製圖像兩種類型，共計8例。從表3的測試結果來看，分類變動劇烈。由於《合集》6837的字形有殘缺，而《合集》6838的字形則受到了盾紋的强烈影響，因此當使用拓本圖像直接進行測試時，模型的識別正確率最高只有2.09%，識別結果爲"登"字的則高達96.32%。在對圖像反色處理之後，識別正確率略有提高，分別達到了16.25%和8.20%，但識別爲"登"字的結果仍遠高於此。在對拓本圖像進行修製補足了殘字和排除了盾紋的影響後，識別正確率再次下降，分別只有 2.83% 和 1.15%，因此我們懷疑模型可能誤認爲白底黑字是“𣥄”字的重要特徵。在對圖像既進行反色又修製後，系統的識別正確率陡然提高，分別達到了 82.13% 和 70.22%，識別爲“登”字的概率則下降至 12.60% 和 12.58%。這一結果十分奇特，應不能説明模型真的又突然可以正確辨識“𣥄”字了。①

表 3　“𣥄”字測試結果

來　　源	字形	罕見	貞	登	缺省
《合集》6837		2.09%	1.58%	96.32%	0.01%
《合集》6838		1.46%	2.62%	95.57%	0.34%
《合集》6837 反色		16.25%	7.53%	75.72%	0.50%
《合集》6838 反色		8.20%	8.07%	79.39%	4.34%
《合集》6837 修製		2.83%	40.98%	55.79%	0.40%
《合集》6838 修製		1.15%	7.05%	91.26%	0.53%
《合集》6837 反色修製		82.13%	3.49%	12.60%	1.78%
《合集》6838 反色修製		70.22%	8.81%	12.58%	8.39%

“𣥄”字的測試結果非常重要，對我們有多重啓示：

第一，少樣本文字訓練需要進一步尋找解決方法。“𣥄”的測試結果不盡如人意的重要原因，就是訓練集太小，特別是當一個模型中其他文字的訓練集很大時，這種誤識的情況就更容易發生。

———————————

① 據西南大學計算機與信息科學學院陳善雄先生分析，這種情況可能是偶然因素導致的，不具有典型意義。

A. 　　B. 　　C.

當我們以"🔲"字的訓練集字形 A 進行測試時,識別正確率達到89.64%,而在我們人眼看來與之極其接近的字形 B,則只有 2.83% 的識別正確率。這説明模型出現了過擬合,稍微與訓練集字形存在差異,都會被認爲是本質上的區別。同時,當以"🔲"字的訓練集字形 C 進行測試時,識別正確率也只有 44.49%,這説明模型收斂困難,難以找到字形的特徵。對於少樣本問題,通過調參可能會有所改善。但除此之外,恐怕還需要通過人工手寫的方式來增加更多的樣本,這種方式從理論上可以極大地增加樣本數量,而且爲了使系統能夠對各種字體類型的識別效果同樣良好,人工手寫增加樣本時還必須注意使用不同的字體風格來進行摹寫。

第二,圖像的清晰和完整對識別結果有重要影響。甲骨上的盾紋、殘泐等影響圖像清晰和完整的因素可能需要使用技術手段加以排除。

第三,拓本和反色圖像對識別結果有重要影響。模型容易將拓本和反色的差別當作重要的特徵。這説明要將拓本字形和反色字形分開訓練,分別生成模型,以防止互相之間的干擾。或者重新搭建專門的神經網絡,來應對文字識別這種特定任務。

3.3 五個文字識別模型校驗

我們繼續向模型中增添了形近字"日"(ri)、"田"(tian)兩種類型文字的"訓練集",重新對模型進行訓練,形成新的包含五個文字的測試模型,再次進行測試,測試對象主要爲"日"字和"田"字。

3.3.1 "日"字

從表 4 來看,測試結果良好,"日"字共計測試 16 例,正確 15 例,錯誤 1 例。由測試數據來看,模型確實察覺出了"日"字和"田"字的形近,在 16 組測試結果中,有 10 組是將"日"和"田"的概率列爲最高,這與人的認識是一致的。同時,由數據和字形可以看出,模型應認爲字形較扁則爲"日"字的可能性更高,而字形較高則爲"田"字的可能性開始變大。唯一一例識別錯誤的《合補》10970 爲黃類字體，與《合補》10960 爲同類字體，字形也極近似，很有可能只是因爲"日"字內的豎筆上下皆連通，便導致識別結果大相徑庭。此外，《合補》8920 和《合補》9455 的形體也很近似，識別正確率却差了非常多，原因不明。

表 4　"日"字測試結果

來　　源	字形	日	田	貞	登	罕見	缺省
《合補》117		58.95%	14.02%	7.77%	3.66%	1.92%	13.68%
《合補》708		63.19%	25.50%	4.99%	3.28%	0.62%	2.43%
《合補》913		62.72%	18.50%	11.49%	5.35%	1.32%	0.62%
《合補》1168		95.39%	1.36%	0.84%	0.84%	0.23%	1.33%
《合補》1347		86.62%	0.90%	3.91%	6.34%	1.69%	0.55%
《合補》1375		93.61%	3.27%	0.84%	0.96%	0.57%	0.74%
《合補》1377		75.76%	13.56%	3.96%	1.38%	4.22%	1.12%
《合補》5827		94.70%	1.18%	1.72%	1.87%	0.41%	0.12%
《合補》6556		91.62%	2.19%	0.70%	2.64%	1.16%	1.69%
《合補》7108		99.80%	0.06%	0.02%	0.10%	0.01%	0.01%
《合補》7325		61.19%	17.81%	16.54%	3.19%	0.68%	0.60%
《合補》8920		42.94%	1.76%	25.34%	26.07%	3.15%	0.74%
《合補》9455		95.12%	1.09%	1.26%	2.34%	0.15%	0.04%
《合補》10561		84.25%	1.02%	2.69%	6.76%	1.27%	4.01%
《合補》10960		84.21%	7.26%	5.48%	1.89%	0.82%	0.34%
《合補》10970		11.64%	86.68%	0.85%	0.19%	0.19%	0.45%

3.3.2 "田"字

從表5來看，測試結果不佳，"田"字共計測試16例，正確9例，錯誤7例。在該模型中，"田"字多次被誤識別爲"貞"字，從字形上來看，這些誤識的"田"字大多數字形較高。《合補》11300是黃類中筆畫較肥的"田"字，被誤識爲了"日"字。《合補》11305和《合補》11320都爲黃類字體，"田"字字形極爲相似，但識別結果差異巨大，原因不明。

表5　"田"字測試結果

來　　源	字形	田	日	貞	登	罕見	缺省
《合補》2547		80.14%	7.13%	5.11%	1.77%	0.41%	5.44%
《合補》2548		75.08%	16.63%	3.00%	3.83%	0.63%	0.83%
《合補》2551		78.80%	12.27%	3.32%	2.34%	0.87%	2.41%
《合補》2560		99.18%	0.16%	0.28%	0.28%	0.06%	0.05%
《合補》2562		31.26%	1.19%	44.04%	19.88%	3.21%	0.42%
《合補》3734		0.71%	6.49%	87.13%	3.86%	1.69%	0.11%
《合補》3904		15.91%	0.23%	78.65%	4.70%	0.50%	0.01%
《合補》7252		38.01%	2.05%	25.68%	2.88%	1.52%	29.86%
《合補》7263		68.76%	12.80%	6.27%	10.94%	1.15%	0.07%
《合補》8581		30.31%	2.54%	32.36%	16.04%	10.23%	8.52%
《合補》8791		8.66%	3.32%	61.16%	7.46%	1.48%	17.91%
《合補》8991		63.11%	17.66%	2.97%	14.56%	0.95%	0.75%
《合補》10541		35.96%	32.64%	4.11%	3.55%	2.23%	21.51%

續　表

來　源	字形	田	日	貞	登	罕見	缺省
《合補》11300		0.81%	49.48%	2.04%	43.49%	4.05%	0.13%
《合補》11305		1.33%	84.84%	4.33%	5.92%	0.39%	3.19%
《合補》11320		80.60%	14.63%	2.34%	0.75%	0.38%	1.29%

　　總體而言，主要針對形近文字“日”和“田”的五個文字識別模型識別效果差異明顯，有些方面與人對字形近字的判斷近似，有些方面則與人的判斷相去甚遠。

　　如果是一個專門的甲骨文字分類模型，那麽我們下面要做的工作就是對這個模型進行調參，也就是依靠測試結果來調整系統參數，以使模型實現我們想要的結果。但是由於百度這個通用模型目前并未開放此功能，因此我們的測試暫時到此爲止。

　　由以上的初步測試，我們對利用深度神經網絡模型識別甲骨文字形有了一些初淺的認識：一、雖然沒有經過調參，但是訓練後的模型已經展現了不錯的識別能力。這表明通過深度神經網絡來識別古文字是一個可行的方案。假以時日，通過不斷豐富字形和調整優化，最終形成一個優秀的甲骨文字形識別模型是可以期待的。二、顯然現有模型還不能將甲骨文字分析爲構件來進行識別，而是當作一個整體圖像進行識別，所以對於獨體字的檢測效果要大大好於合體字。這顯然不能滿足甲骨文的研究要求，在此方面需要進一步改進，尋找新的方法。三、對於訓練集字形多的甲骨文字，這個模型已經能産生非常好的分類效果了。但是對於少樣本的甲骨文字，還需要依靠其他方法來增强學習。

二、甲骨文單字檢測

　　相較於甲骨文單字識別，甲骨文單字檢測的難度更高，其不僅要判斷

圖片中是否有目標字形，還需要確定該字形的位置。我們本次測試主要以
"貞""登"和"🦌"字爲檢測對象。與前文的單字識別一樣，同樣是先
測試一個文字，然後再逐步增加測試文字數量。

　　甲骨文單字檢測的基本流程與單字識別的流程基本一致：

1. 創建模型

　　在"EasyDL 定製化圖像識別"平臺，物體檢測與圖像分類處於同一目録
下，很容易找到。根據測試目標，我們創建了一個名爲"貞字檢測"的物體
檢測模型（圖 13）。這個模型的功能就是識別甲骨拓本中"貞"字的位置。

圖 13　模型創建頁面

2. 創建數據集并進行模型訓練

　　在模型創建之後，我們進入創建數據集頁面（圖 14），在這個頁面我
們確定了數據集的名稱爲"貞字檢測"，并上傳了 70 張包含有"貞"字
拓本圖片至數據集（拓本圖片全部來自《合集》）。與圖像分類模型通過
統一上傳壓縮文件即已完成訓練集準備不同。物體檢測還要通過"數據標
注"（又常稱爲"打標籤"）的方式進行數據標記（圖 15）。

物体检测模型　操作文档　教学视频　常见问题　提交工单　　　　　　　　　　收起 ^

定制物体检测模型，可以检测出图片里面的所有目标物体名称、位置。适用于一张图片中要识别多个物体，物体计数等场景中。
在各检测物体之间差异明显的情况下，训练数据每个标签仅需覆盖20-100张图片，训练时间可能需要30分钟以上。

数据集管理　　　　　　　　　　　　　　　　　　　　　　　　　导求数据支持：百度众测　数据服务商

[创建数据集]　[调用接口管理数据]

ID	名称	类型	标签数	图片数	状态	操作
21206	贞字检测 ✎	物体检测	1	70	正常	查看 标注/上传 删除

每页显示　10 ∨ ‹ 1 ›

模型中心
　我的模型
　创建模型
　训练模型
　校验模型
　发布模型
数据中心
　数据集管理
　创建数据集
　数据标注/上传

图 14　創建數據集頁面

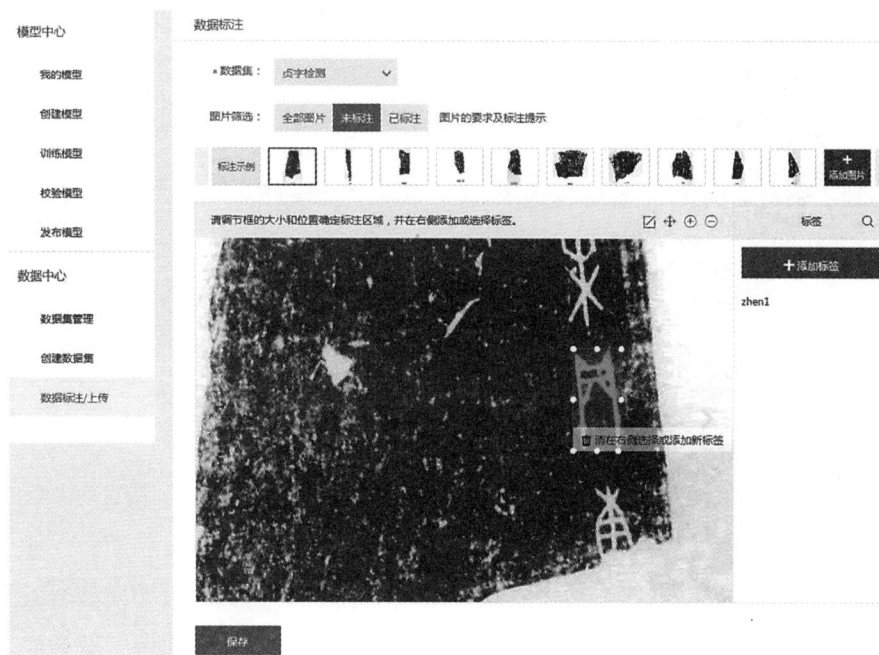

模型中心
　我的模型
　创建模型
　训练模型
　校验模型
　发布模型
数据中心
　数据集管理
　创建数据集
　数据标注/上传

数据标注

＊数据集：　贞字检测　∨

图片筛选：　全部图片　未标注　已标注　图片的要求及标注提示

标注示例

请调节框的大小和位置确定标注区域，并在右侧添加或选择标签。　　　标签

＋添加标签

zhen1

请在右侧选择或添加新标签

保存

图 15　打標籤

　　"打標籤"即首先打開一張圖片，然後在圖片上找到希望標注的文字"貞"字，用鼠標框出"貞"字的字形，再點擊"添加標籤"，爲這個被標注出來的文字建立屬性"zhen1（貞）"。然後，按照此方法對剩餘圖片進行相同操作。當所有圖片全部被標注完之後，就可以對模型進行訓練了。物體檢測的模型訓練和測試界面與圖像識別的界面相同，在此我們就不再複述了。

3. 模型校驗

　　在模型訓練好之後，我們從測試集選取含有"貞"字的甲骨拓本進行模型校驗。因爲物體檢測需要檢測出具體的位置，基本不存在偶然性，所以我們不再設定比較組數據。通過測試結果來看，模型對"貞"字的檢測較好，示例如下：

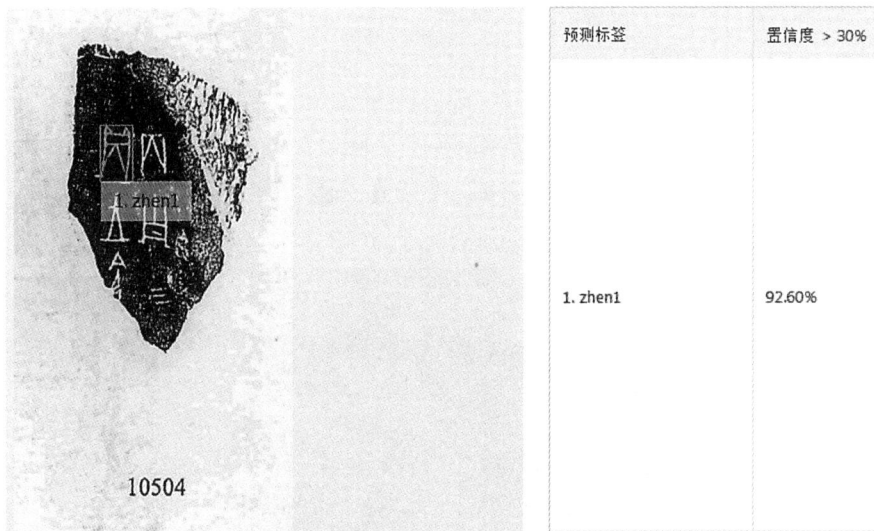

预测标签	置信度 > 30%
1. zhen1	92.60%

圖 16　單個"貞"字的檢測結果

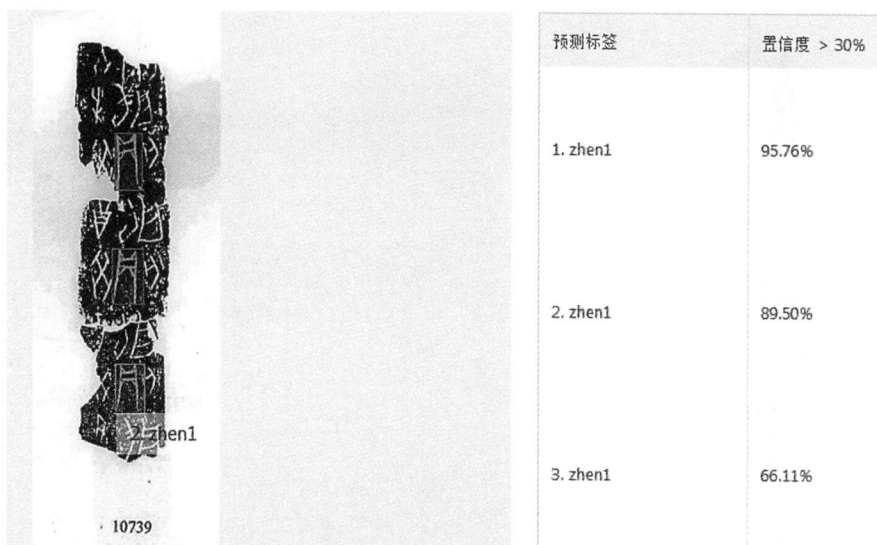

預測标签	置信度 > 30%
1. zhen1	95.76%
2. zhen1	89.50%
3. zhen1	66.11%

圖 17　多個 "貞" 字的檢測結果（大字形）

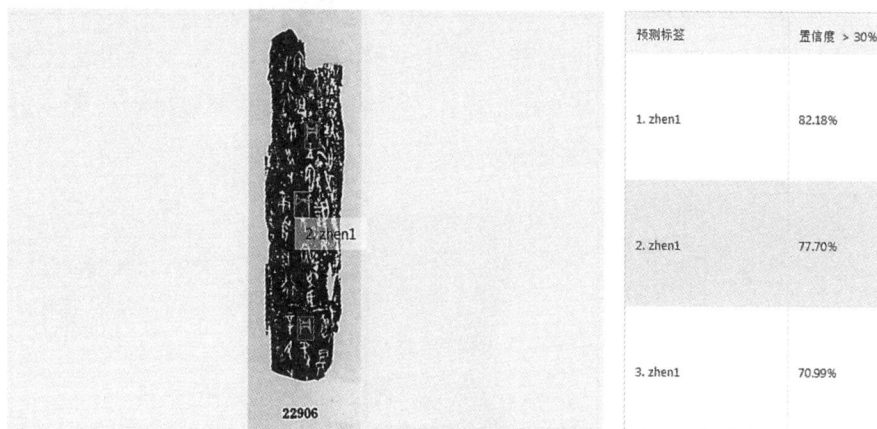

預測标签	置信度 > 30%
1. zhen1	82.18%
2. zhen1	77.70%
3. zhen1	70.99%

圖 18　多個 "貞" 字的檢測結果（小字形）

　　從以上測試結果來看，模型對 "貞" 字具有較好的檢測效果，無論是單個 "貞" 字的檢測還是多個 "貞" 字的檢測，都可以準確判斷出 "貞" 字的位置。但是，也有一些拓本的檢測出現了問題：

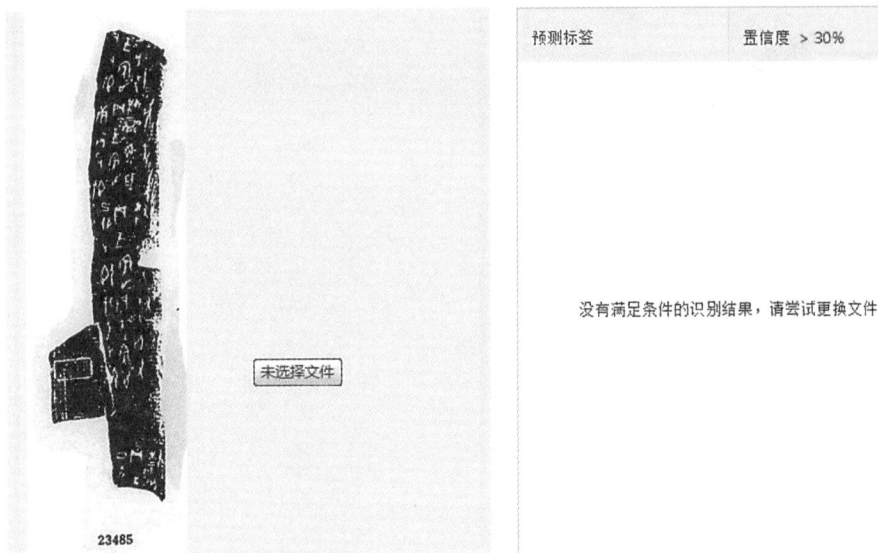

預測标签　　　　　　　置信度 > 30%

没有满足条件的识别结果，请尝试更换文件

未选择文件

23485

圖 19　未能檢測出"貞"字

在一些字多的較大圖片中，"貞"字未能被檢測出（圖 19）。當我們將圖片進行剪切，只是檢測部分圖片中的"貞"字，結果發生了改變（圖 20）。由此可見，對於大幅面圖片，檢測模型的檢測效果會出現一定變化，但這種問題并不是不能解決的。

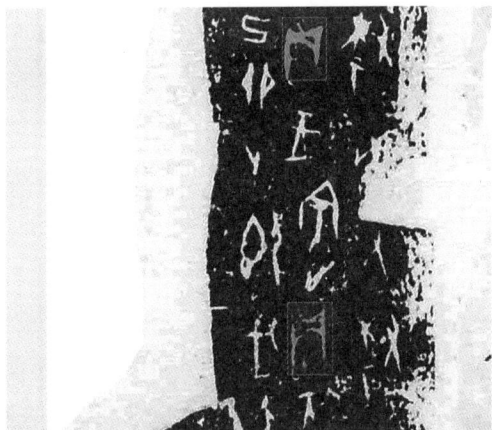

圖 20　通過剪切縮小圖片檢測出"貞"字

　　在一些圖片中，模型也出現了欠擬合狀況，如圖 21 所示，模型誤將其他文字檢測爲“貞”字。在我們較大數量的測試中（100 例以上），這種誤檢測的情況并不多（6 例），大部分的情況都是能够正確檢測的。

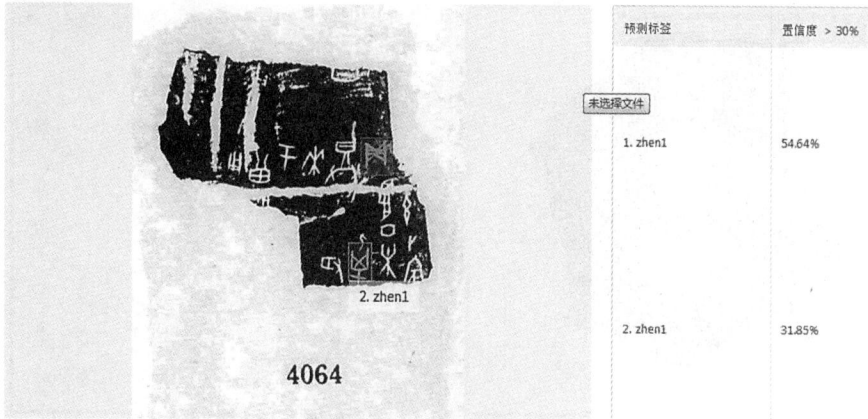

預測标签	置信度 > 30%
未选择文件	
1. zhen1	54.64%
2. zhen1	31.85%

圖 21　誤將其他文字檢測爲“貞”字

　　總體而言，模型的檢測效果可以分成兩種情況：一類是幅面較大的拓本，檢測效果通常不佳。這種情況説明，模型還需要就這種較複雜情況進行進一步的優化，此類情況的例子較多，我們就不一一舉例了。另一類是幅面較小的拓本，檢測效果較好，但也存在過擬合或欠擬合狀況。下表是我們檢測正確的一些拓本的具體數據情況：

表 6　部分檢測正確的拓本數據

檢 測 對 象	置 信 度	檢 測 對 象	置 信 度
《合補》4	60.68%/42.37%	《合補》4694	81.84%
《合補》11	83.22%	《合補》7306	92.63%
《合補》2126	96.08%	《合補》8255	80.19%
《合補》3485	96.81%	《合補》10443	88.66%
《合補》3529	89.52%/37.37%	《合補》10502	98.72%/96.08%
《合補》3535	88.16%	《合補》10513	94.43%

在將"登"字和""字也加入訓練集進行訓練後，我們形成了檢測三個文字的模型。部分效果良好的檢測結果如下：

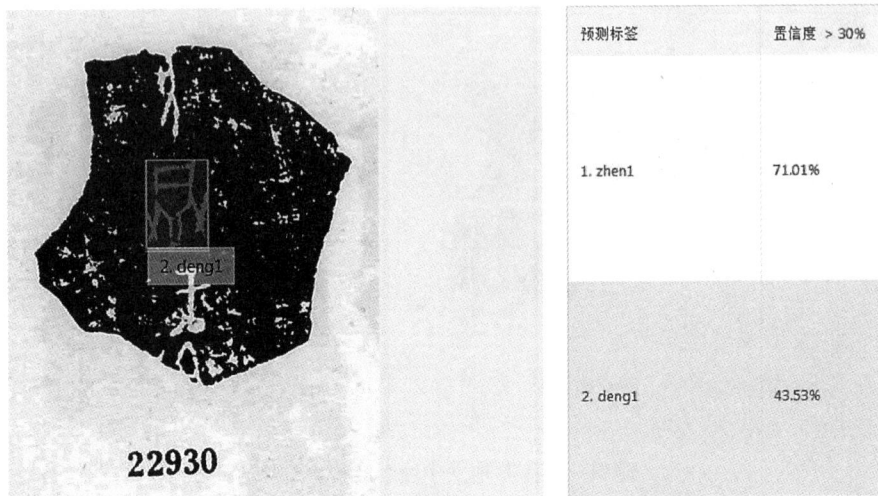

预测标签	置信度 > 30%
1. zhen1	71.01%
2. deng1	43.53%

圖 22　檢測出"登"字

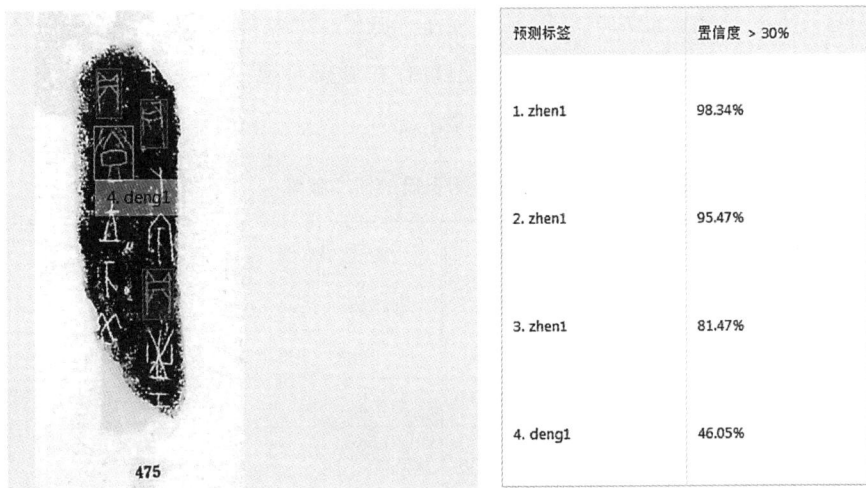

预测标签	置信度 > 30%
1. zhen1	98.34%
2. zhen1	95.47%
3. zhen1	81.47%
4. deng1	46.05%

圖 23　檢測出"登"字和"貞"字

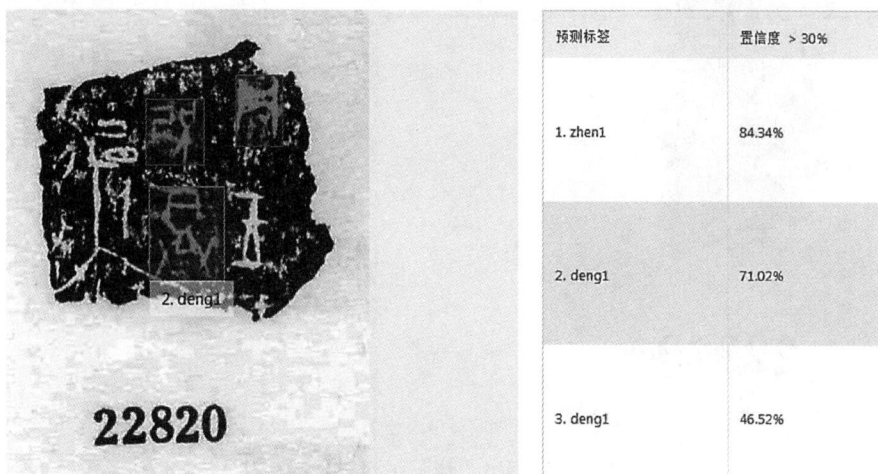

預測標签	置信度 > 30%
1. zhen1	84.34%
2. deng1	71.02%
3. deng1	46.52%

圖 24　檢測出"登"字和"貞"字

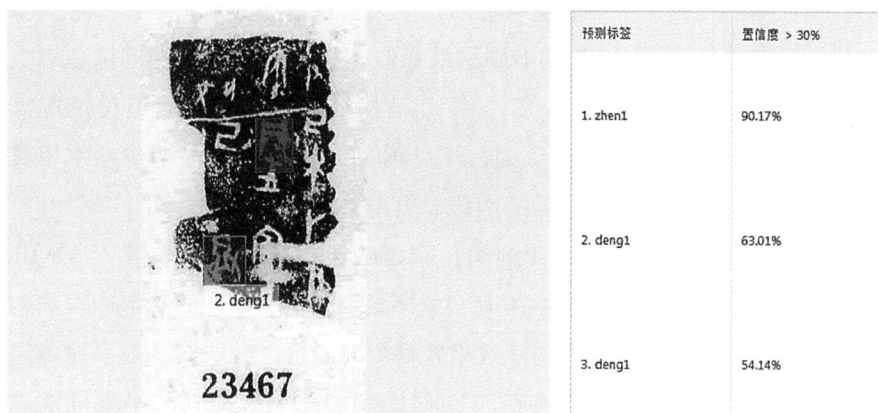

預測標签	置信度 > 30%
1. zhen1	90.17%
2. deng1	63.01%
3. deng1	54.14%

圖 25　檢測出"登"字和"貞"字

預測标签	置信度 > 30%
1. deng1	88.14%
2. zhen1	61.67%
3. deng1	59.83%
4. hanjian	40.29%
5. zhen1	37.98%
6. deng1	33.49%

22929

1. deng1

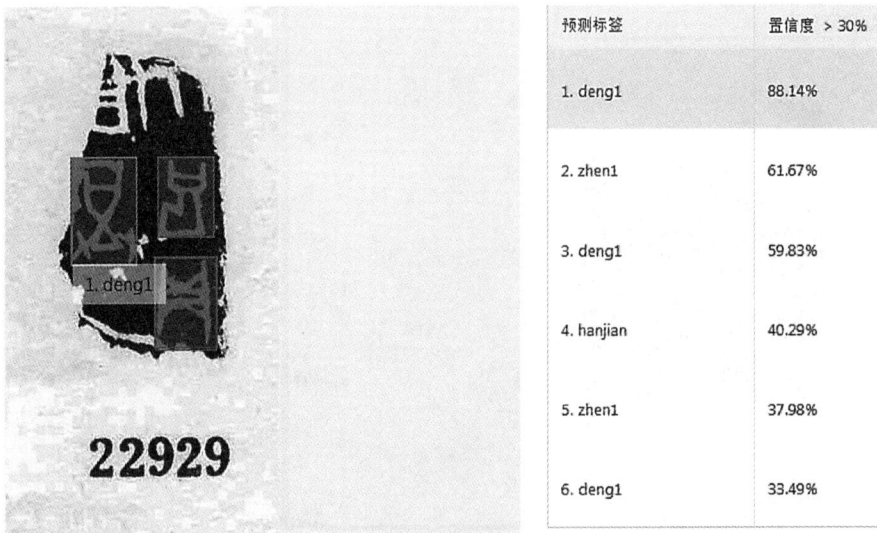

圖 26　檢測出"登"字和"貞"字

　　從圖 22 至 26 的測試結果來看，模型能夠檢測出"登"字，也能夠將"貞"字和"登"字同時進行檢測，但也出現了一批誤檢測的情況。這說明模型在檢測多個文字方面是可行的，但欠擬合情況嚴重，還需要進一步優化。同時，與"𣥂"字的識別結果類似，"𣥂"字的檢測同樣也以失敗告終，測試集中的兩例"𣥂"字都被檢測爲"登"字，這種情況與"𣥂"字的識別結果也是一致的，例見圖 27、圖 28。這說明少樣本甲骨文字的檢測也面臨與識別同樣的困難，也需要增強學習。

　　以上是我們在百度的一個經過預訓練的通用神經網絡平臺"EasyDL 定製化圖像識別"上，訓練的甲骨文單字識別和檢測模型的基本過程和初步成果。從結果來看，有些測試效果較爲令人滿意，有些測試效果還亟需優化。下一步，一方面我們將在"EasyDL 定製化圖像識別"平臺開放調參後，對模型進行調參優化，另一方面我們也將會嘗試手工摹寫少樣本甲骨文字加入到訓練集中，嘗試解決少樣本字形的識別和檢測問題。

　　由測試結果來看，無論是單字識別還是單字檢測，神經網絡模型的表現是可以接受的，基本證明了沿着這樣的路綫繼續優化是能夠達到想要的效果的。

預測標签	置信度 > 30%
1. deng1	40.77%
2. deng1	35.75%

圖 27 "⿰" 字被誤檢測爲 "登" 字

預測標签	置信度 > 30%
1. deng1	86.49%
2. deng1	57.26%
3. zhen1	33.14%

圖 28 "⿰" 字被誤檢測爲 "登" 字

附記：本文是筆者未刊稿《人工智能時代的甲骨文研究芻議》的附錄部分内容，曾在 2018 年 11 月 26 日安陽師範學院召開的“第一屆甲骨文信息處理國際學術研討會”上宣讀，會後根據新的測試進行了修增。

殷墟卜辭合文、缺刻、異體新例四則

連佳鵬

中國社會科學院語言研究所

一、"乎 御"合 文

《殷墟甲骨輯佚》第 450 片有下揭一形：

《輯佚·釋文》與《殷墟甲骨文摹釋全編》皆照摹原形，未釋。在復旦大學出土文獻與古文字研究中心網站論壇上，"布衣山水"（趙鵬）曾發帖懷疑此字與《合集》2413（《乙編》6649）有關係。① 按，《合集》2413爲典賓卜辭，相關的字及辭例作：

　　貞：乎卩豕匕己宕。

"雨無正"（王子楊）在後面跟帖，指出：

　　　　從拓本看，《合集》2413 那個是"乎卩"二字，"乎"的豎筆沒有
　　　　和"卩"相連接。而《輯佚》450 那個，看照片是連接的，是一個字。

---

① 　http：//www.gwz.fudan.edu.cn/Forum/forum.php?mod＝viewthread&tid＝2066，2009年 9 月 28 日。

其説甚確。仔細觀察可以發現，"乎"字下部的豎筆與"卩"表軀幹的筆畫不在一條直綫上，所以不是連筆，與我們討論的字形不同。但後面經"夜未央"（莫伯峰）提示，他又懷疑《輯佚》450是僞片，則就值得商榷了：

> 大膽地想像一下，有没有可能《輯佚》450那個東西是依《合集》2413僞刻而僞刻者不知爲兩個字誤合一字呢？

從《輯佚》公布的照片來看，這種可能性非常小。《輯佚》450之字刻寫得十分嫻熟自然，非作僞者所能企及。況且按照作僞者的心態，應該會儘量將僞片與原片保持一致，而該字所從的卩旁與《合集》2413的卩字方向并不相同，且一個從午，一個不從午。因此要證明其是依《合集》2413而作的僞刻，還需要提供更多的證據。

我們認爲，《輯佚》450的字形是"乎御"二字合文，"乎"字下部的豎筆與"御"字表手臂的筆畫存在"筆畫共用"現象。裘錫圭曾撰文討論過甲骨文中的此類現象，他説：

> 寫成合文的兩個字可以公用筆畫或偏旁，如"五牢"寫作，"王亥"寫作，上一字下横與下一字上横合而爲一。①

吴振武也對古文字中的借筆現象進行過專門的討論：

> 當合文雙方的豎畫可以相連時，書寫者往往將合文上字的豎畫在原有的基礎上稍作延長，連帶完成下字中的豎畫。從書寫實際看，下字中的豎畫可以説是借用了上字的豎畫。②

并舉（"七十"合文）、（"九十"合文）爲例，其説甚確。這些例子與"乎御"二字合文情形皆十分相似，而最爲相似的例子則要數殷墟花

① 裘錫圭：《甲骨文字考釋（八篇）》，《裘錫圭學術文集·甲骨文卷》，上海：復旦大學出版社，2012年，第87—88頁。
② 吴振武：《古文字中的借筆字》，《古文字研究》第二十輯，北京：中華書局，2000年，第321頁。

園莊東地甲骨中以下之字：

A. 《花東》3　　B. （）《花東》286

C. 《花東》35

A 從皀，B、C 從食，張新俊指出：在古文字中"皀""食"在用作表意偏旁的時候可以相通，① 因此研究者多根據辭例認爲 A 與 B、C 爲異體的關係，這是十分正確的，但在釋字方面却存在着分歧。姚萱認爲是"乎食"二字，② 朱歧祥認爲是"乎食"二字合文，③ 張新俊則認爲是從皀乎聲之字，乃"乎"的異體字。④ 我們同意"乎食"二字或二字合文的意見。但無論如何，A、B、C 可以拆分爲"乎""食"（或"皀"）兩個部分，則是沒有問題的。其中 B 形"乎"的下部與"食"的上部相接，是 A 與 C 的過渡字形。C 形則將"乎"下部的斜筆與"食"上部所從亼旁右側的斜畫合爲一筆書寫，與"乎御"二字合文采用的借筆方法如出一轍。

甲骨文中"乎御"二字經常連用，如：

　　□□〔卜〕，殼貞：乎御羌☑。　　　　　（《合集》6613 典賓）

　　戊午卜，殼貞：勿乎御羌于九，弗其隻。

　　　　　　　　　　　　　　　　　　　　（《合集》6614 正 典賓）

　　壬午卜，自〔貞〕：乎御方于商。　　（《合集》20450 自小字）

　　余勿乎御方。　　　（《合集》39918＝《英藏》620 自賓間）

---

① 張新俊：《釋花園莊東地甲骨中讀作"乎"的字》，《古文字研究》第二十九輯，北京：中華書局，2012 年，第 73 頁。

② 姚萱：《殷墟花園莊東地甲骨卜辭的初步研究》，北京：綫裝書局，2006 年，第 14—15、318 頁。

③ 朱歧祥：《殷墟花園莊東地甲骨校釋》，臺中：東海大學中文系語言文字研究室，2006 年，第 959—960、967、1015 頁。

④ 張新俊：《釋花園莊東地甲骨中讀作"乎"的字》，《古文字研究》第二十九輯，第 70 頁。

□□卜，□〔貞〕：乎御羌示𢆶。

（《合集》39900＝《英藏》23 典賓）

總之，無論從字形還是從辭例來看，將《輯佚》450 的字形釋爲"乎御"二字合文都是很合適的。

二、"匕 丙"合 文

《合集》22358（《乙編》8869）是一版大體完整的龜腹甲，在右後甲的左上部靠近千里路的地方有下揭一形：

舊皆徑釋爲"丙"，但仔細觀察，"丙"字的右上角尚有筆畫，過去多被忽略。我們認爲該字應釋爲"匕丙"二字合文。該版甲骨爲婦女卜辭，而婦女卜辭的"匕"字作，下部的豎筆與"丙"字右側的豎筆筆畫共用，但長度并不完全相等，"匕"字中部的轉折之處猶清晰可見。吳振武在《古文字中的借筆字》一文中舉出過許多豎向筆畫叠借的例子，[1] 如古璽中的字即（侗）字，人旁與同旁的左豎共用筆畫；《屯南》4514 中的"葬"字作，"爿"字右側的豎筆與"歺"共用筆畫，同版對貞卜辭中的"葬"字作，不存在借筆現象。"侗""葬"與"匕丙"雖有一字和二字合文之別，但它們采用的借筆方法却十分相似。

甲骨文中的先祖名經常使用合文的形式書寫，如"小甲"作，第一則中提到的"王亥"作，這是大家所熟知的。蔡哲茂[2]、方稚松[3]先後指出爲"大甲"合文，方氏同文又指出爲"南庚"合文。"匕丙"

---

① 吳振武：《古文字中的借筆字》，《古文字研究》第二十輯，第 309、330 頁。
② 蔡哲茂：《讀契札記五則》，復旦大學出土文獻與古文字研究中心網站，2008 年 10 月 29 日。
③ 方稚松：《讀殷墟甲骨文札記二則》，《漢字文化》2007 年第 2 期。

亦是其中一例。

　　此辭辭例爲"匕丙豕"。該版甲骨的左後甲與"匕丙"合文相對的位置作"☑己豕"，"己"字上方適殘，所殘很有可能是一個"匕"字。在向先祖進行祭祀時，婦女卜辭經常省作"先祖+犧牲名"的形式，如：

　　　匕丁麀。　　　　　　　　　　　　　　　　　（《合集》22226）
　　　匕庚牝。　　　　　　　　　　　　　　（《合集》22223+22264①）
　　　匕庚豕。
　　　匕庚麀。
　　　匕庚羊。
　　　匕己麀。
　　　匕己麀。　　（《合集》22287+14909+22218+R37093+R37035②）
　　　匕己豕。
　　　匕丁豕。　　　　　　　　　　　　　　　　　（《合集》22215）
　　　父☐豕。　　　　　　　　　　　　　　　　　（《合集》22195）
　　　中母麀。　　（《合集》21040+21057+22197+22390③）

以上所列大多是以千里路爲中軸綫左右對稱的選貞卜辭，即向哪一個先祖祭獻何種犧牲，情形與《合集》22358 十分相似。由這些卜辭來看，我們將上列字形釋爲"匕丙"合文是很自然的。因此，《合集》22358 的這兩條卜辭可以釋爲：

　　　匕丙豕。
　　　［匕］己豕。

---

① 蔣玉斌：《殷墟第十五次發掘 YH251、330 兩坑所得甲骨綴合補遺》，先秦史研究室網站，2007 年 1 月 15 日。
② 蔣玉斌：《"婦女卜辭"新綴三則》，先秦史研究室網站，2014 年 3 月 6 日。
③ 蔣玉斌綴，見蔡哲茂：《甲骨綴合彙編》第 185 則，臺北：花木蘭文化出版社，2011 年，第 147 頁。

三、“女”字缺刻

《合集》2819 有下揭一字：

（白賓間）

此字舊多未釋，《殷墟甲骨文摹釋全編》誤釋爲“苟”，不可信。李宗焜的《甲骨文字編》收爲 467 號，與 465 號的“女”字分列，注云：“或是‘女’字缺刻。”① 從與“女”字分列且着一“或”字來看，李氏對此字釋讀仍然存有疑問。新近出版的《新甲骨文編（增訂本）》當作未識字，列於附錄 131 號。② 由此看來，學界對此字尚未達成共識，故有進一步討論的必要。

我們認爲，“女”字缺刻的意見是正確的。西周早期的甫母丁鼎（《集成》1704）銘文中的“母丁”作：

“母”字表示雙臂交叉的筆畫亦省作～形，與《合集》2819 的字形所從相同，可證後者必爲“女”字無疑。人名“帚女”又見《合集》2820 反、2821 等。

四、“暮”字異體

《小屯南地甲骨》有下揭一字（下文用“A”代替）：

---

① 李宗焜編著：《甲骨文字編》，北京：中華書局，2012 年，第 138 頁。
② 劉釗主編：《新甲骨文編（增訂本）》，福州：福建人民出版社，2014 年，第 905 頁。

翌日𤉲其昇。　　　　　　　　　　　　　　（《屯南》2505 歷無）

翌日𤉲☒豕（？）十。　　　　　　　　　　（《屯南》2506 歷無）

己丑卜，翌日庚𤉲其又杏于父甲。　　　　　（《屯南》2682 歷無）

于𤉲北對。

于南陽西臩。　　　　　　　　　　　　　　（《屯南》4529 無名）

A 字从隹从日，《屯南》2505 跟另外三例中的 A 偏旁位置相倒，在古文字中無別，學界公認爲一字異體。《屯南》4529 與前三辭中的 A 用法不同，此 A 由於與“南陽”相對，研究者統一將其看作地名，這没有任何疑問。對於前三辭中的 A，陳邦懷釋爲“鳥日”二字，① 就釋字來説，陳秉新、② 李曦③等從之；就意義來説，謂指“春分玄鳥至之日”，王暉從之。④ 李宗焜隸作“雈”，認爲是時稱，懷疑即後世的“暹”字，謂“暹爲日光升起之意，雈如爲時稱，有可能指天明的時候”。⑤ 黄天樹從之。⑥ 馮時、⑦ 沈建華⑧隸作“舊”，無説。《甲骨文字詁林》1785 號字頭亦隸作“舊”，姚孝遂按語認爲是祭名。⑨ 新近出版的《新甲骨文編（增訂本）》釋爲“雔”而無説。⑩

---

① 陳邦懷：《〈小屯南地甲骨〉中所發現的若干重要史料》，《歷史研究》1982 年第 2 期。

② 陳秉新：《釋臩及从臩之字》，《古文字研究》第二十五輯，北京：中華書局，2004，第 36 頁。不過，陳文將“日”上一字誤隸作“㔾”。

③ 李曦：《殷墟卜辭語法》，西安：陝西師範大學出版社，2004 年，第 281 頁。

④ 王暉：《商周文化比較研究》，北京：人民出版社，2000 年，第 25 頁。

⑤ 李宗焜：《卜辭所見一日内時稱考》，《中國文字》新十八期，臺北：藝文印書館，1994 年，第 200 頁。

⑥ 黄天樹：《殷墟甲骨文白天時稱補説》，《黄天樹古文字論集》，北京：學苑出版社，2006 年，第 229 頁。

⑦ 馮時：《殷代紀時制度研究》，《考古學集刊》第十六輯，北京：科學出版社，2006 年，第 339 頁。

⑧ 沈建華：《釋卜辭中方位稱謂“陰”字》，《古文字研究》第二十四輯，北京：中華書局，2002 年，第 114 頁。

⑨ 于省吾主編：《甲骨文字詁林》，北京：中華書局，1996 年，第 1733—1734 頁。

⑩ 劉釗主編：《新甲骨文編（增訂本）》，第 238 頁。

　　按，陳邦懷釋爲“鳥日”二字不可信，謂“鳥日”指“春分玄鳥至之日”，有增字解經之嫌。《屯南》2682 中的 A 處於時間名詞之後，而沒有與祭名“又”“杳”并列，由此看來“祭名”之説亦不可信。李宗焜説“雈不見於後世字書”，因此他將“雈”與“遟”字聯繫起來，但中間有字形上的缺環，不可信。我們同意“時稱”的意見，但 A 不應釋“遟”，指天明的時候，而應釋“蕽（暮）”，指天黑的時候。

　　甲骨文中的“蕽（暮）”作 䒾、䒿、䒻 等形，所從隹和日相倒的情形與 A 字完全相同。大家知道，甲骨文偏旁單複每無別，從茻（或四木）的字往往可以省作從屮（或林），甚至將其全部省去，如“春”字常見作 䆉、䆉，又省作 䒚 和“屯”；表示“山麓”的“麓”字常見作 䕞、䕞，又省作 䒗；田獵地名 䖝，又省作“白”；① 等等。因此，將“蕽（暮）”字所從的茻或四木省去，即爲“雈”或“雔”形，是符合古文字演變規律的。

　　試將“蕽”字放入原文，《屯南》2505、2506、2682“翌日暮”“翌日庚暮”表時稱，文從字順。《屯南》4529 用爲地名，他辭亦有用“蕽”爲地名或方國名之例者，② 如：

　　　　辛亥卜，出貞：令蕽白于雯。
　　　　癸卯卜，□［貞］：令蕽☒。　　　　　　　（《英藏》1978 出組）
　　　　乙酉卜，王其田蕽，亡戈。　　　　　　　　（《合集》33545 歷無）

引書簡稱表：

《輯佚》	《殷墟甲骨輯佚——安陽民間藏甲骨》
《合集》	《甲骨文合集》
《乙編》	《殷墟文字乙編》
《花東》	《殷墟花園莊東地甲骨》

---

① 王子楊：《甲骨文字形類組差異現象研究》，上海：中西書局，2013 年，第 83 頁。
② 徐中舒主編：《甲骨文字典》，成都：四川辭書出版社，1989 年，第 62 頁。

《英藏》　　　　《英國所藏甲骨集》
《屯南》　　　　《小屯南地甲骨》
《集成》　　　　《殷周金文集成》

附記：本文初稿完成後曾蒙黄天樹師和王子楊師兄審閱，謹致謝忱！

（原載《"鼎甲"杯甲骨文字有獎辨識大賽論文集》，
中州古籍出版社 2015 年）

《北京大學珍藏甲骨文字》新綴六則

何　會

山東師範大學文學院

甲骨綴合是甲骨學整理和研究的一項重要内容。甲骨綴合後材料更加完整，不僅有助於考釋文字，通讀卜辭，而且有助於在此基礎上進行歷史、文化、語言等各方面的研究。各種大型甲骨著録書和工具書的相繼出版，爲甲骨綴合提供了更爲便利的條件。《北京大學珍藏甲骨文字》① 按照原骨照相、拓本、摹本三位一體的形式著録傳世甲骨，爲學者更全面準確地核驗、利用甲骨材料提供了方便。近日筆者在研讀這批材料的過程中新綴甲骨六則，兹列於此（并附綴合圖版），以就教於師友同好。

第一則：

A.《合集》8563（《前》6.34.3、吉博1）

B.《北大》0842（《合補》2039、歷藏5609）

A、B兩片龜甲字體風格相同，均爲典賓類。② 從殘甲拓片形態看，A、B均爲右首甲殘片，二者部位相合，當爲一版之折。A、B兩片殘甲拼合後斷痕密合，其上的喉肱溝和中溝③均可貫通，且斷痕處的"沚""吾"

---

① 李鐘淑、葛英會：《北京大學珍藏甲骨文字》，上海：上海古籍出版社，2009年。

② 關於殷墟卜辭的分類以及各類卜辭的時代，參看黃天樹：《殷墟王卜辭的分類與斷代》，臺北：文津出版社，1991年；此書另有科學出版社2007年增訂版。

③ 術語參看黃天樹主編：《甲骨拼合集》附録《甲骨形態學》，北京：學苑出版社，2010年，第514頁。

《合集》8563

《北大》0842

圖 1

"眔"三字殘筆亦可互足。綴合後，卜辭可隸釋如下（釋文儘量用通行字）：

甲☐沚戓☐舌方☐眔土方［其］☐卒［今］☐。

"沚戓"，是"由一個族氏和一個私名構成的"，①即"沚國之長名戓者"。②"眔"可訓爲"及""和""與"。"卒"，訓爲"終"。③"舌方""土方"皆爲武丁時期較爲活躍的方國，他們長期與商王朝爲敵，卜辭中亦見遭其同時侵擾之例證：

癸巳卜，殻貞：旬亡憂。王占曰：有咎其有來艱。乞至五日丁酉，允有來艱自西。沚戓告曰：土方正于我東鄙，捷二邑；舌方亦侵我西鄙田。（《合集》6057 正 典賓）

東邊的土方和西邊的舌方共同爲禍，成爲商王朝的大患，故卜辭中屢見商王命令"沚戓"等人對其采取軍事行動的貞問。

第二則：

A.《合集》3037（《簠典》95、《續》2.24.6）

B.《北大》2049 正（《合集》7187 正、歷拓 5761 正、《南師》2.11、《續》4.30.8）、《北大》2049 反（《合集》7187 反、歷拓 5761 反、《南師》2.12）

---

① 裘錫圭：《論"歷組卜辭"的時代》，《古文字研究》第六輯，北京：中華書局，1981 年。

② 郭沫若：《中國古代社會研究》，上海：上海書店出版社，1989 年。

③ 李學勤：《多友鼎的"卒"字及其他》，《新出青銅器研究》，北京：文物出版社，1990 年：第 134—137 頁；裘錫圭《釋殷墟卜辭中的"卒"和"律"》，《中原文物》1990 年第 3 期。

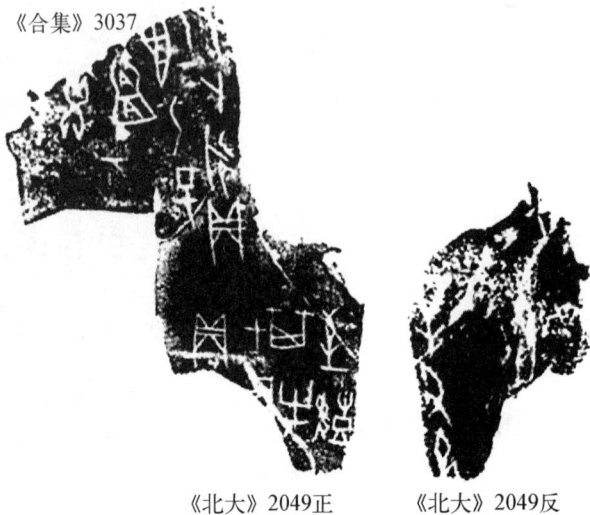

《合集》3037

《北大》2049正　　《北大》2049反

圖2

　　A、B兩片殘甲，字體風格相同，均爲典賓類。從殘甲拓片形態看，A、B同爲右前甲殘片。A片上部的齒邊是上舌縫，下部是兆邊和斷邊，右部是原邊。B片上部是斷邊，左部是兆邊，右部是經過修治的甲橋的原邊，其上的盾紋爲胸腹溝。A、B兩片殘甲的形態與部位相互吻合，當爲一版之折。A、B兩片拼合後斷痕密合，且"永""巳"二字殘筆亦可互足。綴合後，卜辭可隸釋如下：

　　　　［甲］辰卜，永貞：翌乙巳宜□畫☒。

　　　　貞：［翌］甲辰其有至囏。

　　　　辛丑☖☒。　　　　　　　　　　　　　　　　　　　（記事刻辭）

　　"宜"，象陳肉於俎上之形，多用爲祭名，亦用爲動詞。"畫"，或作"子畫"，卜辭習見，多爲人名。此辭雖經綴合，但仍有部分殘缺，所以，卜辭中的"畫"也有可能是"子畫"之殘。卜辭大意是在甲辰這一天貞問是否對畫或子畫舉行宜祭活動。

　　"囏"，泛指不好的事情。卜辭屢見"有來囏"與"亡來囏"之占，可知，"至"應與"來"同義，"有至囏"即"有來囏"。美國華盛頓大

學司禮義教授指出，在一對正反對貞的卜辭裏，如果其中一條卜辭用
"其"字，而另一條不用，用"其"的那條所説的事，一般都是占卜者所
不願意看到的。如求雨的卜辭往往以"有雨"與"亡其雨"對貞，因爲
貞卜者希望下雨，不希望不下雨。① 這一發現十分重要，學者稱之爲"司
禮義的'其'字規則"。據此，"貞：〔翌〕甲辰其有至艱"一辭的占卜
者，不希望"有至艱"。

第三則：

A.《合補》2793 （《歷藏》20398）

B.《合集》4173 （《續存上》1100）

C.《北大》2341

A、B 兩片系筆者所綴，見
《甲骨拼合集》第 256 則，② 今加
綴 C 片。A、B、C 三片龜甲，字
體風格相同，均屬於師賓間類。
加綴 C 片後，"臺"字殘筆可以
補足。從殘甲拓片形態看，A 片
爲完整的左首甲，B 片爲左前甲
殘片，C 片爲中甲，A、B、C 三
片殘甲，部位相合，當爲一版之
折。綴合後，卜辭可隸釋如下：

王勿曰隹（?）望□侯
雀□⛳□臺。

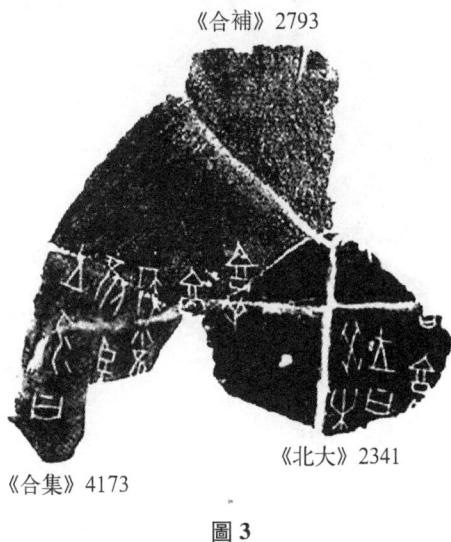

《合補》2793

《北大》2341

《合集》4173

圖3

---

① 司禮義：《商代卜辭語言研究》，《通報》60 卷 1—3 期，1974 年，第 25—33 頁；
《關於商代卜辭語言的語法》，《"中研院"國際漢學會議論文集（語言文字
組）》，臺北："中研院"，1981 年，第 342—346 頁。

② 黃天樹主編：《甲骨拼合集》，第 280 頁。

癸未☐王曰☐。

"臺"當讀爲《詩・常武》"鋪敦淮濆"之"敦",[1]意思與"攻伐""打擊"相近。卜辭中否定副詞"勿"一般表示占卜主體能够控制的,"勿"常常可翻爲"不要",但也有些似乎不能翻譯成"不要",可能帶有表示説話者主觀願望的色彩。[2]此辭則更有可能表露的是占卜者的一種主觀願望。可惜辭例過於殘缺,期待日後新綴可以補足這一遺憾。

第四則:

A.《北大》2455

B.《北大》1584 (《合集》18661、歷拓 5593)

《北大》2455

《北大》1584

圖4

A、B 兩片殘甲,字體風格相同,均爲典賓類。從殘甲拓片形態看,A、B 兩片均爲左首甲殘片,二者部位相合,且拼合後,第一道盾紋(喉肱溝)和界畫綫均可貫通,"甲""余""六""廼"四字殘筆亦可互足,A、B 當爲一版之折。綴合後,卜辭可隸釋如下:

甲申☐余勿☐六月在☐。

☐廼肇☐。

陳劍先生曾將"余"字下部的殘筆視爲"中"字的另一種寫法,[3]經我們綴合後可知是"余"字殘筆,確定無疑。

① 孫詒讓:《古籀餘論》卷三,北京:中華書局,1989 年。
② 裘錫圭:《説"弜"》,《古文字論集》,北京:中華書局,1992 年,第 117—121 頁。
③ 陳劍:《釋造》,《甲骨金文考釋論集》,北京:綫裝書局,2007 年,第 163 頁。

第五則：

A.《合集》5620 (《京》2338、《善》5960)

B.《北大》0069 正/反 (《合集》19479 正/反、歷拓 6046 正/反)

《北大》0069正

《合集》5620　　　　　　　《北大》0069反

圖5

　　A、B 兩片殘甲，字體風格相同，均屬於賓組三類。從殘甲拓片形態看，A、B 兩片均爲左後甲殘片，二者部位相合，當爲一版之折。拼合後斷痕密合，兆序辭“三”的殘筆可以補足，第四道盾紋（腹股溝）亦可貫通，且“乙卯”日占卜之辭辭例亦可完備。綴合後，卜辭可隸釋如下：

　　　　乙卯卜，貞：束尹亡憂。

　　　　貞：勿射。

　　甲骨綴合是一項學術性極强的工作。除了殘片斷痕密合之外，它還要求學者熟悉甲骨的形態與部位、分類與斷代，以及字體的風格特徵和辭例行款等，若能有同文卜辭來驗證，則可以進一步提高綴合的可信度。此版同文見下：

　　　　乙卯卜，貞：束尹亡憂。　　　　　　　　（《合集》5621 賓三）

由同文卜辭來看，我們的綴合是可信的。它們都是賓組三類卜辭。"賓組三類卜辭主要存在於祖庚之世。"① 時代主要屬於董作賓先生五期分法中的第二期。"束尹"之辭有與歷組二類同卜一事之例：

乙丑卜，兔貞：令彗②眔鳴以束尹比商丏甾事。七月。

（《合集》5452 賓三）

辛巳卜，貞：王惠彗令以束尹。　　　（《屯南》3797 歷二）

壬申卜：王令壴以束尹立于章。　　　（《屯南》341 歷二）

這有利於說明賓組三類是賓組中時代最晚的一類卜辭，與歷組二類在祖庚之世有一段時間同時并存。③

"束"，《說文》"束，木芒也"，甲骨文象樹木或武器的上刺。④ "束尹"或說可能是"束人"之首領;⑤ 或說爲掌矢之官稱。⑥ 卜辭中的"束尹"，或可參文獻中的"銳司徒"（《左傳》成公二年），銳是古代矛類兵器，"銳司徒"或是主管此種兵器之官。⑦ 由同版卜辭"貞：勿射"來看，將"束尹"理解爲"掌矢之官"似乎更爲合理一些。

第六則：

A.《北大》1798

B.《合補》2200 （《安明》355）

---

① 黃天樹：《殷墟王卜辭的分類與斷代》，第 89 頁。

② 此字舊多釋爲"羽"，今從唐蘭先生釋，見唐蘭：《殷虛文字記》，北京：中華書局，1981 年，第 21 頁。

③ 黃天樹：《殷墟王卜辭的分類與斷代》，第 88—89 頁。

④ 黃天樹：《〈說文解字〉部首與甲骨文（續一）》，《黃天樹古文字論集》，北京：學苑出版社，2006 年，第 342 頁。

⑤ 劉釗：《卜辭所見殷代的軍事活動》，《古文字研究》第十六輯，北京：中華書局，1989 年。

⑥ 松丸道雄、高島謙一：《甲骨文字字釋綜覽》，東京：東京大學出版社，1994 年，第 391 頁條引丁驌説。

⑦ 楊伯峻：《春秋左傳注（修訂本）》，北京：中華書局，1990 年，第 796 頁。

A、B 兩片殘甲，字體風格相同，均
屬於典賓類。從殘甲拓片形態看，A、B
兩片皆爲左前甲殘片，二者部位相合，
當爲一版之折。且拼合後"弗""月"
二字殘筆亦可補足。綴合後，卜辭可隸
釋如下：

　　貞：弗其及今三月。

　經綴合，卜辭辭例完整。"及"，
《説文·又部》："及，逮也，從又人。"
此當訓爲"至""到"。"及月"之辭卜
辭習見。

《北大》1798

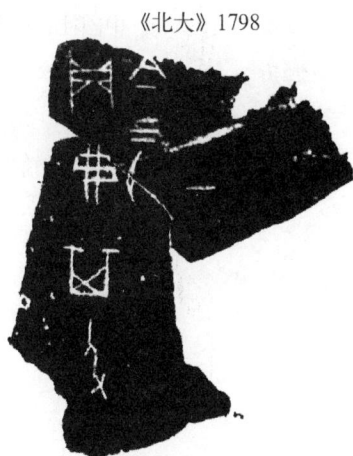

《合補》2200

圖6

　受客觀條件所限，我們綴合時僅能依據已著録的甲骨拓本，無法核對
實物，如有不當之處，懇請方家批評指正。

出處簡稱表：

《北大》	《北京大學珍藏甲骨文字》
《合集》	《甲骨文合集》
《前》	《殷虛書契前編》
《合補》	《甲骨文合集補編》
《簠典》	《簠室殷契徵文》
《續》	《殷虛書契續編》
《南師》	《戰後南北所見甲骨録》
《續存》	《甲骨續存》
《京》	《戰後京津新獲甲骨集》
《善》	《善齋藏契》
《屯南》	《小屯南地甲骨》
《安明》	《明義士收藏甲骨文字》
吉博	吉林博物館

歷藏   中國社會科學院歷史研究所藏
歷拓   中國社會科學院歷史研究所藏拓本

附記：本文得到黃天樹師的悉心指導和幫助，在此深表感謝！

（原載《考古與文物》2014 年第 2 期）

甲骨文"虎"字新釋*

吳麗婉

清華大學出土文獻研究與保護中心

    胡厚宣先生曾對《合集》① 21768 的"▊"字作過考釋。他認爲，此字即是虎，上端所從之 ⊓，爲帽子之形，即《説文》的冂、冃、冒。虎，從冃從虎，即《説文》的冢字。冢字所從之豕乃虎之誤。古之冢字，今經典都借蒙字爲之，蒙行而冢廢，所以亦即今天的蒙。蒙者，冒也。乃勇士出征，披虎皮僞裝，以冒犯敵人之義。蓋古代作戰，以虎皮表軍衆，以虎皮包兵甲，戰士戰馬也都蒙以虎皮。即是統治階級宮庭的武衛，像虎士、虎臣、虎賁，亦皆以虎字爲名，身上穿着虎皮衣袴，腰裹用虎皮繫着刀兵。還有統治階級出獵，前面有蒙着虎皮的皮軒衣，後面隨着身披虎皮的獵手，獵手上身穿着斑文的虎皮衣，下身穿着白色的虎皮袴。凡這些披戴的僞裝，都是使用虎皮以逞其凶猛，所以虎從虎字。②

    胡先生的觀點影響很大，幾乎所有的甲骨工具書都信從其説，將此字隸定爲"虎"。

---

*   本文爲國家社科基金重大委托項目"清華大學藏甲骨的綜合整理與研究"（16@ZH017A4）、教育部、國家語委甲骨文研究與應用專項科研項目"甲骨文字新編"（YWZ－J005）、中國博士後科學基金資助項目"《甲骨文字編》校補及相關文字考釋"（2018M631430）的階段性成果。

①   郭沫若主編：《甲骨文合集》，北京：中華書局，1982 年。文中簡稱"《合集》"。
②   胡厚宣：《甲骨文虎字説》，《甲骨探史録》，上海：三聯書店，1982 年，第 64 頁。

一、一張彩色照片引發的疑問

《合集》21768 的拓本非常模糊，難以看清 "▇" 的
具體寫法。2004 年 7 月 4 日，上海崇源藝術品拍賣有限公
司 2004 春季拍賣會拍賣了 20 片甲骨，這批甲骨後來著錄
在《殷契國粹：孟廣慧舊藏甲骨文》拍賣圖册中。《合集》
21768 的實物係此次拍賣會拍品，即《殷契國粹》第 15
號，從其彩色照片（圖 1）可以看出此字當摹寫爲 "▇"，
所從動物爲 "▇"。甲骨文的 "虎" 字一般突出老虎的血
盆大口和身上的虎紋，師組小字的寫法尤其象形，大多刻

圖 1

出虎耳。① 從字體分類上分析，《合集》21768 屬於師組小字，翻檢甲骨文
"虎" 的寫法，便知 ▇ 并無 "虎" 的特徵。②

胡厚宣先生稱 "古文虎字作 ▇"，并注明該字形的來源是孫海波《甲
骨文編》五卷 9 頁及九卷 91 頁。③ 但翻查孫書，④ "虎" 字並無作 ▇ 形者。
《甲骨文編》最早的版本由哈佛燕京學社於 1934 年出版，胡先生文中没有

---

① 李宗焜編著：《甲骨文字編》，北京：中華書局，2012 年，第 593—596 頁；劉釗主
　編：《新甲骨文編（增訂本）》，福州：福建人民出版社，2014 年，第 303—304 頁。
② 甲骨文中有 "▇" 字（《合集》20397），裘錫圭先生《説 "撲函" ——兼釋甲骨
　文 "櫓" 字》（《裘錫圭學術文集・語言文字與古文獻卷》第 418—422 頁）認爲
　應是 "櫓" 的初文，左旁從 "盾" 之側面形，右旁從虎聲。此字所從 "虎" 旁與
　常見的 "虎" 寫法不同，但這是因爲有其他偏旁的 "輔助説明"，即在意符
　"盾" 的 "提示" 下，即使聲符 "虎" 刻寫得不是十分象形，也能起到表達
　"虎" 聲的作用，從而記録 |櫓| 這個詞。相似情況如 "雞" 字作 "▇"（《合
　集》18341）、"▇"（《合集》37471），前者爲獨體字，寫法必須非常象形才足以
　表義，後者因爲聲符 "奚"，所從 "雞" 旁的象形程度縱使有所降低，也可以記
　録 "雞" 這個詞。卜辭中有諸多用網捕捉兕牛、兔、豕等動物的記録，所捕動物
　各不相同，只有在動物象形程度高的情況下才能知道所捕爲何物，故 "▇" 所從
　亦當是某種象形的動物，與 "▇" 不能混爲一談。
③ 胡厚宣：《甲骨文尾字説》，《甲骨探史録》，第 40 頁。
④ 孫海波主編：《甲骨文編》，北京：中華書局，1965 年，第 224—225 頁。

標明所用《甲骨文編》的版本，但從其所引頁碼與 1965 年版的頁碼不同來看，所用當爲早期的版本。由於筆者只有 1965 年的版本，無法核查早期版本"虎"的字形，但即使 1934 年版的《甲骨文編》"虎"字收有![字形]這一字形，1965 年版的《甲骨文編》已不見此字，可證孫海波先生已認爲此非"虎"字，故從"虎"字中剔除。因此，將"![字形]"釋成"虎"并不恰當。甲骨文的每種動物字形都有自身區别於其他動物的特徵筆畫，比如"馬"强調鬃毛，"象"强調長長的鼻子，"鹿"强調對稱分歧的鹿角。"![字形]"的字形特點在於長長的尾巴，可能是因爲它的主要特徵在於長尾，具體爲何種動物，尚待證明。

總之，胡厚宣先生將"![字形]"分析爲從日從虎，是站不住脚的。

二、一組綴合的啓發

近日，筆者將《合集》21768 與《上博》① 17647.400 綴合（圖 2），蔣玉斌先生此前曾在《上博》17647.400 左下方綴加《合集》7837，因與

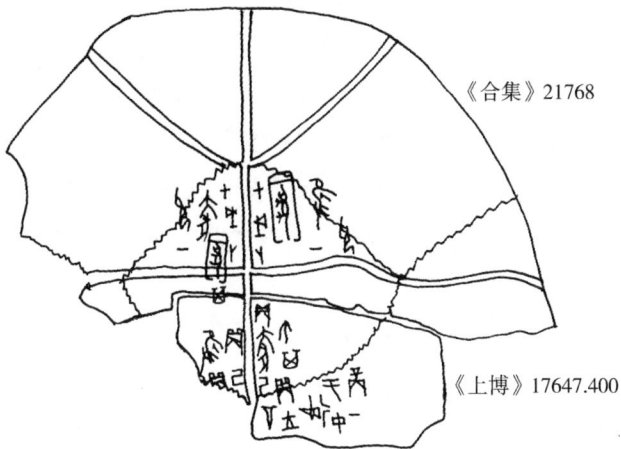

《合集》21768

《上博》17647.400

圖 2

---

① 上海博物館編，濮茅左編著：《上海博物館藏甲骨文字》，上海：上海辭書出版社，2009 年。文中簡稱"《上博》"。

本文討論的内容無關，故綴合圖版未摹寫《合集》7837。綴合以後，中甲部位兩條殘缺的卜辭得以拼合，釋文爲：

(1a) 甲戌卜，貞：豢[　]，不其獲抑。一

(1b) 甲戌卜，貞：豢[　]，其獲抑。一

豢，是活躍在商王武丁早期的一個人物。"抑"字，經過李學勤先生和裘錫圭先生的討論，用作句末疑問語氣詞，[1] 已經爲學界公認。（1a）（1b）辭的大意是：在甲戌日占卜豢[　]，能不能有所獲得。

這則綴合可以爲"[　]"字的釋讀起到關鍵作用。

胡厚宣先生曾指出《甲骨續存》上編[2] 763 有可能與（1a）（1b）兩辭爲一版之折。[3]《甲骨續存》上編 763 的卜辭爲：

(2) ……豢[　]，不其獲。

兩版是否爲一版之折，目前還難以確定，但是通過辭例的比照可知（1a）（1b）辭的"[　]"即對應（2）辭的"[　]"。雖然[　]右上端有所殘損，但仍然可以看出左上端爲"网"字殘筆；[　]，尾短而上翹，即卜辭中常見的"兔"字。"[　]"是从网从兔的"冤（罝）"字。那麽，"[　]"的構形方式也應該與"罝"相類，表示用網抓捕動物。陳劍先生認爲"'虒''冤'應該分别即'网虎''网兔'的合文或專字。"[4] 相應地，"[　]"也應該是"网[　]"的合文或專字，表示用網抓捕該動物。

下面我們來討論"[　]"是否有可能爲"网"字。請看以下幾個字形：

① 李學勤：《關於自組卜辭的一些問題》，《古文字研究》第三輯，北京：中華書局，1980 年，第 39—42 頁；裘錫圭：《關於殷墟卜辭的命辭是否問句的考察》，《裘錫圭學術文集·甲骨文卷》，上海：復旦大學出版社，2012 年，第 311—315 頁。

② 胡厚宣編集：《甲骨續存》上編，上海：群聯出版社，1955 年。

③ 胡厚宣：《甲骨文屍字説》，《甲骨探史錄》，第 49 頁。

④ 陳劍：《楚簡"閔"字試解》，《戰國竹書論集》，上海：上海古籍出版社，2013 年，第 371 頁。

A. 《合集》20773　　B. 《合集》10743

C. 《合集》21185　　D. 《合補》① 2807 反

A、B 是从网从兔的“罠（罝）”字，兩者“网”旁的寫法稍有不同。（B 所从）與（A 所从）的區别有二：（一）長方形方框裹面的筆畫是/形而非×形；（二）兩邊豎筆上端不出鋒。的右邊網交紋爲×，左邊網交紋已經省簡成“/”；又如“罠”字作“”（《合集》10848），網交紋×也省簡成丨。/（或丨）和×其實都是表示繩子交錯而成的網紋，只是有繁有簡而已。“网”字最常見的寫法是“”，但也寫作“”（《合集》10976），豎筆上端不出鋒；以“网”爲偏旁的字也有豎筆不出鋒之例，如“剛”字作“”（《合集》10771）。可見，網交紋的形狀及豎筆是否出鋒并不影響對“网”字的認識。

C、D 均是从网从貝的“買”字。D 的網交紋已經全部省略。所以，“网”字的網交紋可多可少，亦可省略。

如果的網交紋全部省略，則成了，與我們要討論的“”大致相同，只不過前者豎筆下端稍微向内拐了一道筆畫。

網捕法大概有這樣兩種方式：一種是先把捕網支架起來，布置在獸物必經之路上，等待獸物入網，《詩經·周南·兔罝》“肅肅兔罝，椓之丁丁”描繪的就是這種情形；另一種是由人拿着捕網兜捕，捕到獸物以後立即收網。無論是哪一種方式，獸物進到捕網以後都會被網裹捆，這時網口會收緊，否則獸物就有逃逸的機會。“”字兩道内拐的筆畫可能就是表示網口兩端向内收的意思，“”字再現了動物進到捕網、捕網兩端内收的情景。

胡厚宣先生否認“”爲“网”字，是因爲認爲“网字作、

① 彭邦炯、謝濟、馬季凡編著：《甲骨文合集補編》，北京：語文出版社，1999 年。文中簡稱“《合補》”。

▨、▨，與冂形不類"，① 但是他没有考慮到"网"有冂、冂等寫法。

經過上面的討論，"▨"應分析爲从网从♯，表示用網抓捕♯，是"网 ♯"的合文或專字。

三、從"豕"的活動來考察

前面我們從偏旁入手分析"▨"的字形結構，下面從卜辭中"豕"所從事的活動來推測該字的意思。

以下是與"豕"相關的比較完整的卜辭，從中可以窺測豕的活動：

(3) 乙未卜，貞：豕獲鮪。十二月。允獲十六，以羌六。

(《合集》258)

(4a) 乙未卜，王貞：三卜豕獲鮪。

(4b) 乙未卜，王貞：豕不其［獲］鮪。　　（《合集》5330+10494②）

(5) 癸卯卜：豕獲魚，其三萬。不。　　　（《合集》10471）

(6) 丁亥卜，王：豕獲魚。□獲。　　　　（《合集》20739）

(7) 乙卯卜：丙豕出魚，不沁。九月。　　（《合集》20738）

(8) 戊申卜，王貞：呼豕魚羌。　　　（《合集》19759+20401③）

(9) □□卜，貞：豕……獲魚……　　　　（《合集》10472）

(10) □□卜貞……豕執……魚……　　　　（《合集》10473）

(11) □□卜……豕……擒潭④魚。　　　　（《合集》10474）

(12) ……翌日……豕……魚潭（？）……　　（《合補》6799）

(13) 乙未……呼豕……狩戠……九月。　　（《合集》20751）

---

① 胡厚宣：《甲骨文尾字説》，《甲骨探史録》，第36頁。
② 黄天樹主編：《甲骨拼合集》，北京：學苑出版社，2010年，第41頁。
③ 黄天樹主編：《甲骨拼合集》，第353頁。
④ 唐蘭：《甲骨文自然分類簡編》，太原：山西教育出版社，第151頁。

（14）乙丑卜：令豕𦱹麋，不龜。 （《存補》① 5.32.2）

（15）辛丑卜：步豕伐屮。五月。 （《合集》20400）

（16）丁酉卜：令豕征屮，翦。 （《合集》6561）

（17）……豕伐屮，翦。 （《合集》6562）

（18）癸□［卜］：令豕伐屮，無不若。允翦。 （《合集》6564）

（19）丁卯卜，王：□……豕以師…… （《合集》20214）

（3）至（14）辭是與豕有關的田獵活動，從（3）辭可以看出，豕在捕魚的同時也抓獲了羌人。（15）至（19）辭大致是豕被派遣去征伐方國的占卜記録。從卜辭記載可以看到，雖然豕有時也參與戰爭，但是他參與的戰事并不多，而且所征伐的方國只有屮方，他所從事的活動大多與田獵（多爲捕魚）相關，可見其職責主要還是與田獵有關，將"𡰪"理解成用網抓捕動物，更加符合他的的身份地位。更重要的是，把"捕魚"與"𡰪"相比較，也可以看出"𡰪"表示的應當是一種田獵活動。

四、總　　結

（1a）（1b）是卜問豕用網抓捕𦣻，能不能有所獲得，其占卜事類應歸屬田獵卜辭。胡厚宣先生將其解釋爲豕蒙着虎皮以爲僞裝，領頭進犯敵人，能不能抓住俘虜，② 很大程度上是因爲囿於當時的認識水平，錯將句末疑問語氣詞"抑"釋成"𠬝"，進而將"𠬝"解釋爲"俘虜"。殷商時期，將士是否真的披戴虎皮以恐嚇敵人，尚無法從甲骨文中得以證實。

附記：本文蒙蔣玉斌先生惠賜彩色照片及首都師範大學甲骨文研究中心師生指正，謹此致謝！

（原載《江漢考古》2018 年第 6 期）

---

① 胡厚宣：《甲骨續存補編》，天津：天津古籍出版社，1996 年。文中簡稱"《存補》"。

② 胡厚宣：《甲骨文𡰪字説》，《甲骨探史録》，第 48—49 頁。

卜辭"允"字用法補説

吴盛亞

北京師範大學文學院

　　甲骨文中"允"常用作副詞,① 其用法學者已作過不少研究與討論。張玉金先生曾對"允"字作過較全面的考察,分別對命辭與驗辭中"允"字的用法進行了比較充分的歸納。② 此外,有的學者在討論到相關卜辭時,對"允"字用法也有所涉及。但在一些問題上,各家意見分歧,因此有必要進一步補充研究。下文逐項試作説解。

一、"允"與"其"的搭配

"允其 V"常常出現在命辭中,如:

(1a) 貞:允其肇妹。

(1b) 貞:不其肇妹。　　　　　　　　　　　　　　(《合集》7076 賓一)③

(2a) 貞:今乙卯不其雨。

(2b) 貞:今乙卯允其雨。

(2c) 貞:今乙卯不其雨。【正】

---

① "允"字還用作地名與人名,用作地名的如《合集》24253［出二］"乙丑卜,王在自允卜",用作人名的如《綴彙》421［自小］"丙午卜,勿貞:允不殞"。

② 張玉金:《甲骨文語法學》,上海:學林出版社,2001 年,第 61 頁。

③ 關於殷墟卜辭的分類以及各類卜辭的時代,參看黄天樹:《殷墟王卜辭的分類與斷代》,臺北:文津出版社,1991 年。

(2d) 王占曰：其雨。【反】   （《醉》198 典賓）

(3) 貞：或允其伐。   （《合集》7606 典賓）

此外還有一些 "允其 V"（或省作 "允其" "允"）出現在命辭之後，它們屬於命辭還是驗辭，并不容易判斷。先將相關卜辭羅列於下再作討論。

(4) □□卜，夗：曰 "乙丑其雨"。允其雨。 （《合集》20898 自小）

(5) □辰卜，曰 "方其敦視何"。允其 [敦]。 （《合集》6788 自賓）

(6) 辛丑卜，争貞：曰 "舌方同（興），︻于土，其敦︻"。允其敦。
    四月。   （《合集》6354 正 典賓）

(7a) 貞：⊿允出。

(7b) 乙巳卜，賓貞：峀呼告 "舌方其出"。允。 （《合集》6078 典賓）

(8a) 貞：⊿允出。

(8b) 乙巳卜，賓貞：峀呼告 "舌方出"。允其。 （《綴集》60 典賓）

(9) □□卜，永貞：允其。   （《合集》17613 正 典賓）

(10a) 壬午卜，□貞：曰 "方出于︻"。允其出。十一月。

(10b) 貞：方不出于︻。十一月。

                 （《綴彙》407 [《合集》6717+《前》6.35.4] 賓三）

(11) 貞：大告曰 "方出"。允其出。   （《合補》1949 出一）

(12a) 壬申卜，目喪火言曰 "其水"。允其水。

(12b) 壬申卜，不允水。子占曰："不其水"。 （《花東》59 花東）

(13) 辛卜，丁曰：其肇子臣。允。   （《花東》257 花東）

(14) 辛卜，婦母曰子："丁曰：'子其有疾。'"允其有。

                              （《花東》331 花東）

(15) 戊子卜，在︻，︻言曰："翌日其于舊官宜。"允其。用。

                              （《花東》351 花東）

(16) 壬卜，在麓，丁曰：余其肇子臣。允。 （《花東》410 花東）

王子楊先生認爲 (6) 是 "卜問舌方興兵，廣伐我土，是否會敦伐

'𡘾' 地。從驗辭'允其敦'看，舌方果然敦伐'𡘾'地"。① 陳劍先生指出（14）中的"允其有"應該屬於命辭而非驗辭，大意是"婦母告訴子説，丁説'子大概有疾病'，真的有嗎?"② 姚萱女士也認爲上揭《花東》卜辭中的"允其"屬於命辭，"在命辭中先舉出'某人説某'，再貞卜是否'允'即是否確實如此"。③ 黃天樹先生在討論商代鑒別情報的可靠性時，舉了（7）（10）（11）三例卜辭，黃先生説："鑒別的方法是對已獲軍事情報進行占卜。命辭中往往使用副詞'允'字。'允'訓爲誠、信。例如第一條（案:《合補》1949）中的'大'，人名。命辭中先説'大告曰方出'，即'大'這個人報告説，敵方要出兵進犯了。王對此情報半信半疑，所以再卜問這一情報是否確實如'大'所言，果真會出動嗎?"④ 如果僅從單條卜辭來看，將"允"前面的句子視爲命辭，"允"後的内容當作驗辭，文義似乎很通順，如（4）的大意是"奴説，乙丑那天可能會下雨。（乙丑）果真下了雨"，（14）説的是"婦母告訴子説，丁説子可能會有疾。子果然得了疾病"。王先生對於（6）的理解也很合理。但所有這類判斷起來"模棱兩可"的卜辭，有一個共同的特點："允其V"（或省作"允其""允"）前面命辭的内容是"某人説某"。上揭共13條卜辭無一例外，形式上可以説完全一致，那麼"允其V"屬於命辭還是驗辭應該也是一致的。

在文意都可以説得通的情況下，試從結構上對這類卜辭進行分析。（10）是兩條正反對貞的卜辭，命辭先交代，某人説方國會進犯到𡘾地，王再貞卜説方國真的可能會進犯。"允其出"與"方不出于𡘾"對貞。這種形式的對貞也很常見，如《合集》6945 [賓一] 就有"互允其戋鼓"與

---

① 王子楊:《甲骨文字形類組差異現象研究》，上海:中西書局，2013 年，第 208 頁。
② 陳劍:《甲骨金文考釋論集》，北京:綫裝書局，2007 年，第 89 頁。
③ 姚萱:《殷墟花園莊東地甲骨卜辭的初步研究》，北京:綫裝書局，2006 年，第 78 頁。
④ 黃天樹:《殷代的情報及相關問題》，李宗焜主編:《古文字與古代史》第五輯，臺北:"中研院"歷史語言研究所，2017 年，第 41 頁。

“互弗嘗鼓”的對貞。（12）也是兩條正反對貞的卜辭。姚萱女士認爲“火”是人名，“水”與疾病有關，整條卜辭理解爲子的眼睛有疾病，“火”説會“水”，遂占卜是否“允其水”，“允其水”與“不允水”對貞。① 關於“火”此處是否爲人名，有學者并不認同。但“允其水”與“不允水”是兩條對貞關係的命辭，則毋庸置疑。通過對這兩對卜辭結構上的分析，可以確定“允其水”與“允其出”都屬於命辭，那麽其他卜辭中的“允其 V”還是分析爲“命辭”更合適。

就目前的材料來言，“允其 V”的確只出現在命辭中，驗辭中尚未找到例證。事實上，驗辭中很難出現“允其 V”的形式，這是由“允”與“其”的内涵決定的。“允”在驗辭中表示事實已經發生且果真如此，而“其”有“將來”體的作用且含有一種不確定的情態意義，② 這二者在驗辭中是衝突的。如果將“其”的不確定含義翻譯成“可能”，那麽（4）中的“允其雨”則要理解爲“果然可能要下雨”，這與下雨的事實相矛盾，顯然不合邏輯。

附帶我們準備對命辭中的“某人説某+允其 V”作一些討論。“某人説某”記録了命龜的背景或者貞卜的原由，商王（非王卜辭則爲子）之所以貞測“允其 V”的前提是有人報告了某件事。在命辭中交代貞卜的背景是比較常見的，蔣玉斌先生在《説殷墟卜辭的特殊叙辭》③ 中曾以《合集》1 的卜辭爲例，指出占卜的焦點爲是否“受年”，正面的命辭中先交代了命龜的背景“王大令衆人曰劦田”。又如《屯南》2095：

（17）戊戌卜，王其逐兕，擒。弗擒。

占卜的焦點是“擒”，命辭先交代了占卜的背景爲“王其逐兕”。類似的

---

① 姚萱：《殷墟花園莊東地甲骨卜辭的初步研究》，第 248 頁。

② 參沈培：《殷墟卜辭正反對貞的語用學考察》，《漢語史研究——紀念李方桂先生百年冥誕論文集》，臺北：“中研院”歷史語言研究所，2005 年，第 191 頁。

③ 蔣玉斌：《説殷墟卜辭的特殊叙辭》，《出土文獻與古文字研究》第四輯，上海：上海古籍出版社，2011 年，第 1—13 頁。以下簡稱《特殊叙辭》，下引蔣先生意見均出自此文。

例子還有很多，暫不具引。蔣先生指出陳述背景的話也會在叙辭中表達，并將這種"記録貞問事由"的叙辭稱爲"特殊叙辭"。在《特殊叙辭》的補記中，蔣先生提到一條"某人説某"作爲特殊叙辭的例子：

(18a) 庚申卜，曰"己其至莫"。貞：其允。

(18b) 不允至。　　　　　　　　（《輯佚》561+《花東》123① 花東）

這也是兩條正反對貞的卜辭，與（10）（12）不同的是，叙辭中先交代了有人説"己其至莫"，命辭中再貞卜是否果真如此。"其允"和"不允至"對貞。"其允"與上文的"允其"應該是一回事。孫亞冰女士認爲"'曰己其至莫'很可能是之前某次占卜的占辭，而上述這對卜辭就是對它的占辭卜問"。② 蔣先生表示贊同，并舉《花東》220 中的占辭"子占曰：'未（妹），其有至莫，其戊。'"作爲佐證。二位先生的意見都很有道理。如果把（18a）陳述背景的話置於命辭中，就會有"庚申卜，貞：曰'己其至莫'。其允。"這樣的表達，便與（4）在結構上很相似了。可以認爲（18a）是（4）至（16）之類的卜辭將貞卜原由"某人説某"提到叙辭中表達的形式。

　　"某人説某"後的命辭"允其 V"（或作"其允"，或省作"允其""允"）表明占卜的焦點在於貞測事實是否和某人説的一樣，而其他占卜背景後的命辭都是順着"占卜背景"貞測另一件事，如"受年""無囚"等。從這個角度來看，無論是在叙辭還是命辭中，"某人説某"與其他内容的占卜背景存在細微的區别。

　　以上 14 條叙辭或命辭爲"某人説某+允其 V"的卜辭，分别屬於自小字類（1 例）、自賓間類（1 例）、典賓類（4 例）、賓出類（賓三類與出

---

① 莫伯峰先生綴合，見莫伯峰：《〈輯佚〉中的一版花東子卜辭及其綴合》，先秦史研究室網站，2009 年 4 月 3 日；收入黄天樹主編：《甲骨拼合集》第 194 則，北京：學苑出版社，2010 年，第 217、449—451 頁。

② 孫亞冰：《殷墟花園莊東地甲骨文例研究》，上海：上海古籍出版社，2014 年，第 109 頁。

組一類各 1 例）以及花東類非王卜辭（6 例），都是時代較早的殷墟卜辭。在時代接近的歷類卜辭以及時代較晚的其他王卜辭中，還没有發現這種形式的卜辭。這與“特殊叙辭”的分布情况類似，蔣先生曾參考裘錫圭先生、沈培先生的相關論述指出：

> 特殊叙辭只見於自小字、自賓間類或花東類非王卜辭，可能與賓類及以後的卜辭逐漸程式化有關；也可能是由於以上幾類甲骨與賓類屬於不同的占卜機關，而不同的占卜機關在卜辭記叙、書刻上的習慣存有差異，程式化的要求也有高有低。特殊叙辭之特殊，實質上是較早的特殊類型卜辭的多樣性的生動表現。①

蔣先生的分析對於我們討論此類卜辭在各類組的分布情况也很有啓發性。此類卜辭僅見於王卜辭中的早期村北系卜辭和花東類非王卜辭。之所以不見於早期村南系中的歷組卜辭，占卜機關的不同可能起了主要作用；而中晚期村北系卜辭也没有發現這類卜辭，時代因素則可能起了主要作用。

二、驗辭中的“允”與“其”的規則

美國的司禮義（Paul L-M Serruys）教授曾有一個重要發現，即在一對正反對貞的卜辭裏，如果其中一條卜辭用“其”字，而另一條不用，用“其”的那條所説的事，一般都是貞卜者所不願看到的。② 這一觀點被稱爲“‘其’的規則”。沈培先生從語用學的角度考察了正反對貞所體現出的占卜者的主觀意願，他認爲：

> “其”的出現是對占卜者態度的一種“凸現”。命辭中没有

---

① 蔣玉斌：《説殷墟卜辭的特殊叙辭》，《出土文獻與古文字研究》第四輯，第11頁。
② 裘錫圭：《殷墟甲骨文“彗”字補説》，《裘錫圭學術文集·甲骨文卷》，上海：復旦大學出版社，2012 年，第422—430 頁。

"其"，占卜者的態度是"隱蔽"的，我們需要通過其他途徑去了解占卜者的態度。一旦命辭中有了"其"，占卜者的態度就顯示出來了。①

宋雅萍女士受到沈先生的啓發，認爲驗辭中的"允"字，也可以窺見占卜者之意圖：

> 當實際情況與占卜者的預測相同時，驗辭會使用"允"字，也就是説由驗辭中的"允"字，可反推回去判斷占卜者的態度，對於學者理解占卜者的意圖顯然非常有幫助，尤其關於氣象一類的卜辭，"雨"可能是占卜者所希望，也可是占卜者所不希望，但若能配合着驗辭中的"允"字，便能較清楚理解卜辭原意。②

可能是因爲的確存在"允"後内容是貞卜者不希望出現的辭例，所以宋文中并没有明確指出驗辭"允"後記録的内容，是貞卜者希望看到的還是不希望看到的。但其所舉的又都是"允"後的内容，爲占卜者希望的例子。宋文在這個問題上，似乎有些語焉未詳。

裘錫圭先生曾指出："驗辭'允'字後所記的事，并不一定是貞卜者所希望出現的，賓組卜辭中屢見的'允有來艱'就是例子。"③ 此外，"允"後内容是貞卜者不希望出現的例子還有一些，試舉幾例：

(19) 貞：弗其肩興有疾。允。④　　　　　　（《合集》8626 賓出）

(20a) 甲申卜，殼貞：婦好娩，妫（男）。王占曰：其唯丁娩，妫（男）。其唯庚娩。引吉。三旬又一日甲寅娩，不妫（男），唯女。【正】

---

① 參沈培：《殷墟卜辭正反對貞的語用學考察》，《漢語史研究——紀念李方桂先生百年冥誕論文集》，第223頁。
② 宋雅萍：《商代背甲刻辭研究》，台灣政治大學博士學位論文，2013年，第60頁。
③ 裘錫圭：《關於殷墟卜辭的命辭是否問句的考察》，《裘錫圭學術文集·甲骨文卷》，第330頁。
④ "允"當爲"允不"的省略。

(20b) 甲申卜，殻貞：婦好娩，不其㚕（男）。三旬又一日甲寅娩，
　　　允不㚕（男），唯女。【正】

(20c) 王占曰：其唯丁娩，㚕（男）。其庚。引吉。其唯壬戌。不吉。
　　　【反】　　　　　　　　　　　　　　（《合集》14002 正 典賓）

(21) 癸未卜，争貞：旬無囚。王占曰：有咎。三日乙酉夕向丙戌允有
　　　來入齒。　　　　　　　　　　　　　（《合集》17299 典賓）

(22) 庚辰卜。王弗其牟豕。允弗牟。　　　（《合集》10297 自賓）

如果一概而論，似乎驗辭中的“允”與占卜者的意圖并没有關係。但
在一對正反對貞的卜辭裹，通過“其”的規則判斷出哪條卜辭是占卜者希
望看到的，“允”往往會出現在這條卜辭中，也就是不使用“其”的那條
卜辭中，如：

(23a) 己卯卜，貞：不其雨。

(23b) 己卯卜，貞：雨。王占：其雨唯壬。壬午允雨。

　　　　　　　　　　　　　　　　　　　（《合集》902 典賓）

(24a) 辛亥卜，貞：翌乙卯雨。乙卯允雨。

(24b) 貞：翌乙卯不其雨。　　　　　　（《合集》6974 正 賓一）

(25a) 癸巳卜，殻貞：今日其雨。

(25b) 癸巳卜，殻貞：今日不雨。允不雨。　（《合集》7768 賓一）

(26a) 翌庚寅其雨。庚寅允不雨。【正】【反】

(26b) 翌庚寅不雨。【正】　　　　　（《合集》12438 正反 賓一）

(27a) 壬子卜，殻［貞：我］𡚾𦥑。王占曰：吉，𡚾。旬又三日甲子
　　　允□。

(27b) 壬子卜。殻貞：［我］弗其□□。　（《合集》6830 典賓）

(28a) 貞：擒麋。允獲麋四百五十一。【正】【反】

(28b) 貞：弗其擒麋。【正】　　　　　（《合集》10344 正反 賓一）

就統計的材料而言，在 32 組正反對貞的卜辭中，“允”的用法符合這
一規律，涉及的事項包括天氣、戰争和田獵。此外還有 3 組正反對貞的卜

辭，“允”出現在使用“其”的那條卜辭中，除（20）之外又如：

(29a) 貞：翌丁卯禽益醫。

(29b) 貞：［翌］丁卯不其禽。之日允不。　　（《合集》18803 賓出）

(30a) 壬午卜，舍子妤（男）。

(30b) 壬午卜，舍子不其妤（男）。允不。　　（《合集》22102 自賓）

可以看出在大多數能够判斷占卜者意圖的正反對貞卜辭中，驗辭“允”後記録的内容往往與占卜者所希望的一致，但爲何出現這種語言現象，仍有待探究。至於宋女士所説的，通過驗辭中的“允”來窺測占卜者的意圖，恐怕尚且行不通。

三、“允”+時間名詞+動詞

“允”與時間名詞及動詞搭配時，常見的語序是時間名詞+“允”+動詞，如“乙亥允錫日”（《合補》10625）、“壬申允雨”（《合集》902）、“丁未允用”（《合集》1667）、“戊戌允寧”（《屯南》1001）、“乙卯允酌”（《合集》721）。但也存在一些“允”用於時間名詞前的卜辭，如：

(31) 癸未卜，甲申雨。允甲雨。　　　　　　（《英藏》2429 歷一）

(32a) 丙辰貞：王步。丁巳于朝。

(32b) 丙辰貞：王延。允丁巳涉。　　　　　　（《合集》32727 歷一）

裘錫圭先生曾指出（31）中“允”的位置比較特别，它没有説成“甲允雨”而説成“允甲雨”，是什麽原因造成的，可以討論。[1] 沈培先生也認爲這兩條卜辭爲何采取這種語序還有待研究。[2] 除沈先生所舉的這兩

---

① 參沈培：《〈關於殷墟卜辭的命辭是否問句的考察〉導讀》，裘錫圭原著，黄天樹等讀解：《中西學術名篇精讀·裘錫圭卷》，上海：中西書局，2015 年，第 171 頁。

② 沈培：《殷墟甲骨卜辭語序研究》，臺北：文津出版社，1992 年，第 173 頁。

條卜辭外， "允" 用於時間名詞前的卜辭還有一些，如：

(33a) 甲寅卜，貞：翌乙卯錫日。【正】

(33b) 貞：翌乙卯不其錫日。【正】

(33c) 王占曰：止鷹勿雨。乙卯允明陰。三卤（阱）。① 食日大星
（晴）。【反】　　　　　　　　　（《合集》11506 正反 典賓）

(34a) 己亥卜，不雨。庚子夕雨。

(34b) 己亥卜，其雨。庚子允夕雨。　　　　（《合集》32171 歷一）

(35a) 丁酉卜，王貞：今夕雨，至于戊戌雨。戊戌允夕雨。

(35b) 己亥卜，王貞：今夕亦雨。之夕允亦雨。

　　　　　　　　　（《合集》24769+《拾遺》386② 出二）

(36a) 庚午卜，辛未雨。允雨。

(36b) 庚午卜，壬申雨。允亦雨。　　　　　（《屯南》2161 歷一）

(37) 庚午卜，壬申雨。允雨亦。　　　　　（《合補》10605 歷一）

(36) 等辭中的 "亦"，多解釋爲 "也" 或 "又"。王襄曾提出假借
爲 "夜" 的説法，李宗焜先生對王説進行了較全面的論證，認爲這些卜辭
中的 "亦" 可以讀作 "夜"，是 "夕" 的一部分。③（37）中的 "亦" 置
於句末，相似的卜辭如：

(38) 乙卯卜，其雨丁。允雨丁。　　　　　（《合集》33943 歷一）

沈培先生曾指出，時間名詞置於句末的現象主要集中在自組、午組、
子組、歷組卜辭（包括介於各組之間的卜辭）中。④（36）（37）均爲歷
組一類卜辭，驗辭的文例一致，此處的 "亦" 似乎也應與 "丁" 一樣表

---

① 參王子楊：《釋甲骨文中的 "阱" 字》，《文史》2017 年第 2 輯，第 12、13 頁；該
　文收入本書，見第 77 頁。

② 林宏明：《甲骨新綴第 585 例》，先秦史研究室網站，2015 年 7 月 22 日。

③ 李宗焜：《論卜辭讀爲 "夜" 的 "亦"——兼論商代的夜間活動》，《"中研院"
　歷史語言研究所集刊》第八十二本第四分，2011 年，第 576—599 頁。

④ 沈培：《殷墟甲骨卜辭語序研究》，第 189 頁。

示時間。李先生將其讀爲"夜"有一定合理性，今暫將"允亦雨"和"允夕雨""允甲雨"等放在一起討論。

（33）至（36）中的"允明陰""允夕雨"等結構上與"允甲雨""允丁巳涉"相同，均爲"允"+時間名詞+動詞。沈培先生認爲，"夕"與"明"在與副詞連用時，一般用在副詞之後。究其原因，可能是它們經常與動詞直接連用，結構比較凝固。① "夜"與"夕""明"類似，也常常置於副詞之後，直接與動詞連用，如"其亦雨""不亦雨"（《合集》12724）、"小夜啓"（《合集》13135）② 等。那麼"允"用在"明陰""夕雨""夜雨"之前，也就很好理解了。

從時代上來看，上揭數條卜辭不會晚於祖甲時期。除（33）（35）均屬於歷組一類卜辭，"允甲雨""允丁巳涉"可能正是受到了同時期尤其是同組類卜辭中"允夕雨"這種句式類化的影響。但由於其終究不符合"干支"作爲時間名詞常常用在副詞之前這一表達習慣，所以這種語言現象很少出現，并且在祖甲之後的卜辭中就消亡了。

引書簡稱表：

《合集》	《甲骨文合集》
《醉》	《醉古集——甲骨的綴合與研究》
《綴集》	《甲骨綴合集》
《綴彙》	《甲骨綴合彙編》
《前》	《殷虛書契前編》
《合補》	《甲骨文合集補編》
《花東》	《殷墟花園莊東地甲骨》
《屯南》	《小屯南地甲骨》
《輯佚》	《殷墟甲骨輯佚——安陽民間藏甲骨》

---

① 沈培：《殷墟甲骨卜辭語序研究》，第 169 頁。
② 裘錫圭：《殷墟甲骨文字考釋（七篇）》，《裘錫圭學術文集・甲骨文卷》，第 350—358 頁。

《英藏》　　　　《英國所藏甲骨集》
《拾遺》　　　　《殷墟甲骨拾遺》

　　附記：本文寫作時曾向黄天樹師、王子楊先生、吳麗婉師姐請教有關問題，又與韓宇嬌師姐、王晶晶師妹多有討論。文成後蒙黄天樹師、王子楊先生、韓宇嬌師姐審閲并提出寶貴修改意見。僅此致以衷心謝意。文中錯謬，當由本人負責。

（原載《中國文字》2018 年第 4 期）

談談甲骨文中"腹"字的表意初文

李曉曉

首都師範大學文學院甲骨文研究中心

殷墟甲骨文有下列字形：

A. ① 《合集》2431 正

B₁. 《合集》4477 正甲   B₂. 《合集》4477 正乙

B₃. 《合集》4478   B₄. 《合集》15113

B₅. 《合集》15114 正

我們先看以上字形所在的卜辭辭例：

(1) 貞：A 不唯妣己害。　　　　　　　　　　　（《合集》2431 典賓）

(2) 貞：有疾 B₁，其祟疾。

---

① 《新甲骨文編》將字形處理爲 ，爲跪坐人形，我們仔細審視拓片，其當爲站立人形。李宗焜先生摹寫爲 是正確的。李宗焜先生將我們討論的 A、B₁、B₂ 歸在 0046 號下，與 0358 號 "巴" 區分開。參劉釗主編：《新甲骨文編（增訂本）》，福州：福建人民出版社，2014 年，第 812 頁；李宗焜編著：《甲骨文字編》，北京：中華書局，2012 年，第 14、97 頁。

貞：有疾 B$_2$，弗闲疾。

（《合集》14022 正+《乙編》5449+《乙編》5598① 典賓）

（3）貞：御 B$_3$ 于姘□。　　　　　　　　　　（《合集》4478 典賓）

（4）☑御 B$_4$ 于□庚。一　　　　　　　　　　（《合集》15113 典賓）

（5）☑勿䰌（覓②）御 B$_5$ 于多姘。③　　　（《合集》15114 正 典賓）

以上五條卜辭，諸家釋文不一。《甲骨文合集釋文》、《甲骨文校釋總集》、"漢達文庫"都是將 A、B$_1$、B$_2$、B$_3$ 以原形摹寫，沒有隸定，而將 B$_4$、B$_5$ 釋爲"巴"。④《殷墟甲骨刻辭摹釋總集》《殷墟甲骨文摹釋全編》都依原樣摹寫以上 A、B 兩類字形，沒有隸定。⑤ 白於藍先生將 A 改摹爲𢓕，釋爲"疾身"，⑥ 仔細審視拓片并非"疾身"二字，但至少可知白於藍先生是將 A 釋爲"身"的。李宗焜先生認爲 B$_1$、B$_2$ 是"身"的異體，差別只在手形的有無。⑦ 黄天樹師也認爲 B$_1$、B$_2$ 是"身"的異體，𢓞是利用指事符號指示人體腹部之所在的"身"字，指事字𢓑

————————————

① 張惟捷：《〈殷墟文字丙編〉校訂稿》，先秦史研究室網站，2009 年 10 月 20 日。

② 裘錫圭、李宗焜、陳劍、謝明文、沈培等先生對此字釋"覓"都有論述，參李宗焜：《卜辭所見一日内時稱考》，《中國文字》新十八期，臺北：藝文印書館，1994 年，第 188—189 頁；謝明文：《試説商周族名金文中"𠂤"的簡省及相關問題》，《商代金文的整理與研究》，復旦大學博士學位論文，2012 年，第 684—697 頁；沈培：《甲骨文"巳"、"改"用法補議》，李宗焜主編：《古文字與古代史》第四輯，臺北："中研院"歷史語言研究所，2015 年，第 52—55 頁。

③ 此條卜辭釋文采用張惟捷先生的意見。參張惟捷：《殷墟 YH127 坑賓組甲骨新研》，臺北：萬卷樓圖書股份有限公司，2013 年，第 290 頁。

④ 胡厚宣主編：《甲骨文合集釋文》，北京：中國社會科學出版社，1999 年；曹錦炎、沈建華編著：《甲骨文校釋總集》，上海：上海辭書出版社，2006 年。"漢達文庫"在"巴"後加 * 符。

⑤ 姚孝遂主編：《殷墟甲骨刻辭摹釋總集》，北京：中華書局，1988 年；陳年福：《殷墟甲骨文摹釋全編》，北京：綫裝書局，2012 年。

⑥ 白於藍：《殷墟甲骨刻辭摹釋總集校訂》，福州：福建人民出版社，2004 年，第 47 頁。

⑦ 李宗焜：《從甲骨文看商代的疾病與醫療》，《"中研院"歷史語言研究所集刊》第七十二本第二分，臺北："中研院"歷史語言研究所，2001 年，第 363—364 頁。

是 的"省形"。① 張惟捷先生將我們所討論的 A、B 字形全部釋爲
"身"。② 《甲骨文字典》將 B₃ 收在"身"字頭下,釋義爲"人之腹"。③
《新甲骨文編》將 A、B₁、B₄、B₅ 都收入"巴"字頭下。④ 曹錦炎、沈建
華先生將 A、B₂、B₄ 歸在 部,釋爲"巴"。⑤ 韓江蘇、石福金先生將 A、
B 兩類都隸定爲"巴"。⑥ 陳年福先生將 A 歸在人部（0005 號）,B₁、B₂、
B₄ 歸在 卩 部（0186 號）,都作爲未識字處理。⑦ 總之,目前學界對 A、B
的意見主要有未釋字、釋"巴"、釋"身"三種,且對 A、B 的關係的認
識是混亂的。

A 類字形特點是站立人形,B 類字形特點是跪跽人形。甲骨文中站立
人形與跪跽人形有時并無區別,⑧ "鬼"既可以寫作 ,又可以寫作 。
"監"既可以寫作 ,又可以寫作 。因此,A 與 B 很可能是一個字。此
外,從辭例上看二者也應該是一個字。殷人貞卜疾病是不是先祖所"害"
時,"疾"後一字通常是身體的某個部位,如"□午卜,殻貞:有疾止唯
黄尹害"（《合集》13682）、"貞:王疾身唯妭己害"（《合集》822 正）,
因此 A 也應該是與身體某個部位有關的詞。卜辭又多見因某處患病而舉行
御祭,如"貞:疾齒御于父乙"（《合集》13652）、"丁巳卜,爭:疾疋御
於妭庚"（《合集》775 反）、"御肱于祖〔辛〕"（《合集》1772 正）等。

---

① 黄天樹:《略論甲骨文中的"省形"和"省聲"》,《黄天樹古文字論集》,北京:
學苑出版社,2006 年,第 303 頁。

② 張惟捷:《殷墟 YH127 坑賓組甲骨新研》,第 202、127、230、292 頁。

③ 徐中舒主編:《甲骨文字典》,成都:四川辭書出版社,1989 年,第 931 頁。

④ 劉釗主編:《新甲骨文編（增訂本）》,第 812—813 頁。

⑤ 沈建華、曹錦炎編著:《甲骨文字形表（增訂版）》,上海:上海辭書出版社,
2017 年,第 35 頁。

⑥ 韓江蘇、石福金:《殷墟甲骨文編》,北京:中國社會科學出版社,2017 年,第
81 頁。

⑦ 陳年福:《甲骨文字新編》,北京:綫裝書局,2017 年,第 3 冊,第 150、157 頁。

⑧ 但甲骨文中有些字作站立人形和跪跽人形是有區別的,如裘錫圭先生討論的
"見"與"視",參裘錫圭:《裘錫圭學術文集·甲骨文卷》,上海:復旦大學出版
社,2012 年,第 444—448 頁。

所以，B 所表示的也應該是與身體某個部位有關的詞。總之，A 與 B 當是一字異體的關係。

下文以"△"來指我們所討論的字，就字形而言"△"的本義應該是表示身體的某個部位，其字形特點是人形上突出的腹部和覆手形。[1] 甲骨文中帶有手形的字很多，但是寫作覆手形的却不多。我們找到了這樣一些例子：

(1) 兄：《合補》11299 反＝《國博》261 《合集》2890

《集成》5296（尹舟作兄癸尊卣，西周早期）

(2) 祝：《合集》36518 《合集》32347 《合集》25916

《合集》30799

(3) 祝②：《合集》29279 《合集》29280

(4) 飽③： ④《合集》20326 《合集》9100

(5) 歙：《甲編》205 《合集》10405 反＝《國博》

56 反

---

① 稱向前伸出爪形的手爲覆手形是沈培先生的意見。參沈培：《説古文字裹的"祝"及其相關之字》，《簡帛》第二輯，上海：上海古籍出版社，2007 年，第 2 頁注 1。

② 李家浩先生疑此字隸定作"祝"，讀爲"軹"；裘錫圭先生認爲此字可能是"訊"。參李家浩：《戰國开陽布考》，《古文字研究》第二十五輯，北京：中華書局，2004 年，第 391—396 頁；裘錫圭：《史牆盤銘解釋》，《裘錫圭學術文集·金文及其他古文字卷》，上海：復旦大學出版社，2012 年，第 7 頁。

③ 謝明文：《説腹、飽》，《甲骨文與殷商史》新五輯，上海：上海古籍出版社，2015 年，第 94—99 頁。

④ 《新甲骨文編（增訂本）》將此字摹爲""，漏摹"食"字上部的蓋形（第 328 頁）。《甲骨文字編》將此字摹爲""，"食"裹多摹了一橫筆（第 1076 頁）。

(6) 瞽①： 《合集》16013　　　《合集》16041（省去拐杖形）

　　　　　 *　《合集》3522 正

(7) 蜀：　　　　　 H11：97②　　　　　 H11：68

(8) 祝：　　③《屯南》2739

(9) 老：　《合集》20293　　　《合集》14059

(10) 　　《中歷藏》1183

　　　　　《旅博》213

　　以上"兄""祝""覛""飽""歙"都是既可以刻出覆手形，也可以省却覆手形。"瞽"在單獨使用時多畫出覆手形，但其作爲構件組成新字時其覆手形省略，　　所從之"瞽"就是省略了覆手形以及手杖。④

　　卜辭中刻寫出覆手形的"兄"（　）都是讀爲"覛"的，沒有刻寫出

---

① 裘錫圭：《關於殷墟卜辭的"瞽"》，《裘錫圭學術文集·甲骨文卷》，第510—515頁。

② 此例蒙周忠兵先生提示，在此表示感謝。H11：97的摹本　采用蔣玉斌先生所作摹本，參蔣玉斌：《釋甲骨文中的"獨"字初文》，《古文字研究》第三十輯，北京：中華書局，2014年，第69—70頁。"蜀"字字形出自曹瑋編著：《周原甲骨文》，北京：世界圖書出版公司，2002年，第52、71頁。

③ 《新甲骨文編》將此字摹寫爲"　"，不確，漏摹覆手形。查驗原片，《新甲骨文編》"祝"字頭下所摹字形應該都漏摹了覆手形，《合集》37495的"祝"右部摹寫錯誤，李宗焜先生摹爲"　"，不誤。

④ 裘先生謂此字以省拐杖形爲偏旁的字，張惟捷先生謂此字爲"眇"字初文，參裘錫圭：《關於殷墟卜辭的"瞽"》，《裘錫圭學術文集·甲骨文卷》，第515頁；張惟捷：《試析卜辭所謂"我家舊老臣"的釋讀問題》，出土文獻研究視野與方法國際學術研討會論文，台灣政治大學，2016年。

覆手形的"兄"（🧍）是用來表示兄弟的意思。前者在卜辭中很少見，其書體風格如毛筆所書，屬於黄類卜辭。後者在卜辭中很常見，但是却不見於黄類卜辭。金文中寫作覆手形的"兄"（🧍）大多數也是讀爲"脱"的，而《集成》10.5296 寫作覆手形的"兄"（🧍）與卜辭中常見的没有覆手形"兄"用法一樣，表示兄弟之義，🧍字既是兄長的"兄"的異體，也是"脱"的表意初文。① 從組類分布和用法來看，卜辭中兩種寫法的"兄"應該是異體分工現象。

我們先來談卜辭中不從"示"旁的🧍和🧍。② 在卜辭中常見的是前者，見於師組、賓組、出組、何組、歷組、無名組、婦女類，後者比較少見。前者用法有二——祝禱義和貞人名（出組）。後者在卜辭中有兩種用法：一種是祝禱義，見於出組、何組、無名組；另一種近於"告"義，見於黄類，如《合集》36518、《合集》37468。出組、何組、無名組卜辭均見兩種寫法的"祝"，但是在出組卜辭中前者只作貞人名，後者作祝禱義。而何組、無名組兩種寫法的"祝"用法并没有區别，都是祝禱義。

我們再來看看從"示"旁的🧍和🧍。在卜辭中前者常見，分布組類較多，有賓組、何組、歷組、無名組、花東子類；後者較前者少見，而且只見於出組。二者用法没有區别，都是祝禱義，在卜辭裏常見的卜問形式是"惠+某人（多爲王）+祝"。

"脱"的二形在卜辭中大都只見於無名組，其用法無别，都是用作田獵地名。覆手形的🧍非常少見。

"飽"，謝明文先生分析爲從食勹聲，從🧍來看的確是這樣。仔細觀察《合集》20326 的🧍字，俯身人形（勹）刻寫出了覆手形，并且覆手形和"食"字的上部連了一起。就謝明文先生所舉例子而言，有覆手形的"飽"僅此一例。我們見到甲骨文中有站立人形上刻寫出覆手形的，也有跪跽人形上

---

① 沈培：《說古文字裏的"祝"及其相關之字》，《簡帛》第二輯，第 1—15 頁。
② 《新甲骨文編（增訂本）》把一部分寫作🧍形的"祝"歸在了第 512 頁"兄"字頭下，應該調整歸入第 12 頁"祝"字頭下。

刻寫出覆手形的，而《合集》20326 是在俯身人形上刻寫出覆手形。

通過分析，我們發現甲骨文中有没有覆手形是可以通用的。有覆手形的形體往往要比没有覆手形的形體出現的次數要少得多。有没有覆手形有時候是異體分工的現象，如"兄"和加示旁的"祝"；有時候并不是異體分工的現象，如何組、無名組卜辭都見到的不加示旁的"祝"，用法無別。

卜辭裏"身"主要見於典賓類，常見的寫法是 ，其用法大多是和"疾"連用。我們所討論的△字也見於典賓類，與"疾"連用，只是比"身"字多了覆手形而已。我們前面已經論證過在甲骨文中加不加覆手形是可以通用的，所以△與"身"當是一字異體的關係。這與何組、無名組表示祝禱義的 和 是一樣的。從我們目前掌握的材料來看，甲骨卜辭中有無覆手形通用的例子，無覆手形的數量往往要多於有覆手形的，這可能與無覆手形刻寫起來更方便有關。古文字中從覆手與不從覆手同是一個字的例子有不少，沈培先生在其文章中引用了孫常叙、張世超兩位先生的意見（多是金文、陶文的例子），① 這裏不再贅述。

黄天樹師在看完本文初稿之後建議將我們討論的△字視爲"腹"字更好一些。于省吾先生很早就指出" 形的中部即象人的腹部"。② 謝明文先生在其文中説 字是"身""腹"共同的表意初文。③ 侯乃峰先生説" （腹）"與"身"字同形當屬甲骨文中常見的"一形多用"現象。④ 卜辭裏"疾"後面常常接的是表示具體部位或者身體器官的詞，李宗焜先生專文總結了有"疾首""疾目""疾耳""疾自""疾口""疾舌""疾齒""疾肘""疾肱""疾止""疾膝""疾項""疾肩"等。⑤ 那麽我們所

---

① 沈培：《説古文字裏的"祝"及其相關之字》，《簡帛》第二輯，第 1—15 頁。

② 于省吾：《釋 》，《甲骨文字釋林》，北京：中華書局，1979 年，第 379 頁。

③ 謝明文：《説腹、 》，《甲骨文與殷商史》新五輯，第 95 頁。

④ 侯乃峰：《談"腸"論"腹"兼釋甲骨文中用爲"孚"之字》，《"鼎甲"杯甲骨文字有獎辨識大賽論文集》，鄭州：中州古籍出版社，2015 年，第 115 頁。

⑤ 李宗焜：《從甲骨文看商代的疾病與醫療》，《"中研院"歷史語言研究所集刊》第七十二本第二分。

討論的△也應看作身體具體部位，爲“腹”字的表意初文。

在認同△是“腹”字的同時，我們還需要對其不是“巴”字作一點説明。首先我們來看卜辭中所謂“巴”的字形：𗇩、𗇩、𗇩、𗇩、𗇩。兩者相似的是覆手形，明顯不同的是我們所討論的△字在或站立或跪坐的人形腹部有指示性符號。其次，釋爲“巴”的字形，在卜辭中大都是方國名，從未見到作爲疾病的用法。曹定雲先生認爲所謂釋爲“巴”的字是我們所討論△字的簡化，“𗇩”是一個象形兼會意字，它表現是婦女懷孕而快要臨產的狀況。① 之後曹定雲先生又寫了一篇文章再次重申甲骨文“巴”是婦女懷孕之狀。② 我們仔細審視曹先生文中所舉的關鍵例子，也就是先生所提到的“巴”字的原始形體，發現一些是有問題的。文中所舉《合集》15114 正𗇩 𗇩（按：後者爲曹定雲先生文中所摹，下同）、《合集》8411 𗇩 𗇩、《合集》6473 正𗇩 𗇩 𗇩這三例爲“巴”的最原始字形，表示孕婦用手護住自己的大肚子，大肚子裏面有一點表示胎兒。我們根據拓片（《乙編》7373 更清晰）仔細觀察《合集》15114 正的字形，并不確定其腹部有一點。《合集》8411 并不是曹先生所摹寫的那樣腹部凸起，而是刻手在刻寫時將“覆手形”的那一筆與跪踞狀人形的部分連在了一起（參看同版對貞卜辭的另一個“𗇩”字）。這樣先生所説的表示胎兒的“腹中一點”也就不存在了，那一點正是“覆手形”的一筆。《合集》6473，我們從更清晰的拓片（《乙編》3787）上截取出𗇩，很明顯，此字并沒有凸顯的腹部，表示胎兒的那一點有可能是飾筆（參看《合集》6480 𗇩、《合集》8414 𗇩、《合集》8415 𗇩，在“覆手形”下都有一點或幾點）。曹定雲先生所得出的“巴”字演變軌跡“𗇩→𗇩→𗇩”在第一環節就出了問題，那麼曹先生根據原始字形得出“巴”是婦女懷孕狀的結論是不可靠的，“𗇩”釋爲“巴”也就不可靠。

---

① 曹定雲：《甲骨文“巴”字補釋——兼論“巴”字的原始意義及相關問題》，《殷都學刊》2011 年第 1 期。
② 曹定雲：《再論甲骨文“巴”字是“婦女懷孕”之狀——兼答谷斌、劉雁二同志之“商榷”》，《殷都學刊》2013 年第 4 期。

　　最後我們談一下《中歷藏》1183（《合集》13431）和《旅博》213（《合集》3249）的 "🔲" "🔲" 字。《合集》3249 拓片漫漶不清，《合釋》摹寫爲 "🔲"，《校釋》《摹釋》《摹全》摹寫爲 "🔲"。《旅順博物館所藏甲骨》出版後，通過清晰的彩色照片和拓片看出此字與《中歷藏》1183 的 🔲 是同一個字，都从爿从 🔲，其右部都是一個站立人形，其特徵是覆手形和腹部兩個相連的凸起的部分。依據干支和內容，《合集》3249、《合集》3250、《中歷藏》1183 當是一組有關聯的卜辭。《合集》3249 內容爲 "甲戌☐貞☐🔲○乙亥卜，貞：多子［其延］學☐🔲☐遘"。《合集》3250 內容爲 "丙子卜，貞：多子其延學🔲，不遘大雨"。《中歷藏》1183 經劉影女士綴合後，完整辭例爲 "乙亥卜，賓貞：王🔲，旬有彗"，① 彗，表示疾愈一類意思。② 我們根據字形和辭例推測 🔲 可能也與腹部有疾病有關，③ 李宗焜先生曾説過其是 "疾身" 的異文，④ 🔲 的右半可能也是 "腹" 字。

引書簡稱表：

《合集》	《甲骨文合集》
《乙編》	《殷虚文字乙編》
《合補》	《甲骨文合集補編》
《國博》	《中國國家博物館館藏文物研究叢書·甲骨卷》
《集成》	《殷周金文集成》

---

① 劉影：《甲骨新綴七組及相關整理》，《中國文字研究》第二十四輯，上海：上海書店出版社，2016 年。

② 裘錫圭：《殷墟甲骨文 "彗" 字補説》，《裘錫圭學術文集·甲骨文卷》，第 422—430 頁。

③ 裘錫圭先生已經説過《合集》13431 的 🔲 是明顯與疾病有關的字，劉影女士也認爲此字是疾病義，解釋《中歷藏》1183 條的大意爲 "王有疾病，十天以後會病愈嗎？" 參裘錫圭《殷墟甲骨文 "彗" 字補説》、劉影《甲骨新綴七組及相關整理》。

④ 李宗焜：《從甲骨文看商代的疾病與醫療》，《"中研院" 歷史語言研究所集刊》第七十二本第二分。

《甲編》	《殷虛文字甲編》
《屯南》	《小屯南地甲骨》
《中歷藏》	《中國社會科學院歷史研究所藏甲骨集》
《旅博》	《旅順博物館所藏甲骨》
《合釋》	《甲骨文合集釋文》
《校釋》	《甲骨文校釋總集》
《摹釋》	《殷墟甲骨刻辭摹釋總集》
《摹全》	《殷墟甲骨文摹釋全編》

附記：本文草成之後蒙黃天樹師、王子楊、莫伯峰、吳盛亞先生指正，謹致謝忱！

（原載《出土文獻》第十五輯，中西書局 2019 年）

《元嘉造像室藏甲骨文字》重片整理

展　翔

南開大學漢語言文化學院

　　《元嘉造像室藏甲骨文字》是一套由胡厚宣先生摹寫、編纂的甲骨著錄書籍，共收甲骨摹本 270 片，均來源於"元嘉造像室"主人謝午生。謝午生，河南安陽人，祖籍江蘇武進，明史專家謝國楨五弟，他手中的這批甲骨應爲王懿榮舊藏。① 胡厚宣先生來天津搜集散佚在民間的甲骨時，謝午生拿出藏品供其摹拓。這批甲骨的摹本即形成此書，大部分拓本被收入《甲骨續存》上卷。《甲骨文合集》《甲骨文合集補編》收錄了這批甲骨拓本中的大部分，并在"存藏單位"一欄中注明爲"元嘉"。但由於《元嘉》一書較爲冷僻，又盡是摹本，故未受到學界太多關注。其實，這批摹本的質量是很高的，字形摹寫到位，内容少見遺漏，形態把握精準，具有較高的參考價。因此，筆者將《元嘉》進行重片整理，供大家參考使用。

表 1

《元嘉》編號	其他甲骨著錄編號	備　注	《元嘉》編號	其他甲骨著錄編號	備　注
元嘉 1	合集 9298 正		元嘉 3	合補 437 正	
元嘉 2	合集 9298 反		元嘉 4	合集 4049 反	

---

① 宋鎮豪：《記歷史所收藏的殷墟甲骨文》，《中國史研究》2011 年第 4 期。

續　表

《元嘉》編號	其他甲骨著錄編號	備　注	《元嘉》編號	其他甲骨著錄編號	備　注
元嘉 5	合補 1725 正乙		元嘉 29	合集 11869 反	
元嘉 6	合補 1725 反乙		元嘉 30	續存上 163	
元嘉 7	北珍 77		元嘉 31	合集 13017	
元嘉 8	續存上 30	=北珍 77 反（未收）	元嘉 32	合集 13030	
元嘉 9	合集 4049 正		元嘉 33	合集 2249	
元嘉 10	合補 437 反		元嘉 34	合集 11983 正	
元嘉 11	合集 17489		元嘉 35	合集 11983 反	
元嘉 12	合集 7372 正	<合補 1907 正	元嘉 36	合集 24775	
元嘉 13	合集 7372 反	<合補 1907 反	元嘉 37	合集 24790	
元嘉 14	合補 495 臼		元嘉 38	合集 12251	
元嘉 15	合集 17490		元嘉 39	續存上 141	
元嘉 16	合集 5708 正		元嘉 40	合集 12299 正	
元嘉 17	合集 5708 臼		元嘉 41	合集 12299 反	
元嘉 18	合集 17662 臼		元嘉 42	合集 12452	
元嘉 19	合集 15515 正	<合補 1247 正	元嘉 43	合集 12925	
元嘉 20	合集 15515 反	<合補 1247 反	元嘉 44	合集 12802 正	
元嘉 21	合集 16755 正		元嘉 45	合集 12802 反	
元嘉 22	合集 16755 反		元嘉 46	合集 12724	
元嘉 23	合集 11519 正		元嘉 47	合集 15675	
元嘉 24	合集 11519 反		元嘉 48	合集 13430	
元嘉 25	合集 13203 正		元嘉 49	合集 9716	
元嘉 26	合集 13203 反		元嘉 50	合集 10043	
元嘉 27	合集 13177		元嘉 51	合集 9803	
元嘉 28	合集 11869 正		元嘉 52	合集 9630	+，蔣玉斌①

① 此版可與《合集》3311+9629+《中歷藏》1116 綴合，參蔣玉斌：《甲骨新綴十二組》，先秦史研究室網站，2013 年 9 月 18 日。

續　表

《元嘉》編號	其他甲骨著録編號	備　注	《元嘉》編號	其他甲骨著録編號	備　注
元嘉 53	合集 9629	+，同元嘉 52	元嘉 75	合集 11293	
元嘉 54	合集 11800		元嘉 76	合集 5289	
元嘉 55	合集 14418		元嘉 77	北珍 229	=續存上 469
元嘉 56	合集 1536		元嘉 78	合集 8597	+，拼續 456
元嘉 57	合集 14671		元嘉 79	合集 10982 正	
元嘉 58	合集 1659		元嘉 80	合集 10982 反	
元嘉 59	合集 1330		元嘉 81	合集 10726	
元嘉 60	合集 22546		元嘉 82	合集 10727	<合補 2651；+，拼集 94
元嘉 61	合集 3470				
元嘉 62	合集 2003		元嘉 83	合集 10363	
元嘉 63	合集 1919		元嘉 84	合集 10771	
元嘉 64	合集 13545 正		元嘉 85	北珍 47	
元嘉 65	合集 14834		元嘉 86	合集 10500	+，李愛輝①
元嘉 66	合集 11230	+，拼續 332	元嘉 87	合集 6129	+，拼續 563
元嘉 67	合補 4169	=北珍 2117	元嘉 88	合集 8537	
元嘉 68	北珍 173		元嘉 89	合集 6143 正	+，拼集 315
元嘉 69	合集 16265		元嘉 90	合集 6143 反	+，拼集 315
元嘉 70	合集 15661		元嘉 91	合集 6193	
元嘉 71	合集 21178		元嘉 92	合集 6244	+，拼集 69
元嘉 72	續存上 468		元嘉 93	合集 8532	
元嘉 73	合集 17889		元嘉 94	合集 8569 正	
元嘉 74	合集 15518		元嘉 95	合集 8569 反	

----

① 此版可與《合集》10106 綴合，參李愛輝:《甲骨拼合集第 338 則》，先秦史研究室網站，2016 年 2 月 13 日。

《元嘉》编號	其他甲骨著録编號	備　注	《元嘉》编號	其他甲骨著録编號	備　注
元嘉 96	合集 6173	+合補 562	元嘉 122	合集 7617	
元嘉 97	合集 6300		元嘉 123	合集 7474	<合補 2095
元嘉 98	合集 6303		元嘉 124	合集 7477	
元嘉 99	合集 6327 反		元嘉 125	合集 4862	
元嘉 100	合集 6327 正		元嘉 126	合集 5898	
元嘉 101	合集 8425	>合集 20622	元嘉 127	合集 10851	
元嘉 102	合集 6438		元嘉 128	合集 5839 正	
元嘉 103	合集 7001		元嘉 129	合集 5839 反	
元嘉 104	合集 6549		元嘉 130	合集 10692 正	+ 合集 10282 + 12671+12670
元嘉 105	合集 3949				
元嘉 106	合集 1110 正		元嘉 131	合集 10692 反	
元嘉 107	合集 1110 反		元嘉 132	合集 19301	
元嘉 108	合集 4282		元嘉 133	合集 8039	+，拼續 574
元嘉 109	合集 495		元嘉 134	合集 11450	+，綴集 288
元嘉 110	<合集 628 正		元嘉 135	北珍 2824	
元嘉 111	<合集 628 反		元嘉 136	合集 5128	<合補 1573
元嘉 112	合集 6582		元嘉 137	續存上 798	
元嘉 113	合集 7209		元嘉 138	合集 5540	<合補 2095
元嘉 114	合集 8689		元嘉 139	合集 14116	+，綴集 44
元嘉 115	合集 870 正	+，綴集 21	元嘉 140	合集 14024	
元嘉 116	合集 870 反	+，綴集 21	元嘉 141	合集 16578	
元嘉 117	合集 338	<合補 1	元嘉 142	合集 34816	+，契合集 364
元嘉 118	合集 594 正		元嘉 143	合集 16741	
元嘉 119	合集 594 反		元嘉 144	合補 4658	
元嘉 120	合集 3280	<合補 495	元嘉 145	合集 16914	
元嘉 121	合集 18		元嘉 146	續存上 967	

續 表

《元嘉》編號	其他甲骨著録編號	備 注	《元嘉》編號	其他甲骨著録編號	備 注
元嘉 147	續存上 946		元嘉 169	北珍 2573	
元嘉 148	合集 16679	<合補 4924	元嘉 170		
元嘉 149	合集 17452		元嘉 171	合集 17317	+，拼續 563
元嘉 150	合集 17466	+，拼集 45	元嘉 172	續存上 1409	
元嘉 151	合集 4088		元嘉 173	北珍 1773	
元嘉 152	北珍 2155		元嘉 174		
元嘉 153	北珍 2366		元嘉 175	中歷藏 647 正	
元嘉 154	合集 19619 正	<北珍 2302	元嘉 176	中歷藏 647 反	
元嘉 155	合集 19619 反	= 北珍 2302 反（未收）	元嘉 177	合補 1285	
			元嘉 178		
元嘉 156	合集 18019		元嘉 179	合集 3647	+，林宏明①
元嘉 157	合集 5585 正		元嘉 180		
元嘉 158	合集 5585 反		元嘉 181	北珍 1747	+，契合集 103
元嘉 159	合集 18723 正		元嘉 182	北珍 2145	
元嘉 160	合集 18723 反		元嘉 183	合補 974	
元嘉 161	合集 11610 正		元嘉 184		
元嘉 162			元嘉 185	合補 3162	
元嘉 163	合集 19202		元嘉 186	合補 3421	
元嘉 164			元嘉 187		
元嘉 165	北珍 2600		元嘉 188	合補 3417	
元嘉 166	北珍 2231		元嘉 189		
元嘉 167	合集 2285		元嘉 190	續存上 1425	
元嘉 168	合集 15927		元嘉 191	續存上 1430	

---

① 此版可與《合集》39779 綴合，參林宏明：《甲骨新綴第 501—504 例》，先秦史研究室網站，2014 年 8 月 17 日。

續　表

《元嘉》编號	其他甲骨著錄編號	備　注	《元嘉》编號	其他甲骨著錄編號	備　注
元嘉 192	續存上 1426		元嘉 213	合集 25849	
元嘉 193	續存上 1431		元嘉 214		
元嘉 194			元嘉 215	北珍 420	
元嘉 195			元嘉 216	合集 25153	
元嘉 196	合集 24782		元嘉 217	合集 25162	
元嘉 197	合集 12734		元嘉 218	合集 26822	
元嘉 198	續存上 1472		元嘉 219	合集 24980	
元嘉 199	續存上 1473		元嘉 220	合集 22857	
元嘉 200			元嘉 221	合集 23586	+，蔣玉斌①
元嘉 201	合集 22742		元嘉 222	合集 24115	
元嘉 202	合集 22725		元嘉 223	合集 23791	
元嘉 203	合集 22940		元嘉 224	合集 26381	
元嘉 204	合集 22551	+，綴彙 400	元嘉 225		
元嘉 205	合集 23055		元嘉 226		
元嘉 206	合集 23492		元嘉 227	合集 26546	
元嘉 207	合集 23327	+，綴彙 400	元嘉 228	合集 26694	
元嘉 208	合集 25503		元嘉 229	北珍 1655	
元嘉 209	合集 25487		元嘉 230	續存上 1638；北珍 1214+北珍 1718	+，蔣玉斌；＝王紅②
元嘉 210	合集 25612				
元嘉 211	合集 25473				
元嘉 212	合集 25384	+，契合集 384	元嘉 231	合補 8558	

① 此版可與《合補》7094 綴合，見《蔣玉斌甲骨綴合總表（300 組）》第 260 組，先秦史研究室網站，2011 年 3 月 20 日。
② 蔣玉斌綴合，王紅指出重片情況，參蔣玉斌：《新綴甲骨第六組》，先秦史研究室網站，2012 年 5 月 10 日；王紅：《甲骨綴合第十一則（附校重三則）》，先秦史研究室網站，2012 年 6 月 24 日。

《元嘉》編號	其他甲骨著録編號	備　注	《元嘉》編號	其他甲骨著録編號	備　注
元嘉 232	合補 8531	合補 8561	元嘉 252	合集 38179	
元嘉 233	合集 23994		元嘉 253	合集 38893	
元嘉 234	合集 25015	<合補 8378	元嘉 254	北珍 1298	
元嘉 235			元嘉 255	續存上 2567	
元嘉 236	續存上 1726		元嘉 256		
元嘉 237	合集 25747		元嘉 257	北珍 1355	
元嘉 238	續存上 1740		元嘉 258	合集 39022	
元嘉 239	合集 32517		元嘉 259	續存上 2551	
元嘉 240	續存上 1956		元嘉 260	續存上 2566	
元嘉 241	續存上 2250		元嘉 261	合集 35641	
元嘉 242	合集 35965	+，蔣玉斌①	元嘉 262	合集 35751	<合補 11003
元嘉 243	合集 35995		元嘉 263	北珍 1417	
元嘉 244	合集 36138		元嘉 264	北珍 1402	
元嘉 245	合集 38230		元嘉 265	續存上 2695	
元嘉 246	合集 38559		元嘉 266	合補 11494	
元嘉 247			元嘉 267	合集 37996	
元嘉 248	合集 35374	+，林宏明②	元嘉 268	合集 38038	+，綴續 523
元嘉 249	合集 36377		元嘉 269	合補 11577	
元嘉 250	合集 37595	+，綴續 403	元嘉 270	合集 31882	
元嘉 251	合集 36837	+，拼三 674			

① 此版可與《存補》7.3.2+《合集》36177+《笏二》986 綴合，參蔣玉斌：《〈笏之〉新綴二組》，先秦史研究室網站，2017 年 1 月 11 日。

② 此版可與《合集》37137+35931+35950+《掇二》419+《輯佚》824+《安明》2909 綴合，參林宏明：《甲骨新綴第 445 例》，先秦史研究室網站，2014 年 1 月 8 日。

附：甲骨綴合二則

甲骨綴合是指將已經殘破、斷裂的甲骨正確地拼合在一起，還原其本來的形態，這也是一項重要的甲骨材料整理工作。筆者在日常閱讀中偶得綴合二則，附於此，供方家參考指正。①

第一則：《旅藏》1036+《懷特》323（圖1）

此兩版字體均屬賓出類，"王""午"二殘字可以補足，綴合應無誤。綴合後卜辭爲：

　　　甲午卜，貞：王往……

第二則：《冬飲廬》109+《冬飲廬》123（圖2）

此兩版拼合集之後，甲骨的斷邊可以密合集，從甲骨形態上看，應是右前甲右上腋凹處，且"殼"殘字可以補足。綴合應無誤。綴合後卜辭爲：

　　　□□卜，殼貞……

《旅藏》1036

《懷特》323

圖1

《冬飲廬》109

《冬飲廬》123

圖2

---

① 爲行文方便，以下甲骨釋文使用寬式釋文，其中"……"代表其後還有缺失的内容，"□"表示缺一字。

引書簡稱表：

《元嘉》	《元嘉造像室藏甲骨文字》
《合集》	《甲骨文合集》
《合補》	《甲骨文合集補編》
《北珍》	《北京大學珍藏甲骨文字》
《續存》	《甲骨續存》
《中歷藏》	《中國社會科學院歷史研究所藏甲骨集》
《拼續》	《甲骨拼合續集》
《拼集》	《甲骨拼合集》
《綴集》	《甲骨綴合集》
《綴彙》	《甲骨綴合彙編》
《存補》	《甲骨續存補編》
《笏二》	《笏之甲骨拓本集》
《掇二》	《殷契拾掇二編》
《輯佚》	《殷墟甲骨輯佚——安陽民間藏甲骨》
《安明》	《明義士收藏甲骨文字》
《綴續》	《甲骨綴合續集》
《拼三》	《甲骨拼合三集》
《旅藏》	《旅順博物館所藏甲骨》
《懷特》	《懷特氏等收藏甲骨集》
《冬飲廬》	《冬飲廬藏甲骨文字》

甲骨文釋讀札記三則

袁倫强　李　發

首都師範大學甲骨文研究中心　西南大學漢語言文獻研究所

一、釋　　"犬"

《乙編》3709 又被著録爲《合補》8584，其上殘存兩字，其中一字是"叀"，另一字 A 作如下之形：

A1. 　A2. 　A3. 　A4.

《合補》與《摹釋全編》的釋文闕如未釋，《校釋總集》隸定爲"戛"，《新甲骨文編（增訂本）》收爲附録的 1207 號（其他字編似未收），字形處理作 A2。① 拓本不清，很難準確辨識字形，更難以正確釋讀。根據史語所"考古資料數位典藏資料庫"提供的彩照 A3，我們重新將此字摹寫作 A4，如果摹寫無誤，應是一個新見字形，值得注意。資料庫所作釋文也將此字隸定作"戛"，不正確，字當从犬从幺，嚴格隸定可作"犹"，象犬被繩索捆縛之形，應該就是"犬"的繁寫。甲骨

---

① 參彭邦炯、謝濟、馬季凡編著：《甲骨文合集補編》，北京：語文出版社，1999 年，釋文第 1809 頁；陳年福：《殷墟甲骨文摹釋全編》，北京：綫裝書局，2010 年，第 4286 頁；曹錦炎、沈建華編著：《甲骨文校釋總集》，上海：上海辭書出版社，2006 年，第 5522 頁；劉釗主編：《新甲骨文編（增訂本）》，福州：福建人民出版社，2014 年，第 1051 頁。

文"係"字寫作 （《合集》1100 正），象以繩索繫於人的頸部，與 A 字構形相類。如寫作 （《合集》32159）的"羌"字，於羌人頸部增加繩索之形，與不从幺的"羌"用法往往無別，再如"執"字也可寫作 （《合集》804），於人形頸部加繩索繁化，增强表意，A 與"犬"或即此類繁簡之關係。

此字所在卜辭前後皆殘，用法難以確斷，據卜辭常見"叀犬"的辭例，用作祭牲的可能性最大。此類用法可參：

(1) 尞于出水叀犬。　　　　　　　　　（《合集》10151 正 典賓）
(2) 壬申卜：其剛叀犬。　　　　　　　（《合集》31138 無名組）
(3) 叀犬百，卯十牛。　　　　　　　　（《屯南》503 歷二）
(4) 叀犬三、豚三。　　　　　　　　　（《合集》30510 無名組）
(5) 叀犬三。　　　（《合補》9684 =《上博》48947.33 無名組）

又細審拓本，A 下似還有殘筆 （由於甲骨邊緣磨損，彩照已經看不出此短橫），可能是"一"到"五"幾個數目字上部橫筆，用於記錄祭牲的數量，辭例類似上揭（3）（4）（5）辭。由是推知，A 所在卜辭大概是講進行某種祭祀而用犬作爲祭牲，爲避免祭牲逃跑而以繩索束縛。甲骨文刻寫有時也伴隨着刻手的創造性，爲使表意更加準確而對字形進行個性的改造，這也是甲骨文還保留有原始文字痕跡的表現。A 表示繩索捆縛的犬，卜辭中所記錄的還是 ｛犬｝這個詞。

如果以上論述可信，則對於豐富有關甲骨文"犬"的形體認知以及考察商人祭祀都有一些意義。

二、釋 "黍"

子組卜辭中有如下兩個字形：

B1. 《合集》21652 （《安明》2283）

B2. 《合集》21653（《乙編》5123）①

此二形是一字，毫無疑問。其中，B1 的筆畫拓寫不完全清晰，但不影響判斷。《安明》釋文將 B1 釋爲"來"，學者一般也將 B 釋爲"來"，②沒有異議。《甲骨文字編》1804 號"來"字頭下將 B2 收作，③字形摹寫不準確，失誤的原因應是未參照拓本更清晰的舊著録。按：釋"來"字可疑。就字形而言，B 與"來"字的某些寫法的確相近，若不細審字形便容易與"來"混淆。

子組卜辭中"來"字一般寫作：

《合集》21654（《乙編》1176）

《合集》21701（《乙編》1537）

《合集》21731（《乙編》941）

---

① 此片可與《合集》21804（《乙編》5985+4911）、《乙編》5725、《乙補》4838、《乙編》5203、《乙編》5731 綴合，由張秉權、魏慈德、蔡哲茂與蔣玉斌幾位先生綴合，參蔣玉斌：《〈甲骨文合集〉綴合拾遺（第五十七組）》，先秦史研究室網站，2010 年 7 月 6 日。

② 如《殷墟甲骨刻辭摹釋總集》《甲骨文合集釋文》《甲骨文校釋總集》《殷墟甲骨文摹釋全編》與"漢達文庫"等幾種釋文，均釋爲"來"字。張玉金、陳年福、朱鳳瀚、常耀華、陳絜、王子楊、齊航福等先生在引及 B 所在卜辭時，也均釋爲"來"字，參張玉金：《甲骨文語法學》，上海：學林出版社，2001 年，第 249 頁；陳年福：《甲骨文動詞詞彙研究》，成都：巴蜀書社，2001 年，第 78 頁；朱鳳瀚：《商周家族形態研究》，天津：天津古籍出版社，2004 年，第 166 頁；常耀華：《殷墟甲骨非王卜辭研究》，北京：綫裝書局，2006 年，第 28、67 頁；陳絜：《商周姓氏制度研究》，北京：商務印書館，2007 年，第 56、112 頁；王子楊：《甲骨文字形類組差異現象研究》，上海：中西書局，2013 年，第 52 頁；齊航福：《殷墟甲骨文賓語語序研究》，上海：中西書局，2015 年，第 250 頁。

③ 李宗焜編著：《甲骨文字編》，北京：中華書局，2012 年，第 530 頁。

這也是甲骨文"來"字最爲常見的一種寫法。一般認爲"來"本指小麥，字形象一株小麥之形，麥穗挺立，莖稈頂端加一斜筆或用以強調麥穗所在（或以爲沒有實質意義），中部兩側爲麥葉，下部爲根。對照字形可知，雖然 B 與"來"字的寫法部分相同，但仍有明顯區別。B 的主體爲禾，禾穗下垂，這是與"來"字寫法最顯著的區別。其他區別，B 除莖稈 M 形筆畫外，還有表示葉的短筆。關於"禾"與"來"在甲骨文字形上的區別，裘錫圭先生有精彩的論述：

> 穀子的穗是聚而下垂的，黍子的穗是散的，麥子的穗是直上的。所以甲骨文把"禾"字寫作 ，"黍"字寫作 ，"來"字寫作 （"來"的本義是麥），主要依靠穗形的不同來區別它們。①

前已說明，B 與"來"寫法有區別，置之同一組類比較也是如此。那麼，釋"來"就存在疑問。我們認爲，B 當釋爲"黍"字。

《合集》32572 正（《粹編》908 甲）有一字形作 ，有學者釋爲"來"，裘先生根據字形特點強調應釋爲"黍"，無疑是可信的。裘先生指出：

> 甲骨文"來"字，第一期多作 ，二期以後多作 ，頂上所加短畫似乎沒有多大意義。晚期甲骨文"來"字往往作 ，中豎上端略斜。這跟"戈"字由 變 一樣，純粹是筆勢上的一種變化。只有少數"來"字由於頂端短畫偏在一方而作 ，才容易跟 1c（引按：即《合集》32572 正之 ）相混。《粹編》887（《合集》33260）"乙亥卜受 禾"一辭中的 字，《粹編考釋》和胡文（引按：即胡厚宣先生《卜辭中所見之殷代農業》）都釋爲"黍"。這是正確的。②

---

① 裘錫圭：《甲骨文中所見的商代農業》，《裘錫圭學術文集·甲骨文卷》，上海：復旦大學出版社，2012 年，第 233 頁。

② 裘錫圭：《甲骨文中所見的商代農業》，《裘錫圭學術文集·甲骨文卷》，第 235 頁。

　　與《合集》32572 正寫法相同的 "黍"，還見於《合集》28208、①
32534、34107、34515 等。甲骨文 "黍" 字異體頗多，還有一類形體也可
舉出與 B 對照，如 <ruby>图</ruby>（《合集》232 正），與 <ruby>图</ruby> 寫法相較僅多出兩小點。此
兩類 "黍" 字的寫法，陳劍先生也有申論：

　　　　上引 "黍" 字 3c <ruby>图</ruby> 形中表示散穗的黍子形的部分作 <ruby>图</ruby>，1c <ruby>图</ruby> 與
　　之相同。跟 3a <ruby>图</ruby> 比較，表示三個下垂的穗的部分有所省略。如果 4a
　　<ruby>图</ruby> 也作這樣的省略，就成爲 4b <ruby>图</ruby> 形了；2c <ruby>图</ruby> 跟 2a <ruby>图</ruby> 比較，除掉
　　"水" 形，剩下的散穗的黍子形省作普通的 "禾"。如果 4a <ruby>图</ruby> 也作這
　　樣的省略，就成爲 4e <ruby>图</ruby> 形了。可見，1c、4b、4e 諸形及其異體，即
　　使單從字形看，盡管變化頗多，實際也都應是 "黍" 字異體。②

　　將此兩類寫法的 "黍" 與 B 對照，不難得出 B 也應是 "黍" 字的結
論。尤其與 "黍" 的 <ruby>图</ruby> 類寫法比較，B 僅多出表示葉的短筆，是稍繁化的
寫法。而莖稈上 M 形筆畫，裘先生也已經指出：

　　　　它（引按：即《合集》32572 正之 <ruby>图</ruby>）的中段左右兩筆跟頂上的
　　一筆一樣，也都代表穗，跟 "來" 字、"禾" 字中段左右兩筆代表禾
　　葉的情況不同。③

　　所以，從字形特點看，B 應當釋爲 "黍"。驗之於其所在卜辭，又是
否成立呢？其辭分別作：

　　(1) ☐于翌癸丑婦 B1 歸。　　　　　　　　（《合集》21652 子組）
　　(2) 丁卯卜，犾貞：彶五月呼婦 B2 歸。　　（《合集》21653 子組）

————————————

① 字形作 <ruby>图</ruby>，許多學者將其釋爲 "來"，不正確。此形穗下垂，應是 "黍" 字。學
　 者釋 "來"，還受其後 "歲" 的影響，以爲 "來歲"。考慮到 "歲" 後還有犧牲
　 "一豕"，"歲" 更可能爲祭祀動詞，而所謂 "來歲" 之 "來" 實際應是 "黍"，
　 爲祭品，其前面的動詞已殘。
② 陳劍：《殷墟卜辭的分期分類對甲骨文字考釋的重要性》，《甲骨金文考釋論集》，
　 北京：綫裝書局，2007 年，第 368 頁。
③ 裘錫圭：《甲骨文中所見的商代農業》，《裘錫圭學術文集·甲骨文卷》，第 235 頁。

《安明》2283 號的考釋指出：

> 帚：爲盟國之某種身份的稱呼，此處省略其私名或國名。來歸是
> 表示原來的出發點是中央，如來征是回程，征是去程。①

陳年福先生説：

> "來""歸"都有回來的意思，"來歸"是同義連用。"來歸"相
> 當於"歸來"。……"呼婦來歸"或即叫出嫁的婦女回娘家的意思。②

《綴續》408 組的考釋指出：

> 彶即及字，"呼帚來歸"即呼帚歸來。③

可以看出，學者將 B 釋爲"來"連後讀爲"來歸"，以爲用作動詞，
張玉金、齊航福先生也認爲此處"來歸"爲動詞。④ 卜辭多見"來歸"之
辭，如《合集》4079 正、4418 等，"來歸"即歸來，釋"來"置之卜辭
十分順適，這也是學者將 B 釋爲"來"的重要原因。但是，正如《安明》
考釋所言，這樣釋讀卜辭則只能認爲"婦"省略其私名或國名。這樣一
來，單就卜辭看，呼的對象就很不明確，"婦"具體所指何人不知。實際
上，此處并非省略其私名，而是釋讀錯誤所致，所謂"婦來歸"應釋爲
"婦黍歸"，"黍"爲私名，其辭皆貞問婦黍何時歸來之事。常耀華、陳絜
先生也將 B 釋爲"來"，但與前連讀爲"婦來"，以爲婦名。⑤ 雖然釋 B
爲"來"是我們所不同意的，但將 B 作爲人名卻是正確的。

　　《合補》6822（《乙編》4504）也是一版子組卜辭，有一字寫作 ，

---

① 許進雄編著：《明義士收藏甲骨文字》，多伦多：加拿大皇家安大略博物館，1972
　　年，第 175 頁。
② 陳年福：《甲骨文動詞詞彙研究》，第 78 頁。
③ 蔡哲茂：《甲骨綴合續集》，臺北：文津出版社，2004 年，第 178 頁。
④ 張玉金：《甲骨文語法學》，第 249 頁；齊航福：《殷墟甲骨文賓語語序研究》，第
　　250 頁。
⑤ 常耀華：《殷墟甲骨非王卜辭研究》，第 28、92 頁；陳絜：《商周姓氏制度研究》，
　　第 56—57、112 頁。

从三禾，舊一般釋爲“桑”，王子楊先生後改釋爲“黍”。① 這是正確的，《新甲骨文編（增訂本）》也吸收了這個意見。② 公子土斧壺（《集成》9709）有一字作 ，原釋爲“者”字，張振謙先生認爲此字从黍从口，而改釋爲“香”，③ 可信。此字上部所从“黍”的寫法與王先生所釋“黍”的寫法接近，可以互證。《合補》6822 有三條完整的卜辭：

(3) 戊子卜，貞：婦伽有子。

戊子貞：婦黍有子。

戊子貞：婦壹有子。

分別貞問“婦伽”“婦黍”“婦壹”是否“有子”。我們認爲此“婦黍”即前文所論《合集》21652、21653 之“婦黍”，B 很可能即 之簡省形式。

此處將兩版子組卜辭中舊釋爲“來”之字改釋爲“黍”，是新發現的“黍”的一種異體，對認識“黍”字的類組差異也有一定積極意義。

三、釋　　“嬉”

《合集》22301（《乙編》4677）是一版龜腹甲，首甲、中甲殘，前甲上部亦殘，其餘完整。據《乙編》4677 拓本，字跡清晰，存 14 辭，諸家釋文略有出入，亦有不確之處，④ 現將其辭録如下：

(1) 辛丑卜，彫壬寅。三

(2) 辛丑卜，彫禱壬寅。四

(3) 妣辛烛。一

(4) 妣乙 C。一

① 王子楊：《甲骨文字形類組差異現象研究》，第 333—335 頁。
② 劉釗主編：《新甲骨文編（增訂本）》，第 436 頁。
③ 張振謙：《齊月名初探》，《中國國家博物館館刊》2014 年第 9 期。
④ 如《甲骨文合集釋文》所釋（10）（11）辭脫“殷”前數字。

（5）妣戊妣。一

（6）妣辛爛。一

（7）妣癸蠅。一

（8）妣戊婕。一

（9）妣戊婭。一

（10）母庚七羖。

（11）母庚六羖。

（12）母庚三牢。

（13）[己]酉卜，亞佣其唯臣。四 五

（14）己酉卜，亞賓其唯臣。□?月。四 五

　　根據字體及内容可分爲兩類，（1）至（12）辭是一類，屬婦女卜辭，（13）（14）辭是一類，屬亞卜辭。婦女卜辭分布在第三道盾紋以下的前甲、後甲、尾甲，亞卜辭位於前甲第三道盾紋上千里路兩側，兩類卜辭中間有界劃隔開。（13）（14）辭是兩條選貞卜辭，辭例完整，也有學者認爲是正反對貞之辭，有字殘去，① 與我們的看法不同。（1）至（12）辭又可分爲三組，（1）（2）辭貞問是否在壬寅日舉行祭祀，（3）至（9）辭十分簡略，（10）至（12）辭是關於祭祀母庚選用犧牲數量的記録。

　　關於（3）至（9）辭，陳夢家先生認爲：

　　　　婭、宴等字應讀作“亞母”“它母”，也是先妣的私名。②

把此處妣某之後的字當作先妣的私名。《甲骨文編》將其釋爲“母某”之合文，③ 也應是將除女旁的部分作爲私名看待。于省吾先生不同意這個觀點，認爲：

---

① 如《甲骨文合集釋文》《甲骨文校釋總集》《殷墟甲骨文摹釋全編》與“漢達文庫”等。

② 陳夢家：《殷虛卜辭綜述》，北京：中華書局，1988 年，第 491 頁。

③ 中國科學院考古研究所編輯：《甲骨文編》，北京：中華書局，1965 年，第 604 頁。

　　這些从女的字都是女奴隸的女字，也就是女奴隸之名。這是用女奴隸作爲人牲以祭祀諸妣。因爲母庚豕、母庚三牢和妣乙靯、妣辛宴、妣辛獸……等句例完全相同，不過有物牲和人牲之別罷了。①

姚孝遂先生也從此説，指出：

　　同版又有"匕戊靯""匕戊娭""匕戊""匕乙娭""匕辛媕"，是足以證明"先妣私名"之説不可據。"匕戊"不可能同時名"靯"、名"娭"、名""。而"娭"不可能同時爲"匕戊"及"匕乙"之私名。②

李學勤先生認爲是"妣名"，"是整個的稱謂"，③ 舉出兩條非常有力的證據：

（15）☑其禱妣癸娛、妣甲孈，惠☑。

　　　　　　　　　　　　（《英藏》2271＝《庫方》1716 無名組）

（16）王其又妣戊姘汜羊，王受佑。

　　　　汜小牢，王受佑。

　　　　惠妣戊姘小牢，王受佑。　　　　（《屯南》4023 無名組）

（15）辭前後皆殘，但中間部分完整，辭意比較明確，是向二位先妣進行禱祭的相關占卜。其中，"妣癸娛""妣甲孈"與《合集》22301 之"妣辛妭"等結構相同，此處"娛""孈"只能視爲先妣之名。 （16）辭"'妣戊'和'姘'不能分開讀，是很清楚的。既然'妣戊姘'即'婦姘'，不妨類推上面的九妣在生時也可稱爲'婦孈''婦娭'等等。'孈'

① 于省吾：《甲骨文字釋林》，北京：中華書局，1979 年，第 212 頁。
② 姚孝遂：《商代的俘虜》，《古文字研究》第一輯，北京：中華書局，1979 年，第 356—357 頁。
③ 李學勤：《考古發現與古代姓氏制度》，《考古》1987 年第 3 期。趙鵬先生也贊同李先生的説法，參趙鵬：《殷墟甲骨文人名與斷代的初步研究》，北京：綫裝書局，2007 年，第 128 頁。

'姬'等都是女子的名"。① 故（3）至（9）辭姒某之後的字也宜視作先姒的私名，皆是壬寅日"酚禱"的對象。

此處我們主要討論對（4）辭中 C 字的一點認識，原篆作：

此字僅一見，陳夢家、于省吾先生皆隸定作從亞，②《甲骨文編》釋爲"母亞"合文，③ 學者一般也釋爲"姬"字，④ 也有部分學者當作未識字處理。⑤ 丁驌先生將 𡠉、𡠋、𡠌一并釋爲"姬"。⑥ 其中，第一形應取自《合集》22247，一般皆處理作從亞，如《新甲骨文編（增訂本）》處理爲 𡠉，隸定作"姬"，《甲骨文字編》亦同。⑦ 據舊著錄《乙編》8990 拓本 𡠊，當處理作 𡠋，左側凵內所從爲戚，⑧ 𢀑的構形與"坎"相類，或即表示掘地而埋戚，可隸定作"嫱"。後兩字形應即《合集》22301 之 𡠋、𡠌，摹寫與原形略有出入。我們認爲，將 C 釋爲"姬"可商。此字左側部件非"亞"，與"亞"常寫作 𠅏（《合集》22138）區別甚明，⑨ 無需

---

① 李學勤：《考古發現與古代姓氏制度》，《考古》1987 年第 3 期。在《英藏》前言中已經指出《英藏》2271 的"娛""孋"爲姒名，且與《乙編》4677、《屯南》4023 相對照。

② 參陈梦家：《殷虚卜辭綜述》，第 491 頁；于省吾：《甲骨文字釋林》，第 211 頁。

③ 中國科學院考古研究所編輯：《甲骨文編》，第 604 頁。

④ 如《甲骨文合集釋文》《甲骨文校釋總集》《殷墟甲骨文摹釋全編》《甲骨文字編》《新甲骨文編（增訂本）》等。當然，也不排除有的學者將此字處理作"姬"僅是權宜之計，并非認爲字從亞。

⑤ 如《殷墟甲骨刻辭摹釋總集》、"漢達文庫"等。

⑥ 于省吾主編：《甲骨文詁林》，北京：中華書局，1996 年，第 515 頁。

⑦ 參劉釗主編：《新甲骨文編（增訂本）》，第 714 頁；李宗焜編著：《甲骨文字編》，第 164 頁。

⑧ 關於"戚"字，參陳劍：《說殷墟甲骨文中的"玉戚"》，《"中研院"歷史語言研究所集刊》第七十八本第二分，2007 年。

⑨ "亞"也有一種異體寫作"亜"，見《宋元以來俗字譜》，然而時代已經晚至宋元，屬於書寫變異造成的。

多説。同版（9）辭"妣戊娅"之"娅"作，左側部件的主體是"亞"，① 與對照亦可知 C 左側部件非"亞"。由此，C 釋"娅"則不可信。

我們認爲要正確認識 C 字，需藉助甲骨文另一字。經蔣玉斌先生綴合發現，甲骨文有如下之字：

D. 《合集》5411+《合補》6191 正②

《合補》5008（《東文研》1005）

此字舊多釋爲"饗""鄉""即"等，蔣先生綴合後據完整字形釋爲"饎"字，對字形的分析主要如下：

（一）該字右側从。西周金文的"懿"，如果不計"心"旁，有 a)、b)兩種寫法。于省吾先生説"象人張口就飲於壺側，懿美之義自見"。林澐先生進一步指出"該字所从之壺，實均無蓋。……這種特殊的去了蓋的壺，正是表示人飲的會意字所專用"，而 a 種寫法中"頸部有系的欠，應該是表示人飲酒的一個特殊符號"。與金文 b 種寫法近同，只不過是將表示無蓋之壺的寫到了張大的口形中。……無疑也是"懿"之初文，可隸釋爲"歖"。

（二）將寫到口中，大概也有兼表品味美酒於口中的意圖。這種寫法壓縮了無蓋的壺形與"欠"形所占的空間，使其與"食"旁的組合時更爲協調美觀。因此，也不能完全排除契刻者照顧到文字結構而稍作調整的可能性。

---

① 《合集》4889 有一字作，與之寫法相類，學者一般釋爲"亞"。

② 蔣玉斌：《〈甲骨文合集〉綴合拾遺（第九十組）》，先秦史研究室網站，2010 年 12 月 17 日。

　　總之，⿰食歆字可分析爲从"食"从"歆"。它應該就是後世的
"饎"字。①

　　蔣先生的分析細緻，與金文"懿"相聯繫也十分可信。有學者將 D
逕釋爲"噎"字，② 我們更贊同，可以説爲"噎"的本字。

　　《説文》口部云："噎，飯窒也。从口，壹聲。"甲骨文字形即象人跪
坐就食之形，突出張大口形中塞有一物表示食。傳抄古文"噎"有寫作
⿰食匽（海 5. 19）、⿰食歆（海 5. 19）、⿰食壹（海 5. 10）等形體，③ 據字形當即
"餲"和"饎"，可證"噎"字本可从食作，而"饎"則可能是"噎"的
分化字。"餲""饎"本是"噎"字異體，"餲"應即甲骨文 D 之變體，
主體尚存，欠旁訛作勹形，又以"吉"作爲聲符，"饎"則省去"欠"
旁。《説文》食部："饎，飯傷淫也。"此非本義。《漢書·賈山傳》："祝
餲在前，祝鯁在後。"顏師古注："餲，古饎字，謂食不下也。"

　　金文中常見"懿"字，此字的釋讀沒有問題，一般寫作⿰壹欠（《集成》
4341）、⿰壹欠（《集成》10175）等形體。《説文》壹部云："懿，專久而美
也。从壹从恣省聲。"金文中"懿"也常用美、美德義。"从壹，从恣省
聲"是據小篆字形所作的分析，受所見字形材料局限，現參之金文字形可
知此説不確。段玉裁注："'从恣省聲'四字，蓋或淺人所改竄，當作从
心，从欠，壹亦聲。"其説亦不甚準確。于省吾先生認爲：

　　　　懿字初文从壹从欠，本爲會意字。……古文欠字但象人之張口
　　　形，壹以貯酒。是懿字本義，象人張口就飲於壹側，而歆美之義自

---

① 蔣玉斌：《甲骨綴合所得新字新形研究》，古文字學青年論壇會議論文，"中研院"
　　歷史語言研究所，2013 年。
② 黃天樹：《殷墟甲骨文形聲字所占比重的再統計》，《黃天樹甲骨金文論集》，北
　　京：學苑出版社，2014 年，第 89 頁；劉釗主編：《新甲骨文編（增訂本）》，第
　　59 頁。陳劍先生也認爲"又説爲'飯傷淫也'之'饎'不如逕説爲'噎'之古
　　字"（"古文字基礎形體源流研究"課程，西南大學漢語言文獻研究所，2018 年 5
　　月 21—25 日）。
③ 徐在國編：《傳抄古文字編》，北京：綫裝書局，2006 年，第 116 頁。

見。自小篆訛壺爲壹，許意爲从恣省聲，段改爲壹亦聲，易會意爲形聲，殊誤。①

《古文字譜系疏證》從此説。② 張世超先生説：

> 金文从壺从欠，或增从心。初文當爲从欠壺聲，"壺""壹"古同字。"懿"从"壺"聲猶秦簡及秦瓦書以"壺"爲"壹"也。③

張先生所説部分可從，但仍有部分説法我們不同意。"懿"字所从心旁是後增的表意偏旁，與"德"的字形變化相同。"壺""壹"却并非同字，後文再作論述。郭沫若先生曾指出：

> 欪王即恭王之子懿王也。懿字彝銘多作懿，單伯鐘、禾殷、㠱仲壺等皆是，而本器與沈子殷、班殷、澅父鼎則均省心作欪。字殆噎之古文，叚借爲懿也④

現據甲骨文"噎"字看，郭説是"噎"假借爲"懿"當更可信。金文 即"噎"字省體，省甲骨文表意之食旁，假借作"懿"，後累增心旁表意。"懿"的金文字形當分析爲从心噎聲。金文中旁從口中移出，表意功能減弱，又在所从欠旁的頸部加系形，象食在喉中不下，突出食噎，藉以增强表意。⑤

上文討論了甲骨文 D 即"噎"的本字，金文"懿"是假借"噎"又加心旁而來，再回過頭看前引 C 字當如何分析。

甲骨文"嗽"作 （《合集》34072）形，"噎"與之構形相類。陳

---

① 《古文字詁林》編纂委員會編纂：《古文字詁林》，上海：上海教育出版社，1999年，第849頁。唐蘭先生也認爲"懿"字所从的是"壺"，參唐蘭：《古文字學導論》，上海：上海古籍出版社，2016年，第259—261頁。
② 黃德寬主編：《古文字譜系疏證》，北京：商務印書館，2007年，第3303頁。
③ 張世超等：《金文形義通解》，京都：中文出版社，1996年，第2485頁。
④ 郭沫若：《兩周金文辭大系圖録考釋》，北京：科學出版社，1957年，第82頁。
⑤ 林澐先生認爲："頸部有系的欠，應該是表示人飲酒的一個特殊符號。"參林澐：《説厚》，《簡帛》第五輯，上海：上海古籍出版社，2010年，第99—107頁。

劍先生説：

      我們看上舉兩形（引按：即《合集》34072、34073 之"㰌"）
都將"欠"形的口寫得特別大，又將"束"形的一部分寫入口中，
似乎也有讓這部分形體兼起一定的指事作用的意圖。①

    同理，"噎"字口中所從部件在構形中很可能也起到兼表音義的作用。
陳劍先生認爲🝕自有"壹"音，本與"壺"無關，② 可信。C 在卜辭中用
作先姓名，所從女旁標明性別。前已論述 C 所從之🝕非"亞"，我們認爲
與"噎""懿"所從🝕爲同一部件，則 C 讀音自當與"壹"同，據此可直
接釋作"嬄"字。③ 當然，此處所釋"嬄"字與《玉篇》《集韻》所載
"嬄厥"之"嬄"非一字。李學勤先生早已將此字釋爲"嬄"，④ 無具體
論述，未受到學者注意，此處可視爲對李先生釋"嬄"的補充論述。

    根據字形的構形規律及"噎""懿"二字，從已知推未知，可以得出
🝕有"壹"音的認識，但這個字形是否即後來的"壹"字，以及與"壺"
之間的形體糾葛，這些問題還需釐清。

    《説文》壹部："壹，專壹也。從壺吉聲。"《説文新證》引諸家云：

    《説文·壺部》"壼"下云："壹壼，《易》曰：'天地壹壼。'"
徐鍇注云："气壅塞也。今《易》作'絪緼。'"張舜徽《説文解字
約注》謂"壹本爲物在壺中閉塞之名，閉塞則不分散，故引申爲專壹
之稱"（册四卷二十 2706 頁）。陳獨秀《文字新詮》以爲壹乃"六國
時於壺上加花紋以代'一'字，以杜訛亂"（237 頁）；何琳儀謂壹與

---

① 陳劍：《説花園莊東地甲骨卜辭的"丁"——附：釋"速"》，《甲骨金文考釋論
  集》，第 967 頁。

② 陳劍："古文字基礎形體源流研究"課程，西南大學漢語言文獻研究所，2018 年
  5 月 21—25 日。

③ 白玉崢先生將 🐾（嬄?）釋爲"嬄"，非是。參《古文字詁林》編纂委員會編纂：
  《古文字詁林》，第 849 頁。

④ 見李學勤：《論"婦好"墓的年代及有關問題》，《文物》1977 年第 11 期；李學
  勤：《考古發現與古代姓氏制度》，《考古》1987 年第 3 期。

壺爲一字分化，説皆可参。①

可以説對“壹”的認識并不一致，衆多説法中也可能還没有正確的認識。目前，多數學者都認同“壹”與“壺”爲一字之分化，如《金文形義通解》《新見金文字編》《戰國古文字典》《古文字譜系疏證》《古文字構形學》等。② 這是看到“壹”與“壺”古文字形的混用關係得出的結論，考慮到語音關係，説二者一字分化恐不妥，還應該只是形體訛混造成的。

關於“壺”字的釋讀，學界一般没有異議，甲骨文作 （《合集》18560）、（《合集》18559）等，金文作 （《集成》9705）、（《集成》9528.1）等，象壺之形，上爲蓋，中爲壺身，下爲圈足，頸部有耳。目前所見“壹”字時代較早的形體是戰國時期的，如 （清華七·越公其事19）、（詛楚文）、（睡虎地·日甲59背）、（商鞅方升）等，已經與“壺”的寫法相混。陳昭容先生指出：

> （壹字）在秦文字資料中却多作 ，如秦封宗邑瓦書兩見“十壹月”皆作 ，商鞅方升“積十六尊（寸）五分尊壹爲升”之“壹”亦作 ，《睡虎地秦簡·秦律十八種·工律》“毋過歲壹”也作 ，《倉律》“駕縣馬勞，又益壹禾之”（再加喂一次糧食）亦同。這個寫法與“壺”字的省體相同，如東周盛季壺作 ，秦簡“賜田嗇夫壹酒束脯”之“壺”字亦作 。壹與壺寫法無別。始皇詔中的“皆明壹之”之“壹”，有作規整小篆的，也有簡率作 者，但與 字有别。小篆以後，這種壹壺同形的情况就不見了。……壹壺的關係待考，而《詛楚文》“兩邦若壹”的壹字正作“”，與戰國時期秦系

---

① 季旭昇：《説文新證》，臺北：藝文印書館，2014年，第772頁。

② 參張世超等：《金文形義通解》，第2485頁；陳斯鵬、石小力、蘇清芳編著：《新見金文字編》，福州：福建人民出版社，2012年，第310頁；何琳儀：《戰國古文字典——戰國文字聲系》，北京：中華書局，1998年，第1079頁；黃德寬主編：《古文字譜系疏證》，第3304頁；劉釗：《古文字構形學（修訂本）》，福州：福建人民出版社，2011年，第136—137頁。

文字之其他材料寫法正同，這無疑是很具有時代及地域特色的。①

由於没見到更早的"壹"的字形，學者還難以確定"壹""壺"二者之間的關係。

從"噎""懿"的形體演進上溯，很可能甲金文中所從 即"壹"字初文，準此，則"壹""壺"本非同源分化，僅是後期形體的訛混。陳劍先生認爲：

> 據卜辭"饐"字及金文"懿"字，"壹"應本與"壺"形有別，後始受"壺"字類化影響而上加"大形/蓋形"，致有部分形體混同。②

這是可信的。試比較從"壹"之字與"壺"字字形：

表 1 從"壹"之字與"壺"字字形表

	噎/懿		壺	
甲骨文				
	《合集》5411+《合補》6191 正		《合集》18560	《合集》18559
西周金文				
	《集成》4330	《集成》10175	《集成》9528.1	《集成》9661

雖然甲骨文、西周金文中不見獨立使用的"壹"字，但作爲構字部件還保留在"噎""懿"當中。同時期的"壹"與"壺"寫法分明，但也確有形近之處，尤其"壺"的 （《集成》9661）、（《集成》9598）、（《集成》95991.1）類形體，壺身的弧筆寫作竪筆與圈足相接，若除去壺蓋則與"壹"的寫法極近。這促成了在字形演變過程中"壹"訛變作"壺"形，二者形體出現混同，這種混同至少在戰國時期已經普遍存在。因爲

---

① 轉引自《古文字詁林》編纂委員會編纂：《古文字詁林》，第847—848頁。

② 陳劍："古文字基礎形體源流研究"課程，西南大學漢語言文獻研究所，2018年5月21—25日。

"壹"訛寫作"壺"形，難以區別，故又在"壹"上增加聲符"吉"，既提示"壹"的讀音，也與"壺"相區別。有學者認爲"秦統一之後始疊加吉爲聲符"，[1] 這也是不正確的，因爲清華簡中"壹"已有聲符"吉"作（清華七·越公其事 19）。所以，"壹"與"壺"自有別，并非許多學者所認識的是一字分化，"壹"另有來源，二者的糾葛完全是字形訛混造成的。

按照古文字發展的一般規律，"壹"字最初或取象於某種實物，可能是個象物字。文獻中"壹"表示"專一""統一""均衡"或數詞等，應是其假借用法，皆非本義。由於材料所限，早期文字中不見用本義的例子，目前很難確定其本義。我們曾懷疑"壹"可能是"穩"的本字，也没有確鑿的證據。

補記：《合集》21587 有一字作：

幾種常用的甲骨文釋文工具書都將其釋爲"來"。結合本文所論，我們認爲此字當是"黍"字，其辭"丙午，子卜：呼往黍"，即呼令（某人）前往種黍，相類似辭例可參《合集》9531 正、9533。

葛亮先生曾提示我金文中有如下之形：

《集成》4749（《銘圖》12534）

與本文所論"黍"字寫法頗近，似也當釋爲"黍"。金文又有作：

《集成》944　　《集成》9299

皆爲族名，徐曉美慧先生指出此字未識。[2] 謝明文先生曾懷疑前者"當是

---

① 黄德寬：《古文字譜系疏證》，第 3303 頁。

② 徐曉美慧：《〈新金文編〉校補》，復旦大學碩士學位論文，2020 年，第 27 頁。

‘黍’之省體”，① 結合本文所釋“黍”字的寫法，將此字釋爲“黍”當可信。金文還有：

《集成》4747　　《集成》4748　　《集成》5500

《銘圖》30744

此字上部所从也應該是“黍”的省體。

引書簡稱表：

《乙編》	《殷虚文字乙編》
《合補》	《甲骨文合集補編》
《合集》	《甲骨文合集》
《屯南》	《小屯南地甲骨》
《上博》	《上海博物館藏甲骨文字》
《安明》	《明義士收藏甲骨文字》
《乙補》	《殷虚文字乙編補遺》
《粹編》	《殷契粹編》
《綴續》	《甲骨綴合續集》
《集成》	《殷周金文集成》
《英藏》	《英國所藏甲骨集》
《庫方》	《庫方二氏藏甲骨卜辭》
《東文研》	《東京大學東洋文化研究所藏甲骨文字》
《銘圖》	《商周青銅器銘文暨圖像集成》

附記：文章草成後請王子楊先生、李曉曉女士審閱，提出了不少有價值的意見，作者非常感謝！

（原載《甲骨文與殷商史》新九輯，上海古籍出版社 2019 年）

---

① 謝明文：《商代金文的整理與研究》，復旦大學博士學位論文，2012 年，第 62 頁。

談甲骨文單字的數量及其相關問題*

陳英傑

首都師範大學文學院

在甲骨文研究中，有幾個數據是被學者和社會大衆所普遍關注的，一是甲骨的數量，二是甲骨文字的數量。"這兩個問題，牽涉到兩個基本數字，是所有關心甲骨文的人最易提出的，却也是甲骨文專家最難確切回答的。"① 第二個問題其實包括三個方面：甲骨文字形的總數量、甲骨文單字的總數量和可釋字的數量。甲骨文字形總數量是甲骨文單字乘以使用次數，大概 150 萬字是會有的。甲骨文單字總數量指的是歸并了異體字之後不重複的字形數量。可釋字其實包括了可以隸定和可以釋讀（即可確識）兩種情况，一般關注的是可識字。

關於甲骨的數量，學者們根據已經著録發表的資料以及各單位收藏情况，有過 9 萬、10 萬、13 萬、15 萬片等多種估算。最新的數據是 160006 片，② 取

---

* 本文爲國家社科基金 "冷門絶學和國別史等研究專項" 項目 "唐蘭文字學理論體系研究"（19VJX111）的階段性成果。

① 陳煒湛：《關於殷虛甲骨文的兩個基本數字》，《甲骨文論集》，上海：上海古籍出版社，2003 年，第 294—295 頁。

② 漢字文明傳承傳播與教育研究中心、鄭州大學漢字文明研究中心編：《甲骨春秋——紀念甲骨文發現一百二十周年》，北京：商務印書館，2019 年，第 64 頁。此數據爲宋鎮豪、孫亞冰二先生統計。2019 年 10 月在安陽召開了 "紀念甲骨文發現 120 周年國際學術研討會"，期間安陽電視臺做了一期甲骨文訪談節目，受訪專家爲黄德寬、吴振武、李宗焜先生，由上海博物館葛亮先生主持，節目中，葛亮透露他也對甲骨數量作了統計，有 16.1 萬片左右。【編按】後葛亮正式（轉下頁）

其整，就是 16 萬片。這個數據中所包含的資料，絕大部分是殷墟所出的商代甲骨文，也包括了少部分殷墟之外出土的商代甲骨以及西周甲骨。由於經過數千年的埋藏，絕大部分甲骨出土時都是殘碎的，能夠綴合到一起的，按一片（一版）計算，尚未綴合的則按實有的碎片計算。各種估算都是根據第一次著錄和綴合成果計算的。① 按道理，有了新的綴合成果後，實際數量就發生了變化，但現在的統計數據是沒有按新的綴合結果進行重新計算的。另外，還存在數量不小的重複著錄，而且，新的材料也在不斷發現。所以，甲骨的總數量很難有一個精確的數字，只能是約數。

關於甲骨文單字的數量和可識字數量，于省吾先生在《甲骨文字釋林》序（作於 1978 年 9 月）開篇就説："截至現在爲止，已發現的甲骨文字，其不重複者總數約四千五百個左右，其中已被確認的字還不到三分之一。……而且，已識之字仍有不少被研契諸家誤解其義訓、通假者。"② 這個説法影響很大。後來中原有一家出版社還出版了一本叫《三千未釋甲骨文集解》的書。③ 弄清楚甲骨文單字總數量和可釋字數量，可以説是縈繞在幾代學者心頭揮之不去的一件大事，這是甲骨研究者理應摸清的基本帳目。

對文字系統中單字資料的整理，中國自古就有這個傳統，漢代的蒙學課本以及《説文解字》都是此類的書。從甲骨文發現、研究初期，學者們就非常重視甲骨文單字資料的整理編纂。第一部甲骨著錄書是出版於 1903 年的《鐵雲藏龜》，1920 年王襄就編纂了第一部甲骨文字字彙——《簠室殷契類纂》。緊接着，1923 年商承祚《殷虚文字類編》出版，1934 年孫

（接上頁）發表文章，資料截止時間是 2019 年 10 月 20 日，統計總數爲 161710 片以上，舉成數而言，則已知出土商周刻辭甲骨的總數約爲 16 萬片。參葛亮：《一百二十年來甲骨文材料的初步統計》，《漢字漢語研究》2019 年第 4 期。

① 比如《甲骨文合集》著錄了 41956 片甲骨，而編輯《合集》時做了大量的綴合工作，該數據就是按綴合後的片數計算的。
② 于省吾：《甲骨文字釋林》，北京：中華書局，1979 年。
③ 潘岳：《三千未釋甲骨文集解》，鄭州：中州古籍出版社，1999 年。據稱，作者用了近四十年功夫，將此三千未釋甲骨文一一破解。

海波《甲骨文編》出版。① 這些字編對於推動相關研究起了很大的作用。在各門類的古文字資料中，應該說甲骨文字編的編纂時間間隔最密集，更新速度最快，編纂體例最成熟，字形資料最系統（當今戰國文字各種字編也很多，但缺乏整合各類文字資料的綜合性字編，而且更新速度較慢）。文字編的編纂雖然滯後於學術研究的最前沿，但它畢竟是對一定階段甲骨文字考釋成果的系統梳理和總結，可以基本反映學界關於甲骨文字考釋取得的新進展，也是考察甲骨文單字總數量和可釋字數量的便捷途径。

　　1965 年版《甲骨文編》② 正編收 1723 字，其中見於《説文》者 941 字；另附録收 2949 字，總計 4672 字。該書分別部居悉依《説文》，不見於《説文》而可以按其偏旁隷定者，附於各部之後；不能辨認的字，或其字雖經考釋而尚未定論者，依其偏旁所從分類，收入“附録上”；校改時從正編和附録中所抽出來的字以及寫定後所補收的新字，列入“附録下”（參見該書“編輯凡例”）。該書“編輯序言”云，正編、附録所收 4672 字，“其中有些字還可以歸并，③ 目前甲骨刻辭中所見到的全部單字的總數，約在 4500 字左右。其中雖然只能辨認九百餘字，但比之從前所能辨認的五六百字，已增益了許多。”該書所收單字總量爲 4672 個，正編 1723 字中見於《説文》的有 941 個，其他 782 個可以分析偏旁并加以隷定，其以《説文》作爲釋字依據，其他雖有少部分可以知其義或懷疑其爲某字異體者，如卷三·四之“𠕋”、卷七·一九之“窒”、卷一·一二之“芦”、卷二·一三之“㖧”，但由於方方面面的證據尚不能使形音義全面落實，就仍當作不識之字。④ 但是，即使是所謂見於《説文》的字，有些地名、人名等專名字我們也“無法判斷它們和字書上某些字結構的相同相似或相

---

① 1965 年出版的署名中國科學院考古研究所編纂的《甲骨文編》多次重印，流行頗廣，該書實爲孫書的改訂本。

② 中國社會科學院考古研究所編輯：《甲骨文編》，北京：中華書局，1965 年 9 月第 1 版，2004 年 1 月第 6 次印刷。

③ 當然有些字形需要分開，如第 76 頁的“御”字、第 85 頁“齒”字等。

④ 有一些見於《説文》的偏旁，如第 123 頁之“曼”、第 569 頁之“畬”。

因襲，是否可以等同爲一"，① 如卷二·七之"喙"，卷一二·八、九之
"姸""如"等。另外需要注意的是，按《説文》部次編排的古文字字編，
在跟《説文》對應時，字形對應和詞對應是同時兼顧的，也就是采用了雙
重標準。這種情況下，有的單字是根據字形的記詞情況人爲設立的，在甲
骨文中并不存在，如甲骨文無从示的"禘"字，而是使用"帝"記録
｛禘｝這個詞。另外，甲骨文中字詞的分化情況還有不少没有研究清楚，
有些字頭的設立未必恰當，如該書爲"吏""史""事""使"分别立了
字頭，把竪筆分杈字形釋爲"吏"，不分杈者釋爲"史"，各字頭下的字
際關係表述爲："吏"用爲"使""事"；卜辭"史""事"同字；卜辭用
"吏"爲"事"；卜辭用"吏"爲"使"。金祥恒《續甲骨文編》未立
"吏"字頭，而設"史""事"兩個主字頭，"使"下云"史之重文"。金
氏把不分杈的字形釋爲"史"，把分杈的字形釋爲"事"，并認爲甲骨文
中没有"吏"字和｛吏｝這個詞。② 金書對"史""事""使"的處理方
式及對其間字際關係的認識，與《甲骨文編》有較大差别。

　　徐中舒在主編《甲骨文字典》時批評《甲骨文編》（包括《續甲骨文
編》）"所匯字形重複龐雜，或有摹寫失誤、識字不當之處"。③ 徐書
"在搜集字形方面是統覽每一字全部字形基礎上精選有代表性的字形，按
斷代標準分别列於各時期之下"（徐序）；各字按《説文》分别部居，可
隸定而《説文》所無之字，附於各部之後；凡無法隸定之字，均歸入與其
字形相近之偏旁部首之後，不再另立附録（凡例）。我們據該書目録統計，
其收字總數爲2855字，見於《説文》者1080字，其他隸定字38字，④ 可

① 陳夢家：《殷虚卜辭綜述》，北京：中華書局，1988 年，第 59 頁。
② 金祥恒：《續甲骨文編》，臺北：藝文印書館，1993 年。
③ 徐中舒主編：《甲骨文字典》，成都：四川辭書出版社，1989 年，序。
④ 大多是見於《説文》之外的字書的字，如《爾雅》《玉篇》《廣韻》《字彙補》等；
　個别字編者疑爲《説文》某字，但未按見於《説文》處理，如 813 頁之"冗"、
　1039 頁之"砆"；或《説文》漏收而見於偏旁者，如 960 頁之"免"、1319 頁之
　"妥"；還有個别字是根據其在卜辭中的確定用法而釋定的，如 1435 頁之"鼀"。

釋字共計 1118 字。該書收字總數遠遠少於《甲骨文編》，這跟文字的分合有很大關聯，如 706 頁 "貴" 字所收字形，《甲骨文編》分成了至少三個字（519 頁）。① 上文指出的《甲骨文編》的缺陷，該書也存在。以詞立字，會增加不少字頭，如 "秋" "作" 等在甲骨文中均不存在對應字形，但根據卜辭用法設立了字頭。這是以《説文》排比古文字資料必然存在的一種缺陷。按這種分法難以準確地統計出甲骨文的單字總量。

　　劉釗主編《新甲骨文編（增訂本）》也是按《説文》排序，該書凡例稱："部分甲骨文與《説文》的某字可能只是同形異字的關係，爲使用方便，仍按見於《説文》處理。"② 該書對不見於《説文》的字大多按其所從偏旁進行了隸定，③ 可釋字較之以往有大幅增加，這對甲骨文字的釋讀無疑是有推動作用的，也是古文字考釋中偏旁分析法在文字編中的有效貫徹。只有那些構形不明、難以隸定的字，方入附録。該書第一版後記（2009 年）云正編字頭約 2350 字，其中見於《説文》者約 1170 字。我們據增訂本統計其正編收字，字頭 2310 字，其中見於《説文》者 1237 字，附録 1224 字，合計 3534 字。該書立字也采用雙重標準。由於甲骨文中的很多表意字後世多爲形聲字代替（比如 131 頁 "拘"、681 頁的 "拇" 等），這種對應只能是詞對應。用《説文》排序，字頭與所屬字形不相應的情形比較普遍（如 28 頁 "芒"④、93 頁 "迅" 等）。該書 659 頁 "雲"，

---

① 《甲骨文編》合在一起的字，如卷二・四 "牢" 下所收還有從羊、從馬二形；《字典》82 頁 "牢" 字所收字形同，但從馬之形又見於馬部，單設字頭，且指出其當爲 "牢" 字異體（1072 頁）。《字典》釋從羊或從牛之字義爲 "用於祭祀之牛羊"，而釋從馬之字義爲 "養馬牢圈，即後世之厩"。也就是説，這三個字構意相同，但在卜辭中用法有別，這可能是《字典》把從馬之形另立字頭的原因所在（劉釗主編《新甲骨文編（增訂本）》544 頁直接釋爲 "厩"）。
② 劉釗主編：《新甲骨文編（增訂本）》，福州：福建人民出版社，2014 年。
③ 這是繼承《甲骨文編》的做法。《甲骨文字典》隸定字少，雖然在解説中進行結構分析，但字頭大多以原形摹録。
④ "芒"，《説文》云 "艸耑"，其所屬字形是指 "刀末"，其本字爲 "鋩"，《集韻》云 "刀端"。

用"雲"形統率"云",是讓甲骨文屈就《説文》。《説文》重出之字，該書也跟着重出（如 54 頁、518 頁"吹"字兩見）。甲骨文中以"蘿"表"觀"，所以"觀"便是一個屈就《説文》而設的字頭（518 頁），"鄉"亦如此（397 頁）。

由以上可以看出，按《説文》排序的甲骨文字編，我們無法據其統計甲骨文單字的實際數量，也無法統計可識字的數量，因爲能與《説文》或其他字書對應（字形對應）的不一定就是可識的。

李宗焜先生在很多場合説起其博士論文的撰寫初衷，就是爲了弄清甲骨文的單字數量，他於 2012 年 3 月出版了《甲骨文字編》一書，是按自然分類法部列甲骨文字，收單字 4378 個（隸定字 2369 個），其中可釋者（即可識者）1682 個（見於《漢語大字典》者 1365 字，未見於《漢語大字典》而音義基本可定者 317 字），單字總量多出《新甲骨文編》844 字。該書處理字形的方法更符合甲骨文實際情況，科學性更強，比如"有些隸定相同的字，因代表不同的詞，所以編爲不同的字號"。但該書同時仍然存在以詞統字的情形，比如 3530 號"登"收三類異體，一、二兩類都是筆畫層面有細微差異的異寫字，而第三類增加了"示"旁。該書"牢""窂""寫"分立字頭，且未把"寫"跟"厩"對應，表示動物牝牡的各專字也分立字頭，該書不設"禮""禘"等字頭，這些處理都是可取的，但又設立了"觀"（2112 號）、"迅"（2933 號）、"麓"（3702 號）等字頭。該書未能把形體因素貫徹到底，還是在用雙重標準。

通過以上分析，我們發現，現在學界在統計甲骨文單字數量時，觀念上和方法上都有一定的缺陷。我們認爲在做單字統計時，要嚴格貫徹形體原則，《漢字大字典》號稱收字 5.6 萬多，這是就字形而言的，而非按記詞職能認同歸并後的結果。所以，統計甲骨文單字數量時，第一，要把字與詞分開，嚴格貫徹依形體特徵統計單字總量的原則。異寫字按一字統計，異構字則應分別計算（如从彳的字或从行，用法不變，但字形結構不同，當分別統計）。當然，異寫、異構等字際關係的判定有賴於文字考釋的發展以及對文字系統的準確把握。第二，不能把數百年的甲骨文資料置於同一平面，要觀察歷時角度的語詞分化、文字分化與字量變化的關係。對於當時明確有異體分工的情形，也就是說形體差異有區別記詞功能的作用，應分別計入字量，以字統詞。第三，從文字完整記録語言的角度，説甲骨文系統是成熟的文字系統，沒有錯。但是把甲骨文跟小篆之後的文字系統作比，甲骨文形義系統尚缺乏概括性①和規範性②，而且甲骨作爲占卜材料，雖然内容豐富，但畢竟有局限。再者，當時文字的使用限於一定的範圍和社會階層，并非普羅大衆的日常之物，使用文字的人掌握的字量不能拿今天的情形去簡單想像。綜合考慮，甲骨文所使用的單字數量應該要多於後世規範化的文字系統。另外，很多學者考釋甲骨文時，總是試圖找出後代跟它對應的詞，這也没錯，但可以肯定的是，甲骨文中的很多詞并没有流傳下來，有的可能被其他詞替換了，所以，在跟甲骨文字形作詞的對應時，存在很大的不確定性，應該要特別慎重。現在的單字統計方法，無法準確揭示甲骨文形義系統的諸多真相，也會人爲製造出不少假像。

至於甲骨文可釋字的整理，王藴智先生和黄天樹師的成果具有代表性。王先生很早就從事這方面的研究，1999 年發表了《商代文字可釋字形的初步整理》一文，表列 1238 字。③ 據有關消息，將於 11 月 23—24 日在清華大學舉行的"紀念甲骨文發現 120 周年古典學論壇暨《甲骨文摹本大系》編纂座談會"，王先生又提交了《商代文字可釋字形的基本整理》的論文，可謂數十年都在傾心關注這一問題。黄天樹師曾對已識的 1231 個商代甲骨文逐字進行了結構分析。④ 這些所謂的可釋字指的都是形音義

① 如單義構件多、專門爲某個詞造的專字多。
② 古文字形義系統有很大的開放性、包容性，新的寫法、構形不斷進入文字系統，文字的書寫方向可以出於某種需要進行變換，等等。
③ 王藴智：《商代文字可釋字形的初步整理》，《中國文字》新二十五期，臺北：藝文印書館，1999 年；後收入《字學論集》，鄭州：河南美術出版社，2004 年，第 173—190 頁。
④ 黄天樹：《殷墟甲骨文形聲字所占比重的再統計——兼論甲骨文"無聲符字"與"有聲符字"的權重》，李宗焜主編：《出土材料與新視野》，臺北："中研院"，2013 年。

或音義可識的字，而非可隸定字。張德劭先生曾根據《甲骨文字詁林》所收考釋意見，進行了未釋字和已釋字的字數統計：《詁林》收字 3431 字，未釋字計有 1405 字左右（可隸定者 455 字），已釋字計 2026 字左右（只要有一家考釋意見就算已釋字），已釋字中考釋意見可信或比較可信的約有 1126 字（包括了 100 個左右的先祖稱謂合文），而完全沒有疑問的只有 711 字。① 怎麼才算得到確釋呢？陳夢家先生在《殷虛卜辭綜述》第二章“文字”中曾有過很好的論述，可以參看。由於這個問題已非本文主題所在，不再贅述。

（原載《中國書法》2019 年第 12 期）

① 張德劭：《甲骨文考釋簡論》，廣州：世界圖書出版廣東有限公司，2012 年，第5—6 頁。

毛公鼎銘補釋

寇占民

河池學院文學與傳媒學院

　　西周晚期著名青銅器毛公鼎（《集成》2841）自出土以來，已有學者對其銘文進行了考釋，全文大致可以通讀，但就銘文中一些字詞的釋讀，我們認爲還有可商榷之處。在前人研究的基礎上，我們對銘文中的"吉""閒""忝"字談一點看法，以求教於學術界。先將相關銘文隸定如下（釋文儘量用通行字體）：

　　王若曰：父厝，丕顯文武，皇天引厭厥德，配我有周，膺受大命，率懷不廷方，亡不閒于文武耿光。惟天甾（將）集厥命，亦惟先正襄辥（乂）厥辟，甹勤大命。肆皇天亡斁，臨保我有周，丕鞏先王配命。敃（旻）天疾威，司（嗣）余小子弗伋，邦將害（曷）吉？翩翩四方，大縱不静。嗚呼！趨余小子圂湛于艱，永恐先王。王曰：父厝，今余唯肈經先王命，命汝辥（乂）我邦我家内外，忝于小大政，粤（屏）朕位。

一、吉

　　學者對毛公鼎銘"邦將害（曷）吉"中"吉"的理解，可以説大同小異。自從徐同柏將鼎銘中"吉"訓爲"善"，後來學者大都從其説。

《商周青銅器銘文選》訓"吉"爲"好",① 洪家義先生訓"吉"爲"吉利",② 二者雖然用詞不同,但意思却是一致的,可謂一脈相承。對"吉"的這一解釋,學界至今多信不疑。我們認爲鼎銘中的"吉"字,并非上述學者所釋的"好""善"或"吉利"義,而應訓爲"穩固""安定"義。

"吉"字出現得很早,殷商甲骨文中已經大量地存在了。《説文》口部:"吉,善也。从士、口。"以前解釋"吉"字的人,多受《説文》的影響,對此字的形義解説始終没有中的。二十世紀以來,隨着出土文獻材料的增多,特別是對甲骨、金文的深入研究,學者們對《説文》中的這一解説提出了不同的見解。于省吾先生説:"契文𠱷字上从𠓛,象句兵形,下爲𥬇盧形。……𠱷形本象置句兵於𥬇盧之中。凡納物於器中者,爲防其毀壞,所以堅實之,寶愛之。故引申有吉利之意。《釋名·釋言》語:'吉,實也,有善實也。'从吉之字,義多爲堅實。"③ 朱芳圃先生認爲甲骨文的"𠱷"乃"𥎆"之初文,加口以示引申義。𥎆爲利器,故引申有善實、堅固之意。④ 馬叙倫先生認爲"𠱷"爲"碣"之初文。⑤ 季旭昇先生依據甲骨、金文中"吉"字有从士、从王(士與王同形⑥)之形,認爲"吉"字上部所从的"句兵",應爲"斧鉞"之形。⑦ 諸位學者對"吉"字的構形表意看法不一,但大多學者認爲其有"堅實"義。裘錫圭先生對"吉"字進行了總結,他説:

> 于、朱(引者按:指于省吾、朱芳圃)二氏都認爲"吉"所从的

---

① 馬承源主編:《商周青銅器銘文選》,北京:文物出版社,1988 年,第 3 卷,第 317—318 頁。
② 洪家義:《金文選注繹》,南京:江蘇教育出版社,1988 年,第 460、448 頁。
③ 于省吾主編:《甲骨文詁林》,北京:中華書局,1996 年,第 711 頁。
④ 朱芳圃:《殷周文字釋叢》,北京:中華書局,1962 年,第 5—6 頁。
⑤ 周法高主編:《金文詁林》,香港:香港中文大學,1974 年,第 654 頁。
⑥ 林澐:《士王二字同形分化説》,吳榮曾主編:《盡心集——張政烺先生八十慶壽論文集》,北京:中國社會科學出版社,1996 年,第 1 頁。
⑦ 季旭昇:《談甲骨文中的"耳、戉、已、士"部中一些待商的字》,《第三屆國際中國古文字學研討會論文集》,香港:香港中文大學,1997 年,第 193 頁。

像兵器，"吉"有堅實之義，這兩點是可取的。……由此可知，"吉"
字的本義就是堅實。吉利之義究竟是"吉"字的引伸義還是假借義有
待研究。①

裘錫圭先生認爲"堅實"是"吉"字的本義，確不可易。但大多學者都
認爲"吉"上部所從之形像兵器，我們認爲是有問題的。依據近年來花園
莊東地出土的甲骨材料來看，"吉"的上部可以獨立成字，例如：

　　　丙卜：惠瘥吉再丁。

　　　丙卜：惠玄仓（圭）再丁，亡絆。　　　　　　　（《花東》286）

　　　李學勤、王輝二先生都釋仓爲"圭"；王蘊智先生認爲是"士"字的
初文，可讀爲"圭"，"士"與"圭"乃同源字。② "圭"爲玉石，"吉"
從"圭"得義於堅實是極爲自然的。

　　　在殷周金文中，"吉"字作後世常用義"吉利"講的幾乎没有。據張
亞初《殷周金文集成引得》的統計，"吉"在殷周金文中共出現 555 次，③
其中表時間的專有名詞（初吉、吉）、作金的修飾語（吉金）和專有人名
共占 552 次，餘下 3 次是邢人鐘（《集成》109、111）銘"永終于吉"、
師奎父鼎（《集成》2813）銘"用匄眉壽、黄耈、吉康"和伯公父簠
（《集成》4628）銘"其金孔吉"。"吉金"與"其金孔吉"中的"吉"，
都應爲"堅固""堅硬"義，這一點，裘錫圭先生已經指出。至於"永終
于吉"和"吉康"這一句中的"吉"字，解作"安泰"義比解作"吉
祥"義更符合文意。

　　　另外，《漢語大詞典》中"吉玉""吉貝"中的"吉"，都解作"彩
色的"義。我們認爲也應與《花東》卜辭"吉圭"中"吉"的意義相同，
作"堅固"義解。

---

① 裘錫圭：《説字小記·説"吉"》，《古文字論集》，北京：中華書局，1992 年，第
　　643 頁。
② 裘錫圭：《説字小記·説"吉"》，《古文字論集》，第 643 頁。
③ 張亞初：《殷周金文集成引得》，北京：中華書局，2001 年，第 1511 頁。

　　綜上所述，把毛公鼎銘"邦將害（曷）吉"中的"吉"釋爲"好"
"吉利"，與上下文氣不貫，文意較爲牽强，而釋爲"穩固""安定"，
不僅與前文"肆皇天亡斁，臨保我有周，丕鞏先王配命"中，追述先祖
在上天的保佑下，"丕鞏先王配命"相銜接；又與後文"𩁹𩁹四方，大
縱不静"所述國家動蕩不安相照應。無疑將"邦將害（曷）吉"理解
爲"國家怎麼能夠安定"，要比理解爲"國家怎麼能夠吉利"更符合銘
文意圖。因此，毛公鼎銘中的"邦將害（曷）吉"一句中的"吉"字，
理解爲"穩固""安定"義符合銘文所表達的意思，也符合當時的語言
面貌。

二、閈

　　學者對鼎銘中"閈"的理解，不盡相同，迄無定論。主要有兩種觀
點：一種是王國維先生認爲"閈于文武耿光"同《尚書·立政》"以覲文
武之耿光"。① 後來學者多以此立説，從文字的音形義上尋找對"閈"的
解讀。郭沫若先生云："閈即明義，若察視義，言被文武之耿光所監臨
也。"② 高亨先生認爲："閈讀爲睭，《廣雅·釋詁》'睭，視也'。閈、睭
古通用。'睭于文武耿光'，即觀光賓王之意。"③ 郭沫若和高亨二先生釋
字不同，但釋義相近。所不同的是，郭沫若先生認爲"閈"的主詞是文武
耿光，高亨先生認爲"閈"的主語是不廷方。另一種是以《説文》爲依
據來解釋"閈"的字義。吳寶煒先生云："閈，《説文》：'門也。'門所以
限内外，閈猶限義。言文武德配皇天，受命有天下，光被四表，雖不庭之

---

① 王國維：《觀堂古金文考釋五種》，劉慶柱、段志洪主編：《金文文獻集成》，香港：
　　香港明石文化國際出版有限公司，2004年，第24冊，第498頁。
② 郭沫若：《兩周金文辭大系考釋》，上海：上海書店出版社，1999年，第136頁。
③ 高亨：《毛公鼎銘箋注》，劉慶柱、段志洪主編：《金文文獻集成》，第29冊，第
　　47—58頁。

國罔不懷柔同在光被限內。"① 以上觀點代表了學術界的主要意見，後來學者各有所從。

以"限"義來解釋"閖"，與銘文文意不合，牽强難通，這一點已有學者指出。郭沫若和高亨的解説，不僅有按圖索驥之嫌，在文意上也不順適。

"閖"字也見於戰國銅器中山王礜鼎（《集成》2840）銘"長爲人宗，閖于天下之物矣"。張政烺先生讀"閖"爲"衎"，《爾雅·釋詁》："衎，樂也。"朱德熙、裘錫圭先生認爲閖當讀爲"閑"，《爾雅·釋詁》："閑，習也。"② 我們認爲毛公鼎銘中的"閖"字，也應當讀爲"閑"，解作諳習義。毛公鼎銘中所述文王、武王因德高望重受到皇天的青睞，得以在人間作上帝之配，接受了統治天下的大命。也正因爲以德"懷不廷方"，才使得其德被不廷方所熟知。

"閖"字又見於 2003 年陝西省寶雞市楊家村出土的卅二年逨鼎銘文"余唯閖乃先祖考有爵于周邦"。學者對逨鼎銘中"閖"字的解釋也不盡相同，但我們認爲也應當讀作"閑"，解作諳習義最爲恰當。李學勤先生將逨鼎銘中此字隸定爲"閖"，讀爲"狎"，并依據《爾雅·釋詁》解作"習"。③ 可備一説。

三、忝

"忝"字在毛公鼎銘中出現過兩次：

> 命汝辥我邦我家内外，忝于小大政，粤朕位。
>
> 厥非先告父厝，父厝舍命，毋有敢忝專命于外。

---

① 吳寶煒：《毛公鼎文正注》，劉慶柱、段志洪主編：《金文文獻集成》，第 28 册，第 11 頁。
② 朱德熙、裘錫圭：《平山中山王墓銅器銘文的初步研究》，《文物》1979 年第 1 期，第 49 頁。
③ 李學勤：《眉縣楊家村新出土青銅器研究》，《文物》2003 年第 6 期，第 68 頁。

　　學者對鼎銘中"忐"的理解不盡相同，迄無定論。孫詒讓謂："忐，《説文》心部：'惷，愚也。从心春聲。'此从春省聲。"① 吳闓生謂："惷，動也。猶言施也。"② 于省吾先生隸定爲惷，訓爲亂。③ 高亨先生釋"忐"爲"專主"之義。④ 《商周青銅器銘文選》謂："惷，从心春省聲，讀爲擁，古'惷'與'擁'爲同部字之假借，擁爲持義。"⑤ 洪家義先生認爲"忐于小大政"中的'忐'，象雙手執杵錐心，是會意字，意爲"煩心"或"煩亂"，句意爲關心大小政事。"毋有忐專命於外"中的'忐'，則當訓爲亂，或隸定爲惷，訓愚。⑥ 此字也出現在禹鼎（《集成》2833）銘中："命禹續朕祖考，政于井邦。肆禹亦弗敢忐賜（易），共朕辟之命。"

　　各家對"忐"的隸定和釋義不盡相同，但隸定爲"惷"，明顯與字形不符，因爲"惷"所从的"春"在古文字中是从艸从日屯聲，所以此説早已不被人所信服。吳闓生隸定爲"惷"，解作動，但"惷"并没有動義。現在較爲流行的是孫詒讓的説法，但我們認爲這一觀點也是有問題的。

　　首先，從字形上看，將"忐"分析成从心从春省聲是没有依據的。"忐"字原篆爲：

毛公鼎（《集成》2841，西周晚期）

禹鼎（《集成》2833，西周晚期）

① 孫詒讓：《古籀拾遺》，北京：中華書局，1989 年，下册，第 27 頁。
② 吳闓生：《吉金文録》，北京：中華書局，1963 年，第 38 頁。
③ 于省吾：《雙劍誃吉金文選》，北京：中華書局，1998 年，第 131 頁。
④ 高亨：《毛公鼎銘箋注》，劉慶柱、段志洪主編：《金文文獻集成》，第 29 册，第 47—58 頁。
⑤ 馬承源主編：《商周青銅器銘文選》，第 3 卷，第 317—318 頁。
⑥ 洪家義：《金文選注繹》，第 460、448 頁。

此字上部（以下用△代替）所從形體在金文中没有單獨出現過，但作爲構字部件却有出現，它就是金文中“秦”所從的偏旁。“秦”在金文中有兩種形體，一種是從△從秝，一種是從△從臼從秝，例如：

A. 塱方鼎 （《集成》2739，西周早期）

洹秦簋 （《集成》3867，西周中期）

詢簋 （《集成》4321，西周晚期）

秦公鐘 （《集成》262，春秋早期）

B. 秦公簋 （春秋早期）①

據我們統計，在金文中 A 形有 31 例，從西周早期到戰國晚期都出現過（戰國晚期多有省去兩個“手”形的）；B 形只有 1 例，出現在秦公簋銘中。過去，金文著録書中將師酉簋（《集成》8.4289）銘中隸定爲“秦”字的，其實此字下部所從并不是“秝”，而是一“禾”、一“又”，這種形體能否隸定爲“秦”，是值得商榷的。

“秦”字早在殷墟甲骨文中就已經出現了，字形作，均象兩手持杵打禾之形。早期金文與之一脈相承，與春秋金文和《説文》籀文大致相同。通過這樣的考察，我們的結論是金文中從△從秝的“秦”是常例，而從△從臼從秝的“秦”爲特例。過去一些學者對金文中“秦”字形體演變上的認識存在着偏頗，認爲不從“臼”的“秦”，是省略了“臼”。現在看來是有問題的。甲骨文中“秦”没有一例從“臼”作的，西周金文“秦”與甲骨文一脈相承，都不從“臼”，到了春秋金文才出現從“臼”的“秦”字（只有秦公簋一例）。從文字發展的源流上和使用的頻率上看無"曰"爲常式，加"曰"是特例。"态"是西周晚期才出現的，從漢字的分化衍生規律來看，在原有文字基礎上組成新的漢字的過程中，對其構成部件的選擇上，只有兩個方向，就是聲符和意符。從對金文的實際考察中可以看出，"态"從春省聲，這種可能是很小的。"春"在金文中只出現過一次，作人名（伯春盉，《集成》9399）。當然，我們并不能説出現一次就不可能作其他字的偏旁了，但是，在正常情況下，人們所選擇的一定是當時常用的、熟知的形體，這是符合文字的組合原則和交際原則的。人們之所以認爲"态"從春省聲，而不認爲從秦省聲，主要是囿於《説文》的解釋。《説文》心部："惷，愚也。從心春聲。"孫詒讓就是以此闡發的，後來學者大多從之。這都是以《説文》釋字爲出發點，上溯到金文的，而沒有把"态"字放回到所出現時代的文字系統中去考察。

從字義上看，上述各家（除了高亨）對"态"釋義不僅與文意不合，而且有的難以兼顧毛公鼎銘和禹鼎銘中的文意，所以就出現了隨文釋義的解説。例如，把毛公鼎中兩個的"态"分別訓爲愚忠和莽撞、煩心和愚、忠厚和輕率等。所以，我們所討論的"态"字結構應爲從心從秦省聲。"秦"上古屬從紐真部，"專"上古屬章紐元部，真、元同爲陽部旁轉，聲紐一從一章，齒舌音通轉，① 在音韻上相通是沒有問題的。《商周青銅器銘文選》把"惷"讀爲"擁"，二字的韻部同爲東部，但聲紐書、影相隔較遠。"态"字的意義方面，高亨先生的解釋是可取的。從毛公鼎和禹鼎銘的文例看，态 應爲動詞，解作"專擅"或"專主"義是較爲恰當的。

附記：本文承蒙黄天樹師和劉源先生審閱并提出修改意見，謹致謝忱！

---

① 黄焯：《古今聲類通轉表》，上海：上海古籍出版社，1983 年，第 215 頁。

西周金文所見與征伐相關的幾種活動

商豔濤

華南師範大學國際文化學院

"國之大事，在祀與戎"。先秦時期，戰爭與祭祀一樣，是社會生活中的頭等大事，人們對此非常重視，在戰爭前後常舉行一些活動，以後逐漸形成了一系列較爲固定的禮儀制度，如傳世文獻中所記載的廟算、授兵、誓師、祭祀、獻俘等。此類活動在商周古文字材料中也有記載，如甲骨文中出師前就有祭祀河神、告廟、稱册、振旅等活動，① 戰事結束後還要舉行獻俘、大賞、祭祀等儀式，② 見諸西周金文者有"省道"、"孰王应"、"狩"、"振旅"、占卜祭祀等。這些活動是整個征伐過程的重要組成部分，通過它們可以更全面地了解征伐情況，以下結合甲骨文及文獻材料對西周金文中的相關活動試作探討。

一、省道、孰王应

據西周早期銘文記載，軍隊在正式出征之前，周王常先派人巡省道路，如果周王親自出征，還要提前建立周王的臨時住所，相當於後世的行

---

① 高智群：《甲骨卜辭所見商代出師禮儀》，吳浩坤、陳克倫主編：《文博研究論集》，上海：上海古籍出版社，1992年，第14—30頁。

② 參高智群：《獻俘禮研究（上）》，《文史》第三十五輯，北京：中華書局，1992年，第1—20頁；高智群：《獻俘禮研究（下）》，《文史》第三十六輯，北京：中華書局，1992年，第11—26頁。

宮，這類内容見於以下銘文：

王令中先，省南或（國）貫行，㲇应在由（曾）。史兒至，呂（以）王令曰：余令女（汝）史（使）小大邦，乓（厥）又舍女（汝）㧊量至于女（汝）庶小多□。中省自方，复迍（造）□邦，在霝（鄂）白鍊（次）。白（伯）買乓（厥）□□乓（厥）人戍（?）漢中州，曰叚、曰㽦，乓（厥）人□廿夫，乓（厥）貫諅言曰：賓□貝，曰傳□王□休，肆肩又羞余□□，用乍（作）父乙寶彝。

（中甗，《集成》949）

隹（唯）王令南宮伐反虎方之年，王令中先，省南或（國）貫行，㲇王应在夔障真山，中乎歸（饋）生鳳于王，㲇于寶彝。

（中方鼎，《集成》2751、2752）

隹（唯）十月甲子，王才（在）宗周，令師中眔静省南或（國）相（?），㲇应。八月初吉庚申至，告于成周。月既望丁丑，王才（在）成周大室，令静曰：卑女（汝）□，嗣（司）才（在）由（曾）、霝（鄂）白。王曰：静，易（賜）女（汝）鬯、旂、市、采霉。曰：用事。静揚天子休，用乍（作）父丁寶障（尊）彝。 （静方鼎，《集録》357）

據唐蘭先生考證，中甗、中方鼎皆爲西周昭王時器，銘文所載爲昭王南征荊楚前之事。[1] 静方鼎是近年來披露的一件西周早期銅器，研究者根據其用語、書體等判斷，多認爲其與上舉中組器爲同時之物，銘文内容亦與昭王伐楚有關。[2]

---

[1] 唐蘭：《西周青銅器銘文分代史徵》，北京：中華書局，1986 年，第 283—288 頁。

[2] 參李學勤：《静方鼎考釋》，《第三屆國際中國古文字學研討會論文集》，香港：香港中文大學中國文化研究所、中國語言文學系，1997 年，第 223—230 頁；李學勤：《静方鼎與周昭王曆日》，《夏商周年代學札記》，瀋陽：遼寧大學出版社，1999 年，第 22—30 頁；李學勤：《静方鼎補釋》，《夏商周年代學札記》，第 76—78 頁；徐天進：《日本出光美術館收藏的静方鼎》，《文物》1998 年第 5 期，第 85—87 頁；張懋鎔：《静方鼎小考》，《文物》1998 年第 5 期，第 88、90 頁；王占奎：《關於静方鼎的幾點看法》，《文物》1998 年第 5 期，第 89—90 頁。

　　中甗、中方鼎銘中之"王令中先省南國貫行"句有兩種讀法：一種連讀，中間不斷開；一種在"先"後斷開，分爲兩句讀。其中當以後一種斷法更爲合理。句中之"先"爲先導、先行義，"先"的這種用法古書習見，如《周禮·夏官·司馬》"若師有功，則左執律，右秉鉞以先，愷樂獻于社"鄭玄注："先猶導也。"又如《禮儀·士昏禮》"壻乘其車先"，《左傳》桓公十六年"壽子載其旌以先，盜殺之"、閔公二年"不先，國不可得也，乃先之"。另，《史記·淮南衡山列傳》"爲群臣先""常爲士卒先"亦屬同種用法。再有，同屬中期昭王時的中觶銘（《集成》6514）記載王賜中馬，命之曰"用先"，此"用先"與"先"含義相同，俱作先行之義。

　　"省南國貫行"中"省"指巡省、巡查，《説文》眉部："省，視也。"《爾雅·釋詁下》："省，察也。"《素問·氣交變大論》"省下之過與其德也"王冰注："省，謂省察萬國人吏侯王有德有過者也。""省"由單一的視、察義發展爲天子巡視四方的活動，即巡守（狩），《淮南子·精神》"禹南省方濟于江"高誘注："巡守爲省，視四方也。""省"的這種用法常見於金文，筆者已有專文論述，此處不贅。①

　　"行"前一字作𤰈，象二貝貫穿之形，諸家多釋爲"貫"。《説文》心部收有"患"字古文𤶠，上揭金文字形與其上部所從正同，"貫"當爲"串"的後起字。"行"，甲骨文象道路之形，文獻中亦多訓爲道，《詩經·召南·行露》"厭浥行露"、《邶風·北風》"攜手同行"、《鄘風·載馳》"亦各有行"毛傳皆訓行爲"道"，故"貫行"當指貫通道路，相類語句還見於西周中期的牆盤銘（《集成》10175）"唯貫南行"，亦指貫通從南方掠奪金屬的道路。② 先秦時期一直到戰國以前作戰以車戰爲主，而據考古出土的實物表明，當時使用的戰車非常笨重，行動起來十分不便，

---

① 商艷濤：《金文中的巡省用語》，《殷都學刊》2007 年第 4 期，第 67—68 頁。

② 裘錫圭：《史牆盤解釋》，《古文字論集》，北京：中華書局，1992 年，第 371—385 頁。

道路狀況的好壞直接影響到戰車的行動，《左傳》桓公三年、成公二年中曾記載戰爭中戰車因地面障礙物的阻擋而導致最終失敗的戰例，因此，交戰雙方必然會十分關注道路的情況，保持道路暢通無阻是作戰前準備工作中的一項重要內容。

楊樹達曾經指出，古人征伐時爲利於行軍計，必以通道路爲先務，并舉《左傳》莊公四年楚王伐隨"令尹鬥祁莫敖屈重除道梁溠營軍臨隨，隨人懼，行成"、《韓非子·説林下》"知伯將伐仇由，而道難不通，乃鑄大鍾遺仇侯之君。仇侯之君大説，除道，將内之，赤章曼枝諫，仇侯之君不聽，遂内之，七月而仇由亡"爲例。春秋早期晉姜鼎銘（《集成》2826）記載"卑貫通𢔘，征繁湯𤾡，取氒（厥）吉金"，此亦是先貫通道路後才進行征伐。① 楊説甚確，西周王朝爲了對廣大統治區域進行有效的控制，很重視道路的建設，據《詩經》《左傳》《國語》等文獻記載，西周在全國範圍内修築了許多通向四方的"周道""周行"，巴蜀、秦、晉、燕、齊、淮夷、申、荊，皆有道路可通。② 這種"周道"平直、寬闊，可容四馬并行，道路兩側種有樹木作爲遮蔭、標識以及戰爭時的遮蔽障礙之用，而且《周禮》中的"野廬氏""司險"專門負責道路通暢。漢代法令亦對道路上車輛行馳有明文規定，違者要受到懲罰。由此可見當時對道路狀況的重視程度。這其中的目的之一，就是爲了保障軍隊調動，便於加強對侯國的控制以及抵抗外族入侵。③

文獻中所記載的"周道""周行"也由考古發現得到了證實。1999 年在周原岐邑遺址齊家考古發現的道路遺迹，路面寬達 10 米，路面遺存留

① 楊樹達：《積微居金文説（增訂本）》，北京：中華書局，1997 年，第 110—111 頁。
② 顧頡剛：《"周道"與"周行"》，《史林雜識初編》，北京：中華書局，1963 年，第 121—124 頁。
③ 參楊升南：《説"周行"、"周道"——西周時期的交通初探》，《人文雜誌》叢刊第二輯《西周史研究》，1984 年，第 51—66 頁；張平轍：《從"安州所獻六器"銘文談到〈詩經〉中的"周道"、"周行"——紀念趙蔭棠憩之先生》，《西北師院學報（社會科學版）》1987 年第 3 期，第 79—82 頁；《中國軍事史》編寫組：《中國軍事史》，北京：解放軍出版社，1991 年，第 6 卷，第 19—21 頁。

有明顯的凹狀車轍痕迹，轍寬 20 釐米、深 10 釐米左右，共并列 8 條車轍，可分 4 組，可見此路爲當時 4 輛馬車并行的大型道路。這種寬闊、平直的道路正與《詩經》的記載相一致。①

另外"省道"又見於西周中期穆王時的𩰚鼎銘：

> 隹（唯）十又一月，師雝（雍）父省（省）道至于𣦻，𩰚從。其父蔑𩰚曆，易（賜）金。對揚其父休，用乍（作）寶鼎。
>
> （《集成》2721）

師雍父是穆王時期的重要軍事將領，據同是穆王時的录致卣（《集成》5419）、穧卣（《集成》5411）、遇甗（《集成》948）、𥅛尊（《集成》6008）等器銘記載，其人曾駐守軍事要地古𠂤，抵禦過淮夷的進攻，"省（省）道至于𣦻"當是作戰前的重要準備工作。②

另外，《尚書·費誓》記載魯侯出征徐戎、淮夷之前要"杜乃擭，敜乃穽"，這也是戰前清除道路的工作，與金文"貫行"屬同類性質。

"𫮃应"指設立王的臨時住所。"𫮃"字多以爲與"埶"同字，也即樹蓺之"蓺"之初文，其字古有樹、植義，後引申出樹立、建樹義。③ 後裘錫圭先生指出"𫮃"字與"設"古音相近，古音"埶"屬祭部，"設"屬月部，二字之間存在着嚴格的陰入對轉的關係，"埶"可讀爲"勢"，"勢""設"聲母相同。所以"埶""設"二字可以通用，在甲骨卜辭、戰國楚簡、漢代簡帛（郭店楚簡有之，武威漢墓所出《儀禮》亦多以"埶"爲"設"）以及古書中都有將"埶"用作"設"的例子；并認爲在新出的燹公盨銘"埶征"之"埶"亦當讀爲"設"，毛公鼎"埶大小楚

---

① 丁岩：《岐豐"周道"及相關問題》，《文博》2003 年第 4 期，第 7—10、16 頁。

② 據中甗、中方鼎、𩰚鼎銘看，中與𩰚負責巡行，其職守與《周禮·夏官·職方氏》所記職方氏之職"及王之所行，先道，帥其屬而巡戒令"相近，故陳高志以爲此二人或爲當時職方氏，可從。陳說見《西周金文所見軍禮探微》，臺灣大學博士學位論文，2002 年，第 276 頁。

③ 周法高主編：《金文詁林》，香港：香港中文大學，1974 年，第 4 册，第 1574—1586 頁。

（胥）賦”之“埶”也有可能讀爲“設”。① 其後李學勤、李家浩先生亦主此説。② 相較之下，讀“埶”爲“設”有傳世文獻及出土文字資料的根據，較之讀“蓺”更爲合理。

“应”字屢見於西周金文，除上文所舉中觶、中方鼎、静方鼎之外，又見於以下銘文：

唯八月才（在）晒应。　　　　　　　　　　（璃叔鼎，《集成》2615）

王才（在）上侯应。　　　　　　（不楷方鼎，《集成》2735、2736）

王才（在）遷应。　　　　　　　　　　　（智鼎，《集成》2838）

王才（在）减应。　　　　（元年師旅簋，《集成》4279—4282）

王才（在）杜应。　　　　　　　　　（師虎簋，《集成》4316）

王才（在）雍应。　　　　　　　　　　（蔡簋，《集成》4340）

王才（在）𤲞应。　　　　　　　　　　（農卣，《集成》5424）

隹（唯）四月初吉丁亥，穆王才（在）下减应。

（長甶盉，《集成》9455）

令小臣夌先省楚应。……王至于㴣应。（小臣夌鼎，《集成》2775）

揚乍（作）嗣（司）工，官嗣（司）量田甸，眔嗣（司）应，眔嗣（司）芻，眔嗣（司）寇，眔嗣（司）工史。

（揚簋，《集成》4294、4295）

“应”字原銘作（農卣）、（長甶盉）、（元年師旅簋）、（師虎簋）、（揚簋）（《金文編》662頁1563號），字或从厂，或从广，或从宀，該字形體與《説文》厂部訓爲“石聲也”之“庭”字篆文相

---

① 裘錫圭：《釋殷墟甲骨文裏的“遠”“𢘁”（邇）及有關諸字》，《古文字論集》，第1—10頁；裘錫圭：《古文獻中讀爲“設”的“埶”及其與“執”互訛之例》，《東方文化》第30卷第1、2期合刊，1998年，第39—45頁；裘錫圭：《虎公盨銘文考釋》，《中國歷史文物》2002年第6期，第13—27頁。

② 參見李學勤：《静方鼎補釋》，《夏商周年代學札記》，第76頁；湖北省文物考古研究所、北京大學中文系編：《九店楚簡》，北京：中華書局，2000年，第91頁。

近，但意義迥別。該字吳大澂、高田忠周、郭沫若等均釋"居"，吳闓生釋"宰"，唐蘭、張亞初釋"位"，陳夢家釋爲《説文》訓"行屋"之"廈"。① 雖各家釋法有別，但其所指諸家的認識還是較爲一致的，以上除去揚簋"卹应"外，"应"皆用在地名之後，從銘文内容看皆是周王出行時臨時所居之地，唐蘭、譚戒甫皆謂臨時蓋的行宫，② 義當近是。

由此看來，金文中"执应"指建立王的臨時住所，爲王親征作準備，與"省道""貫行"均是出征前的準備活動。

二、狩

狩獵是古時軍事訓練、演習的一種常見形式，甲骨文、金文中習見，據學者研究，在出土的十餘萬片甲骨文中，田獵刻辭約四千五百片，相當於總數的二十分之一。通過田獵活動，尤其是大規模的田獵，可以訓練士卒的戰鬥意志和實戰能力，培養軍事情報、運輸等後勤人員，還能獲得更多軍需品的補給。卜辭中有時田獵和捕獲異族俘虜結合在一起，這種狩獵活動很明顯地帶有軍事性質，如：

[丙] 寅卜：[子] 效 [臣] 田，[不] 其隻（獲）羌。

（《合集》194）

丙寅卜：子效臣田，不其 [隻（獲）] 羌。 （《合集》195甲）

丙寅卜：子效臣田，隻（獲）羌。 （《合集》195乙）

庚戌卜：今日戰（狩），不其毕（擒）印。十一月。

（《合集》20757）

西周金文中的狩獵活動與甲骨文相似，仍然具有軍事訓練、演習的性質。從現有的金文材料來看，當時對狩獵也很重視，周王曾親自參

① 周法高主編：《金文詁林》，第 11 册，第 5771—5776 頁。
② 周法高主編：《金文詁林》，第 11 册，第 5771—5776 頁。

加，如：

> 交從獸（狩），逨即王，易（賜）貝，用乍（作）寶彝。
>
> （交鼎，《集成》2459）
>
> 唯征（正）月既望癸酉，王獸（狩）于眂廩，王令員執犬，休
> 善，用乍（作）父甲鼎彝。　　　　　　（員方鼎，《集成》2695）

殷商金文亦有商王親自參加狩獵的記載，如宰甫卣：

> 王來獸（狩）才（在）豆录（麓），才（在）礙脒（次），王鄉
> （饗）酉（酒），王光宰甫貝五朋，用乍（作）寶鼎。（《集成》5395）

金文中有些狩獵活動與戰事關係非常密切，如西周早期啓尊銘：

> 王出獸（狩）南山，貺逖山谷，至于上侯慛川上，啓從征，董不
> 夔，乍（作）且（祖）丁寶旅尊彝，用匄魯福，用夙夜事。
>
> （《集成》5410）

同人所作器還有啓卣，其銘曰：

> 啓從王南征，逿山谷，才（在）洀水上，啓乍（作）且（祖）
> 丁旅寶彝。　　　　　　　　　　　　　　　（《集成》5983）

此二銘所載事類相關，皆是周王出巡途中的活動，二者或爲同時事，從巡行用語"征"可以看出，這次巡行帶有武裝出巡的性質，劉雨先生認爲文中之"征"與南征楚荆有關，是出征前的準備活動。① 從銘文內容看，這種看法有一定道理，發動戰爭之前往往會加緊軍事訓練、演習，古今中外皆然，不過古時多借助狩獵的形式。

文獻中也有征伐時進行狩獵的記載，《逸周書·世俘》載武王在伐商的過程中有過一次大規模的狩獵活動：

---

① 劉雨：《西周金文中的軍事》，張永山主編：《胡厚宣先生紀念文集》，北京：科學
　　出版社，1998 年，第 228—251 頁。

　　武王狩，禽虎二十有二，貓二，麋五千二百三十五，犀十有二，
氂七百二十有一，熊百五十有一，羆百五十有一，豕三百五十有二，
貉十有八，麈十有六，麝五十，麇三十，鹿三千五百有八。

孔晁注："武王克紂，遂總其國，所獲禽獸。"陳逢衡云："《孟子》曰
'園囿、汙池、沛澤多而禽獸至'，武王蓋因其有而狩之。"諸家多以爲這
是一場單純的狩獵活動，但是在伐商的戎馬倥傯之際，似不會專門再舉行
一次如此規模的狩獵，此次活動是應與軍事相結合的，既能借此整頓、訓
練軍隊，也能顯示軍威，威懾敵人，還可搜捕殘敵，追亡逐北。據《孟
子·滕文公下》記載，"周公相武王誅紂，伐奄三年討其君，驅飛廉於海
隅而戮之，滅國者五十，驅虎、豹、犀、象而遠之，天下大悦"，這大概
也是在征戰之際進行的一場軍事性的狩獵活動。①

三、振　　旅

　　金文中軍隊出征前有時還要"振旅"，以此壯大軍威、鼓舞士氣，此
見於西周早期中觶銘：

　　　　王大省公族于庚，屖（振）旅，王易（賜）中馬自𤔲侯四𫘤，
南宫兄（貺），王曰：用先。中（仲）𢼸王休，用乍（作）父乙寶障
（尊）彝。　　　　　　　　　　　　　　　　　　　（《集成》6514）

　　"庚"下一字原銘作𣎆，于省吾《雙劍誃吉金文選》釋"辰"，唐蘭
《西周青銅器銘文分代史徵》、考古所《殷周金文集成釋文》均釋"振"，
唐蘭認爲"從屮的字，小篆常變爲從手，如𤔲即擇，𥃩即招，弄即奉、捧
之類。……《詩·采芑》：'振旅闐闐。'《爾雅·釋天》：'振旅闐闐。出
爲治兵尚威武也；入爲振旅，反尊卑也'"，并言"此當是昭王第一次南

① 　王貴民：《商周制度考信》，臺北：明文書局：1989 年，第 237 頁。

征歸來時振旅後所作"。① 從字形上看，該字從辰從廾，按照古文字的一般原則，"手""廾"義近可通，唐蘭等釋"振"可從。

"振旅"是一種軍事行爲，後世論者與唐文看法相同，一般都認爲是戰爭結束歸來時的行爲，但是從整篇銘文來看，這種説法并不妥當。與中觶同時出土的同人所作之器還有中方鼎、中甗等，中方鼎銘"唯王令南宮伐反虎方之年，王令中先，省南國貫行……"，中甗銘"王令中先，省南國貫行……"，銘中之"先"，楊樹達認爲是"先行"之義，并舉《周禮·夏官·大司馬》"右秉鉞以先"、《禮儀·士昏禮》"壻乘其車先"、《左傳》桓公十六年"壽子載其旌以先"、《左傳》閔公二年"不先，國不可得也，乃先之"爲證，并云中觶銘中之"用先"指"命中乘王所賜之馬先行"。② 從幾篇銘文來看，"先"當是出征之前的行爲，則中觶銘"振旅"亦當在出征之前。把"振旅"看作軍隊歸來的行爲實是囿於前人的注解，雖然《左傳》《公羊傳》《穀梁傳》以及《周禮》鄭注都認爲軍隊"入爲振旅"，但是從文獻記載來看，"振旅"用法并不限於此，《漢語大詞典》已指出其既可用於整隊班師，又可指一般意義上的整頓部隊、操練士兵，如《國語·晉語》："宋人弑昭公，趙宣子請師於靈公以伐宋，……乃使旁告於諸侯，治兵振旅，鳴鐘鼓，以至於宋。"《漢書·李廣傳》："振旅撫師，以征不服。"又明劉基《春秋明經·公會齊侯》："今楚而敢伐徐，則以不救黄而覘桓公之不能矣。公能於此而振旅焉，猶可及也。"唐文中所舉《詩經·采芑》"振旅闐闐"也不是軍隊歸來時的行爲，原詩作："方叔涖止，其車三千，師干之試。方叔率止，鉦人伐鼓，陳師鞠旅。顯允方叔，伐鼓淵淵，振旅闐闐。"此節是描寫方叔南征楚荆時的威武陣容，文中之"振旅"如程俊英所言，古代練兵亦有"振旅"之事，此指戰前訓練士兵。③ 祝中熹曾結合古文字材料對"振旅"的用法作過分

---

① 唐蘭：《西周青銅器銘文分代史徵》，第 289 頁。
② 楊樹達：《積微居金文説（增訂本）》，第 110 頁。
③ 程俊英：《詩經譯注》，上海：上海古籍出版社，2005 年，第 509—510 頁。

析，并對其原意進行了辨析，指出"振旅"不是一般意義上的整頓軍隊，而是一種激勵士氣、發揚軍威的儀式，有具體的操作要求，并舉《周禮·夏官·大司馬》 "中春，教振旅，司馬以旗致民，平列陳，如戰之陳。……中夏，教茇舍，如振旅之陳。……中秋，教治兵，如振旅之陳，辨旗物之用"，以此來説明"振旅"操作有別於其他的練兵形式，但其陣列爲一種標準陣列，爲各類訓練共同采用，舉行"振旅"儀式時，還要有軍樂伴奏，《國語·吳語》"黄池之會"時"王乃秉枹，親就鳴鐘鼓、丁寧、錞于，振鐸，勇怯盡應，三軍皆嘩扣以振旅，其聲動天地"可證。祝文還言"振旅"用在戰前是爲了壯軍威，鼓士氣；用在戰後則是爲了顯戰功，慶勝利。① 高智群先生也指出，商代甲骨文中統治者在起兵鎮撫地方時就已經用"振旅"之禮整頓軍隊，② 周代治兵、振旅本無戰前、戰後的分別，將其作爲出入習戰之專名乃是後起之事。③ 中觶銘中的"振旅"則是其用在出征之前的又一證據，可與傳世文獻互證。

四、祭祀占卜

據傳世文獻及甲骨文、金文材料記載，商周時期祭祀活動非常頻繁，且名目繁多，祭祀的目的多是希望上帝、祖先神靈能給予福佑，或祈求糧食豐收，或是戰争勝利，或是出行無災，或是風調雨順。商周時期戰争與祭祀密切聯繫，戰争期間常舉行祭祀活動。金文中征伐之前的祭祀見於西周武王時期的利簋銘：

① 祝中熹：《"振旅"新解》，《人文雜誌》1992年第5期，第79—82頁。
② 高智群：《甲骨卜辭所見商代出師禮儀》，吳浩坤、陳克倫主編：《文博研究論集》，第14—30頁。另外，鍾柏生、張永山先生都曾對殷商甲骨卜辭中的"振旅"作過研究，參鍾柏生：《卜辭中所見殷代的軍禮之二——殷代的大蒐禮》，《中國文字》新十六期，臺北：藝文印書館，1992年，第41—163頁；張永山：《商代軍禮試探》，中國社會科學院考古研究所編：《二十一世紀的中國考古學——慶祝佟柱臣先生八十五華誕學術文集》，北京：文物出版社，2006年，第468—478頁。
③ 高智群《獻俘禮研究（下）》，《文史》第三十五輯，第11—26頁。

珷（武王）征商。隹（唯）甲子朝，歲，鼎（貞），克昏，夙又（有）商。辛未，王才（在）闌自（師），易（賜）又（右）事（史）利金，用乍（作）旜公寶障（尊）彝。　　（《集成》4131）

銘文中"歲鼎"之"歲"指歲祭，① 這種祭祀又多見於商代甲骨卜辭，如：

甲子卜，行貞：王賓歲無尤。才（在）正月。（《合集》22722）

乙卯卜，行貞：王賓毓且（祖）乙歲窜無尤。才（在）九月。

（《合集》23144）

丁酉卜，行貞：王賓父丁歲無尤。才（在）二月。

（《合集》23184）

[戊]□卜，尹[貞：王]賓大丁奭[妣戊]歲小窜無尤。才（在）三月。　　　　　　　　　　　　　　　　　（《合集》23309）

丁巳卜，行貞：王賓父丁歲□無尤。才（在）四月。

（《合集》23185）

壬申卜，行貞：王賓歲二牛叔無尤。（《合集》25096）

□□卜，[貞：]王賓□□歲三牛。（《合集》25099）

研究者認爲這種歲祭卜辭的"歲"是殺牲祭祖先的祭名。②

用爲祭名的"歲"也出現於近年殷墟花園莊出土的甲骨卜辭中：

甲申：惠大歲，又（侑）于且（祖）甲。不用。

甲申：惠小歲，施于且（祖）甲。用。一羊。　　（《花東》228）

這裏"大歲"和"小歲"對舉，可能是指歲祭的規模大小而言，卜辭中

---

① 趙誠、黃盛璋、王宇信、徐中舒等均主歲祭説，以上均見徐中舒等：《關於利簋銘文考釋的討論》，《文物》1978 年第 6 期，第 77—84 頁。

② 吳孫權：《〈利簋〉銘文再議——與"歲星説"者商榷》，《古文字研究》第二十三輯，北京、合肥：中華書局、安徽大學出版社，2002 年，第 59—72 頁。連劭名先生對商代歲祭作了較爲全面的研究，見連劭名：《商代歲祭考》，《考古學報》2007 年第 2 期，第 179—206 頁。

的"大御""大祈"等祭祀現象屬於同類性質，這種祭名與單稱祭名是同一種祭祀形式。①

"歲鼎"之"鼎"，這裏讀爲"貞"，甲骨文"貞"字皆作"鼎"，《説文》謂"古文以貞爲鼎，籀文以鼎爲貞"。"歲貞"即歲祭時進行占卜貞問，在天命觀念統治人們的商周之際，決定戰爭之類的大事，很自然地要通過祭祀進行貞問。②

這種出征時的祭祀、占卜，先秦文獻中多有記載，如《禮記·王制》："天子將出征，類乎上帝，宜乎社，造乎禰，禡於所征之地。受命於祖，受成於學。出征，執有罪，反，釋奠於學，以訊馘告。"鄭玄注："禡，師祭也，爲兵禱。其禮亦亡。"《周禮·大祝》："大師，宜於社，造於祖。設軍社，類上帝。國將有事於四望，及軍歸獻於社，則前祝。"賈公彥疏："言'大師'者，王出六軍，親行征戰，故曰'大師'。云'宜於社'者，軍將出，宜祭於社，即將社主行，不用命戮於社。……云'類上帝'者，非常而祭曰類。軍將出，類祭上帝，告天將行。云'國將有事於四望'者，謂軍行所過山川，造祭乃過。"《墨子·明鬼篇》引古語曰："吉日丁卯，周代祝方，歲於社者考，以延年壽。"《左傳》僖公十五年載秦伐晉時，"卜徒父筮之，吉：'涉河，侯車敗'"。《左傳》昭公十七年："吳伐楚，陽匄位令尹，卜戰，不吉。"《史記·齊太公世家》："武王將伐紂，

① 張永山：《説"大歲"》，《黃盛璋先生八秩華誕紀念文集》，深圳：中國教育文化出版社，2005 年，第 16—18 頁。

② 趙誠説參徐中舒等：《關於利簋銘文考釋的討論》，《文物》1978 年第 6 期，第77—84 頁。學界對於"歲鼎"還有不同的理解，張政烺等學者認爲"歲"字指歲星，"歲鼎"指歲星正當其位、歲星在天空、與歲星相對等。我們認爲此説未當，銘文中利爲"右史"，掌管祭祀、占卜的職責，正如趙誠、黃盛璋等人所指出的，因爲利祭祀、占卜有功，受到周王獎賞，故而作器紀念。如按照歲星正當其位理解，則與後文利有功受賞失去了照應，而把"歲鼎"理解爲祭祀、占卜與人物身份相符合。另外，商代的大量卜辭中記有商人在戰爭中進行占卜、祭祀，據吳孫權對一至五期戰爭征伐對象的研究，認爲商代戰爭中經常進行祭祀，祭祀對象主要爲先公、先王以及自然神，據卜辭内容看，卜辭中的歲祭也只能理解爲殺牲以祭。周承商制而來，利簋之"歲"也應作此解。

卜龜兆，不吉，風雨暴至。”《史記·周本紀》也有“九年，武王上祭於畢，東觀兵，至於盟津”的記載。由此看來，先秦戰前占卜乃是常有之事，利簋之“歲貞”正當爲此義。

金文征伐之前的祭祀活動還有“尞（燎）”祭，見於西周早期的保員簋銘：

> 隹（唯）王既尞（燎），氒（厥）伐東尸（夷）。才（在）十又一月，公反（返）自周。己卯，公才（在）虘，保員邐。辟公易（賜）保員金車，曰：用事。隊于寶毁（簋，簋）用鄉公逆洀事。
>
> （《集録》484）

“唯王既尞（燎），氒（厥）伐東尸（夷）”是説尞（燎）祭之後就去征伐東夷。① 金文中的“尞（燎）”祭也可於征伐之後舉行，見於西周早期的小盂鼎及敔伯𣪕簋：

> 隹（唯）八月既望，辰才（在）甲申，昚（昧）喪（爽），三ナ（左）三右多君入服酉（酒）。明，王各（格）周廟，……盂拜䭬（稽）首，吕（以）嘼進，即大廷。王令燮（榮）□□□□□嘼御氒（厥）故。［曰］越白（伯）□□戠（鬼）𪊨虘吕（以）新□從。咸，折嘼于□。［王乎（呼）□□令盂］吕（以）聝入門，獻西旅，□□尞（燎）周［廟］，……王各（格）廟，祝。（小盂鼎，《集成》2839）
>
> 隹（唯）王伐逨魚，𢓊伐淖黑，至，尞（燎）于宗周。
>
> （敔伯𣪕簋，《集成》4169）

---

① 參張光裕：《新見保員簋試釋》，《考古》1991 年第 7 期，第 649—652 頁；劉雨：《西周金文中的軍事》，張永山主編：《胡厚宣先生紀念文集》，第 228—251 頁。對於器銘中的燎祭時間，馬承源先生根據小盂鼎（《集成》2839）、敔伯簋（《集成》4169）銘文及《逸周書·世俘》中所載燎祭皆在征伐之後進行，從而認爲保員簋銘中之燎祭也當於得勝歸來之後，而不是在出征之前，參馬承源：《新獲西周青銅器研究二則》，《中國青銅器研究》，上海：上海古籍出版社，2002 年，第 296—302 頁。

"尞"，《説文》火部："柴祭天也。从火从眘。眘，古文慎字。祭天所以慎也。"①甲骨文作 ※（一期）、※（一期）、※（先周），金文作 ※（《古文字類編》507 頁），羅振玉以爲"此字實从木在火上，木旁諸點象火焰上騰之狀"，陳夢家同意羅説，以爲卜辭"尞"字本象木在火中，諸點象火焰，从火之 ※ 出現較晚，爲重疊孳乳字。② 該祭名字本作"尞"，爲"燎"之初文，文獻用"燎"。

陳夢家通過對卜辭中燎祭的研究，認爲燎祭用於天帝及一切有勢之自然權力，凡昊天上帝、日月星辰、風雨，皆以燎祭祀之，是上古自然崇拜的表現。③ 文術發博士認爲，卜辭燎祭對象雖然十分廣泛，但主要用以祭祀殷之神話祖先神或自然神諸如河、岳、土等，真正用以祭祀天神的實際上很少，祭祀上帝神的還沒有確證。燎祭用牲範圍廣泛，沒有牲類的限制，從時間上説，也沒有特定的祭日。④

西周金文中的燎祭見於以上三器銘文。《逸周書·世俘》亦載武王伐紂兵歸，"朝至，燎于周廟"，可見此種祭禮與征伐關係密切，劉雨先生將其歸入軍禮還是很有道理的。從燎祭的地點來看，小盂鼎、《逸周書》都是在周廟，敔伯戲簋在宗周，保員簋雖然未言地點，但從"公反自周"來看，燎祭的地點也應是在宗周。綜合起來看，燎祭當均在宗周之周廟進行，所祭

---

① "眘"當作"眘"，《説文》"慎"字古文作 ※，其字从火从日，此已爲金文及楚簡文字所證實，《玉篇》所收"慎"之古文"眘"當爲其訛字。參劉樂賢：《釋〈説文〉古文慎字》，《考古與文物》1993 年第 4 期，第 94—95 頁；陳劍：《説慎》，《簡帛研究 2001》，桂林：廣西師範大學出版社，2001 年，上册，第 207—214 頁。

② 文術發：《商周祭祀銘文研究》中山大學博士學位論文，1999 年，第 20 頁。

③ 文術發：《商周祭祀銘文研究》第 17 頁。

④ 文術發：《商周祭祀銘文研究》，第 16—20 頁。李錦山曾對燎祭起源作過研究，根據考古材料推斷燎祭起源於東部沿海地區，見李錦山：《燎祭起源於東部沿海地區》，《中國文化研究》1995 年春之卷，第 37—42 頁。王貴生、許科分別對周初燎祭儀式、燎祭用物作了專文探討，見王貴生：《周初燎祭儀式考辨》，《中國典籍與文化》2008 年第 1 期，第 99—106 頁；許科：《燎祭用物及其意義》，《四川大學學報（哲學社會科學版）》2008 年第 3 期，第 138—143 頁。

祀者當爲祖先神靈，所用祭品小盂鼎爲馘，敦伯戝簋、保員簋雖未提及，也應該是馘一類的戰利品，其祭祀目的不外乎感謝祖先神靈佑助征伐得勝。

金文中於征伐後舉行的祭祀除燎祭外，還有䍊祭和禘祭。䍊祭見於西周早期塱方鼎銘：

> 隹（唯）周公于征伐東尸（夷），豐白（伯）、尃（薄）古（姑）咸戈。公歸䍊于周廟。戊辰，酓（飲）秦酓（飲）。公賞塱貝百朋，用乍（作）障（尊）鼎。 （《集成》2739）

"䍊"字原銘作![字],譚戒甫先生以爲該字上從廾隹倒置，下從示正寫，是"薦"會意兼形聲的本字，凡在神前殺以薦血皆謂之薦。① 唐蘭先生讀爲"獲"，以爲本義是捕獲鳥用以祭祀，戰爭中的俘獲稱獲，這裏應是向祖先報告俘獲的祭祀。② 孫稚雛師認爲該字所從之廾與又同義，字當隸定作襪，是一個從示隻聲的形聲字，讀如獲，爲獲俘獻祭之專字。③ 詹鄞鑫先生進一步認爲襪就是文獻中的貉祭，後作"禡"。④

按，該字甲骨文常見，上部所從之廾有省作"又"者，亦有完全省略者，還有的可以省去示，隹形也可正書，其字形象兩手奉雞牲於示前。先看幾條卜辭用例：

> 貞：翌乙丑亦䍊于唐。 （《合集》952 正）
> 乙未卜：其䍊虎，陟于且（祖）甲。 （《合集》27339）
> 壬子卜：叀今日䍊兕。 （《合集》32631）
> ……䍊孚羊自大乙。 （《屯南》4178）
> 甲戌卜：且（祖）乙其生䍊。 （《合集》32545）

---

① 譚戒甫：《西周〈塱方鼎〉研究》，《考古》1963 年第 12 期，第 671—673、678 頁。
② 唐蘭：《西周青銅器銘文分代史徵》，第 43 頁。
③ 孫稚雛：《金文釋讀中一些問題的商討》，曾憲通主編：《古文字與漢語史論集》，廣州：中山大學出版社，2002 年，第 81—92 頁。
④ 詹鄞鑫：《釋甲骨文"禡"字》，《中國文字研究》第三輯，南寧：廣西教育出版社，2002 年，第 176—183 頁。

從卜辭用例看，禽是一個可以跟直接賓語的動詞，表示某種祭祀活動，都是以動物爲祭牲，有時禽與表示擒獲的"隻""禽"關係密切，如：

□子卜……

庚寅卜：其區禽。

弜區禽。　　　　　　　　　　　　　　　　　　　　（《屯南》629）

丁丑，貞其區單（擒）。

弜區單（擒）。　　　　　　　　　　　　　　　　　（《屯南》300）

後王射兕，禽。　　　　　　　　　　　　　　　　　（《屯南》2358）

貞：其射鹿，隻（獲）。　　　　　　　　　　　　　（《合集》10320）

從以上兩組用例對比可以看出，"禽"有時與表示擒獲的"隻""禽"含義相近。文術發博士認爲，"禽"祭是一種較爲特殊的祭祀，既可以單獨進行，也可以與其他祭祀并用，祭祀時王要親自參加，祭祀對象爲有功德的先王。從時間看，該種祭祀在武丁、武乙、文丁時期較爲流行，塑方鼎之"禽"祭當是殷商之遺俗。① 從文意來看，把該字看成是獲俘獻祭之用字應該較爲合理，從字形看似爲從廾從隹從示的會意字，其義與俘獲、獻祭相關，唐蘭等釋"獲"當近是。

金文禘祭見於小盂鼎"征□□□□邦賓，不□，□□用牲啻（禘）周王、〔武〕王、成王□□王□"，其爲征伐得勝歸來獻俘禮中的一項内容。禘祭還見於以下西周銘文：

唯五月，王才（在）□，辰才（在）丁卯，王啻（禘），用牲于大室，啻（禘）卲（昭）王。　　　　（剌鼎，《集成》2776）

隹（唯）王卅又四祀，唯五月既望戊午，王才（在）莽京，啻（禘）于珝（昭）王。　　　　　（鮮簋，《集成》10166）

隹（唯）九月初吉癸丑，公酚祀。雩旬又一日，辛亥，公啻

_____

① 文術發：《商周祭祀銘文研究》，第14—15頁。

（禘）酓辛公祀。　　　　　　　　　　　　　（繁卣，《集成》5430）

唯六月初吉丁子（巳），王才（在）奠（鄭），蔑大曆，易
（賜）芻羊（騂）劅（牭），曰：用啻（禘）于乃考。

（大簋，《集成》4165）

又見於春秋時期的蔡侯尊、蔡侯盤：

元年正月初吉辛亥，蔡侯申虔共大命，上下陟祜，歔敬不惕，肇
輾天子。用詐（作）大孟姬縢彝鑑，禋享是台，備（祇）盟嘗啻
（禘），祐受毋巳。　　　　（蔡侯尊、蔡侯盤，《集成》6010、10171）

禘祭也多次出現於商代甲骨卜辭，如：

……帝于王亥……　　　　　　　　　　　　　（《合集》14748）

癸未卜：帝下乙。　　　　　　　　　　　　　（《合集》22088）

□亥卜：帝伐自上甲。用。　　　　　　　　　（《合集》34050）

甲寅卜：其帝方一羌、一牛、九犬。　　　　　（《合集》32112）

戊寅卜：九犬帝于西。二月。　　　　　　　　（《合集》21089）

癸卯卜：帝自入。十月。　　　　　　　　　　（《合集》15973）

從字形看，禘祭之"禘"，甲骨文作"帝"，金文作"啻"，傳世文獻作
"禘"，蓋字原作"帝"，"啻""禘"皆當由其分化而來。金文中禘祭主要
流行於西周中期，尤其是穆王時期，直到春秋還繼續沿用。從舉行時間來
看，禘祭没有嚴格時間限制，金文中正月、五月、六月、八月、九月、十月
都可進行。祭祀對象可以是單個祖先神，也可以是諸神合祭。祭祀者既可是
周王，也可是王公貴族。禘祭在當時應該是一種非常盛大的祭典，小盂鼎銘
記載在獻俘之後康王就在周廟中向"周王、〔武〕王、成王"等祖先神進行
禘祭，其場面當十分隆重。禘祭還可以與其他祭祀一起進行，小盂鼎中的禘
祭在"燎周廟"之後，蔡侯尊、蔡侯盤"祇盟嘗禘"也是如此。

傳世文獻中之禘祭多為重大祭祀，《爾雅·釋天》"禘，大祭也"，
《禮記》鄭玄注、《吕氏春秋》高誘注、《玉篇》等皆作此。此外，尚有三

年、五年一褅之説,《説文》段注還根據文獻記載歸納出"時褅""殷褅"
"大褅"。① 總之,褅祭在前人看來是非常重要的活動,因而也倍受重視。

除去以上所舉之外,金文中與征伐相關的活動尚有定兵謀、誓師等内
容,均可與文獻互證,有待進一步探討。

引書簡稱表:

《集成》　　　《殷周金文集成》

《集録》　　　《近出殷周金文集録》

《合集》　　　《甲骨文合集》

《花東》　　　《殷墟花園莊東地甲骨》

《屯南》　　　《小屯南地甲骨》

附記: 本文原係舊作,此次除個别改動之外,其餘一仍其舊。近年來
西周銘文研究又有了新的進展,出現了很多新的研究成果,與本文相關的
成果大致有裘錫圭《再談古文獻以"埶"表"設"》(《先秦兩漢古籍國
際學術研討會論文集》,社會科學文獻出版社 2011 年)、王誠《古書中讀
爲"設"的"埶"及其與"执"互訛補例》(《古籍研究》2016 年第 1
期)、董珊《启尊、启卣新考》(《文博》2012 年第 5 期)、張振林《篇章
語法在西周銘文析字、解詞中的作用》(紀念中國古文字研究會成立三十
年國際學術研討會論文,2008 年)、趙誠《〈利簋〉銘文補釋》(《歷史語
言學研究》2014 年第 1 期)、張念征《利簋銘文新探》(《管子學刊》
2017 年第 1 期)、湯志彪《"甲子朝歲貞克聞夙有商"解詁》(《歷史研
究》2019 年第 3 期)等,讀者可自行參看。

(原載《東方文化》第 43 卷第 1、2 期合刊,2010 年)

---

① 宗福邦、陳世鐃、蕭海波主編:《故訓匯纂》,北京:商務印書館,2003 年,第
1609—1610 頁。關於殷周褅祭,也可參董蓮池:《殷周褅祭探真》,《人文雜誌》
1994 年第 5 期,第 75—78 頁。

説地名字"鄂"及其相關地理問題

馬保春

首都師範大學歷史學院

　　有關地名字"鄂"及早期鄂地、鄂國的探討，羅振玉①、葉玉森②、聞一多③、馬承源④、于省吾⑤、何光岳⑥、徐少華⑦、張昌平⑧、李學勤⑨、羅運環⑩等前輩學者已從文字學、歷史學、考古學、文獻學、地理學等角度做了不少工作，如于省吾、羅運環認爲舊釋爲"噩"的那個從數口桑聲的甲骨文是"喪"字，從桑得聲，金文喪字再增聲符"亡"等。今就"鄂"字演變及有關古地名、國名的地理問題稍作補充，敬請專家指正。

　　傳世文獻所見的地名字"鄂"，可作古邑名、古國名、縣名。《左傳》

① 羅振玉:《殷虛書契考釋三種·增訂殷虛書契考釋（中）》，北京:中華書局，2006 年影印本，第 533—534 頁。

② 葉玉森:《殷契鉤沉》，《學衡》第二十四期，1923 年。

③ 聞一多:《釋噩》，《聞一多全集》，武漢:湖北人民出版社，1993 年，第 10 册，第 560、561 頁。

④ 馬承源:《記上海博物館新收集的青銅器》，《文物》1964 年第 7 期。

⑤ 于省吾:《甲骨文字釋林》，北京:中華書局，1979 年，第 75—77 頁。

⑥ 何光樂:《揚子鱷的分布與鄂國的遷徙》，《江漢考古》1986 年第 3 期。

⑦ 徐少華:《鄂國銅器及其歷史地理綜考》，《考古與文物》1994 年第 2 期。

⑧ 張昌平:《噩國與噩國銅器》，《華夏考古》1995 年第 1 期。

⑨ 李學勤:《由新見青銅器看西周早期的鄂、曾、楚》，《文物》2010 年第 1 期。

⑩ 羅運環:《甲骨文金文"鄂"字考辨——湖北省簡稱鄂字溯源》，《古文字研究》第二十八輯，北京:中華書局，2010 年，第 92—99 頁。

隱公六年："翼九宗五正頃父之子嘉父逆晉侯于隨，納諸鄂。晉人謂之鄂侯。"杜注："鄂，晉別邑。"《史記·殷本紀》："（紂）以西伯、九侯、鄂侯爲三公。"《集解》引徐廣云："（鄂）一作'邘'，音于。野王縣有邘城。"紂所封三公實對應三國。又《說文》邑部："鄂，江夏縣。從邑咢聲。"即鄂是江夏郡所轄的一個縣，一般源於早期古國。而從與"鄂"相關的甲骨文、金文、戰國文字的演變來看，傳世文獻用"鄂"指稱的早期古邑名、古國名甚至縣名，當另有他字，與後來的"鄂"可能有某種淵源關係。

一、北方秦系"鄂"字的演變

"鄂"從咢從邑，爲地名，《說文》邑部收有該字，隸定作"鄂"，秦篆作"𨚍"，許慎云："江夏縣，從邑咢聲，五各切。"鄂所從的"咢"，《說文》收在"吅部"下，秦篆作"𮥌"，云："譁訟也。從吅屰聲。五各切。"可見，"鄂"是以"咢"爲聲符的。𮥌，隸定作𡂨。"譁訟"就是雙方爭吵、爭辯的意思。清人鈕樹玉《說文解字校錄》："（𡂨），《玉篇》作咢。"《集韻·鐸韻》："𡂨，隸作咢。"則鄂（鄂）所從的"咢"實際上是"𡂨"，後形變而作"咢"。又亏、虧相通而有"咢"。"𡂨"從字形上看，是一個從吅屰聲的字，《說文》干部有"屰"字，云："不順也。從干下屮屰之也。"許慎對字義的解釋是可取的，但對字形的分析不對，應是倒"大"爲屰，"大"乃正面人形。甲骨文中從倒大"𝌏"的 （《合集》5951）、（《合集》4914）等形被釋爲"逆"字已能證明這一點。由前引《說文》可知，"𡂨"下部的"屰"乃是其聲符，"吅"當是義符。看來"屰"是一個既表義又表聲的字。另外，《說文》辵部收"遌"字，小篆作 ，云："相遇驚也。從辵從咢咢亦聲。"從甲骨文就有"逆"字來看，這個字應該是從吅從逆逆亦聲。《列子·黃帝》"遌物而不慴"，《釋文》遌作遻。由聲音的相迎引申爲遇到人和事物。

甲骨文屰字多見，如 （《合集》20472 𠂤組）、（《合集》26879

無名組），還有从辵的 〔圖〕（《合集》5951 典賓）、〔圖〕（《合集》4914 典
賓）等。商代金文亦有屰，如 〔圖〕（《集成》4815 亞屰卣）、〔圖〕（《集成》
8059 癸屰爵）、〔圖〕（《集成》1035 屰鼎）、〔圖〕（《集成》7339 逆爵），皆
爲倒書之正面人形。西周金文的逆字，如早期的 〔圖〕（《集成》4301 作册
夨令簋）、〔圖〕（《集成》6133 逆父觶）、〔圖〕（《集成》5874 逆作父丁尊）、
〔圖〕（《玟茵堂藏中國銅器》① 100 逆簋）、〔圖〕（逆尊②）等；中期的 〔圖〕
（《集成》2487 伯〔圖〕父鼎）；晚期的 〔圖〕（《集成》60—63 逆鐘）、〔圖〕
（《集成》106 楚公逆鎛）、〔圖〕（楚公逆鐘③）、〔圖〕（《集成》2835 多友
鼎）等，有的倒寫人形的胳膊已被拉平成爲一橫筆。戰國早期的 〔圖〕
（《集成》4096 陳逆簋）；戰國中期的 〔圖〕（《集成》12110—12113 鄂君啓
節），在倒寫人形的頭項部加一小橫飾筆；戰國晚期簡文有 〔圖〕（睡虎地秦
簡《秦律雜抄》簡 38）、〔圖〕（睡虎地秦簡《日甲》簡 44）、〔圖〕（睡虎地
秦簡《日甲》簡 51 背貳），這時還出現了从吅从屰的 〔圖〕（睡虎地秦簡《日
書》簡殘 6）等。先秦古璽有 〔圖〕（《古璽文編》2·10），秦篆有 〔圖〕（《説
文》吅部）、〔圖〕（《説文》辵部）、〔圖〕（《説文》邑部）。漢代金文有 〔圖〕
（鄂邑家鈁④），漢印有 〔圖〕（《漢印文字徵》6·23 鄂丞之印⑤）等。

以上先秦逆字中的“倒人形”在秦篆中形變爲“〔圖〕”，楷書變爲
“屰”。“〔圖〕”加“口”或“吅”旁分化出表爭訟義的 〔圖〕、〔圖〕，小篆作
〔圖〕形，由此造出地名專字 〔圖〕，即鄂。隸變後的倒人形“屰”又與“丏”
“亏”形近相訛，出現“咢”“鄂”“鄂”等形；又因“亏”“于”形近而
與“邘”相訛互通。

---

① 葛亮：《〈玟茵堂藏中國銅器〉有銘部份校讀》，復旦大學出土文獻與古文字研究
中心網站，2009 年 12 月 11 日。
② 董珊：《疑尊、疑卣考釋》，《中國國家博物館館刊》2012 年第 9 期。
③ 劉緒：《晉侯邦父墓與楚公逆鐘》，高崇文、安田喜憲主編：《長江流域青銅文化研
究》，北京：科學出版社，2002 年。
④ 徐正考：《漢代銅器銘文綜合研究》，北京：作家出版社，2007 年，第 611 頁。
⑤ 羅福頤：《漢印文字徵》卷六，北京：文物出版社，1978 年，第 23 頁。

　　殷墟甲骨文中的"屰""逆"已可通用，有反向、倒向、相對、相逆、相迎、逆行、迎受等義，如表示逆向的祭祀。① 另外，也可作動詞和副詞用，卜辭云：

　　　　壬戌貞：王逆▨以羌。

　　　　于滴王逆以羌。

　　　　辛酉［貞］：王其逆［▨］［以］［羌］。

　　　　王于宗門逆羌。　　　　　　　　　（《合集》32035 歷二類）

　　　　癸丑卜，貞：勿▨令逆比▨于▨。　（《合集》4914 白賓間類）

　　　　丙寅卜：［貞］：令逆▨比于▨。六月。

　　　　　　　　　　　　　　　　　　　　　（《合集》4915 白賓間類）

"屰""逆"在甲骨卜辭中也可作國族名、人名、地名，卜辭云：

　　　　貞：乎取屰。　　　　　　　　　　（《合集》2960 正 賓一類）

　　　　扶▨角取逆芻。　　　　　　　　　（《合集》112 白賓間類）

　　　　乎逆執……

　　　　光不其獲羌。　　　　　　　　　　（《合集》185 典賓類）

　　　　貞：勿乎逆執▨，不玄冥。小告。　（《合集》5951 正 賓出類）

　　　　逆入十。　　　　　　　　　　　　（《合集》270 反 賓一類）

　　　　屰入六。　　　　　　　　　　　　（《花東》20）

　　　　貞：惟逆▨。　　　　　　　　　　（《合集》567 賓出類）

　　　　貞：乎取邑。

　　　　貞：［勿］乎［逆］。

　　　　貞：乎逆。　　　　　（《合集》4919+15528+39983 典賓類）

　　　　乙卯卜，章貞：乎田于屰。　　　　（《合集》10961 典賓類）

　　　　戊屰，弗雉王衆。

---

① 裘錫圭：《甲骨卜辭中所見的逆祀》，《出土文獻研究》第一輯，北京：文物出版社，1985 年。

戍嵩，弗雉王衆。

戍骨，弗雉王衆。

戍逐，弗雉王衆。

戍🐾，弗雉王衆。

五族其雉王衆。

戍屰，其雉王衆。　　　　　　　　　（《合集》26879　無名三類）

由卜辭的時代看，大約在武丁早中期，逆族曾與商爲敵，故商有"取屰""取逆䔉"的占卜，到武丁中晚期，逆族已被商征服，從而向商王朝進貢物品，并受到商王的命令差遣，商王也進行過是否要到逆地去遊獵的占卜。據商代考古資料，大約商代晚期、① 特別是武丁以後，② 商王朝實際有效控制（可暫用遺址内是否出土有明顯商文化因素遺存的標準判斷）的地域在西方、南方大爲收縮。無名類卜辭大致是武丁之後康丁至武乙時期及其前後的，此時正處於西、南邊疆收縮後的時期，逆族有可能處於縮減後的邊疆地帶，爲此商王曾派人戍守其地。《合集》26879 中，戍逆地與戍嵩、骨、逐、🐾等地被同版占卜，貞問逆等五族會不會組編陳列王衆。説明逆地可能與此四地有一定的關聯，或相近，或可能均在邊疆之地。可見，逆地不會離商都太近。

嵩作🦌、✡、💠等形，商王曾步於嵩地，嵩族女子也曾嫁於王室。卜辭云：

　　癸未卜，賓貞：王往于嵩。　　　　　（《合集》8284　賓一類）

　　□卯卜：婦嵩有子。　　　　　　　　（《合集》13935　自賓間類）

---

① 中國社會科學院考古研究所編著：《中國考古學·夏商卷》，北京：中國社會科學出版社，2003 年，第 305 頁。

② 張光直引羅伯特·巴格利（Robert Bagley）有關湖北盤龍城的著作 *P'an-lung-ch'eng: A Shang City in Hubei* 的觀點，認爲無數甲骨文材料顯示，武丁以後處於漢水流域的盤龍城地區已經不再是安陽各王有保障的領地了，王朝範圍大約在安陽時期開始縮減。詳見張光直：《商代文明》，北京：北京工藝美術出版社，1999 年，第 298—300 頁。

鍾柏生認爲澌地在殷西，今山西南部一帶。① 骨地似乎在南土，卜
辭云：

> 己未卜，貞：多<img_char>無尤，在南土。
>
> 辛酉卜，貞：雀無尤。南土骨告事。
>
> 辛酉卜，貞：雀無尤。南土骨告事。
>
> 庚申卜，貞：雀無尤，南土骨告事。
>
> 庚申卜，貞：雀無尤，南土骨告事。　　　（《合集》20576 正 自肥筆）
>
> 丁未卜，貞：何骨告。
>
> 丁未卜，貞：<img_char>骨告事。　　　（《合集》20577 自肥筆）
>
> ⋯⋯允<img_char>率以骨芻。　　　（《合集》97 正 賓一類）
>
> 貞：侯以骨芻。允以。　　　（《合集》98 正 賓一類）

小屯南地甲骨亦見逐地，曾是田獵地。卜辭云"⋯⋯戍逐，其雉王
衆"（《屯南》4200），又云"⋯⋯辰⋯⋯桑貞：⋯⋯田逐⋯⋯"（《懷特》
1855）。<img_char>暫釋爲何，可作族氏名、地名，卜辭云：

> 貞：何不其以羌。
>
> 貞：何以羌。　　　（《合集》274 正 賓一類）
>
> 癸亥卜，賓貞：令何受乎<img_char>小臣祕衣。　　　（《懷特》961）
>
> 貞：令寧以射，何祕衣。四月。
>
> 貞：其有尤。在兹。
>
> 貞：令何受乎<img_char>小臣祕衣。　　　（《懷特》962）

"何受"即何族的首領"受"，<img_char>字《殷墟甲骨刻辭類纂》釋爲
"<img_char>"，即《説文》束部的"<img_char>"字，"束也"，這裏是"族氏名"。"祕
衣"可能都是小臣所從來之族地，即分别來自祕地和衣地的作商王朝小臣
職務的人。可見何地與祕地、衣地有一定的聯繫。郭沫若以爲衣地即殷

─────────────

① 鍾柏生：《殷商卜辭地理論叢》，臺北：藝文印書館，1989 年，第 287—289 頁。

地，即《水經・沁水注》所謂"（沁水）又東逕殷城北"之"殷城"，在今沁陽縣，[1] 陳夢家進一步指出，殷地沁水南而懷縣在沁水北。[2] 而柲又與戉、沚共版，似乎有相近的可能。卜辭云：

戊午卜，殼貞：令戉柲沚。其遘…… 　　　（《合集》174 典賓類）

……師，令柲長。 　　　（《合集》4242 典賓類）

辛亥卜，殼貞：乎戉往柲沚。 　　　（《合集》4284 典賓類）

丙辰卜，即貞：惠柲出於夕。御馬。 　　（《合集》23602 出二類）

戊戌卜，貞：田柲。往來無災。王占曰：大吉。在……

　　　　　　　　　　　　　　　　（《合集》37473 黃類）

沚爲武丁時 𢀡 方入侵之地，[3] 陳夢家以爲在今河南陝縣。[4] 鍾柏生認爲戉在山西平陸縣附近。[5] 由此，《合集》26879 提到的五族戍邊之地，可能多在殷之西方、南方的邊疆地帶。這正符合武丁以後商王朝在西方、南方疆域有所縮減的歷史事實。

但是，甲骨文中并無从叩的"咢"字。所以，後世在"咢"的基礎上增邑旁而造出的地名字"鄂"之所指，是否與它的聲符"𠴳"中的"屰"字在晚商時代所指之地有一定的聯繫，目前還無法判斷。從《說文》邑部所收 180 餘個从邑之字的另外一個偏旁多爲該字聲符的情況看，"𠴳"可能也只是"鄂"的聲符而已。

"𠴳"所从的"叩"，《說文》解釋爲"驚呼也"，這裏表示雙方發聲之口，"𠴳"本義可能是逆向或相迎的聲音。《爾雅・釋樂》"徒擊鼓謂之咢"，清代郝懿行《爾雅義疏》："按《初學記》引《爾雅》有'聲比於琴瑟曰歌'一句。""𠴳"音樂上可能指以器樂之聲伴奏歌聲，二者之間是一種迎

---

① 郭沫若：《卜辭通纂》，東京：文求堂，1933 年石印本，第 635 頁。
② 陳夢家：《殷虛卜辭綜述》，北京：科學出版社，1956 年，第 259 頁。
③ 李學勤：《殷代地理簡論》，北京：科學出版社，1959 年，第 34 頁。
④ 陳夢家：《殷虛卜辭綜述》，第 296—297 頁。
⑤ 鍾柏生：《殷商卜辭地理論叢》，第 174 頁。

對、相和之義。引申爲雙方爭辯的聲音此消彼長、互相打斷、人聲嘈雜的情狀。"咢"當與逆（遻）通，《文選》所收馬融的《長笛賦》："掌距劫遻，又足怪也。"李善注："言聲之相逆遻也。"就是雙方言語上的相逆。

雖然甲骨文中目前還没有發現从口从屰或从叩从屰的字，但西周晚期的多友鼎銘文中有一個从口从逆的𫍯字，从口从叩可通，所以它似乎與"咢"有一定的聯繫。多友鼎記載了武公、多友爲西周王室擊敗北方民族的入侵，從而得到賞賜的事情。鼎銘後段説："公親曰多友曰：余肇使汝休，不逆有成事，多擒。汝静京師，錫汝……"其中"有成事"，按李學勤先生的意見猶云"有功"，指軍事行動獲勝。[1] "𫍯"字，劉雨解釋説："《玉篇》'咢，歐咢也'。此假爲順逆之逆。"[2] 李仲操引《玉篇》"逆，度也"，謂事先預度也，不逆乃不料的意思。[3] 我們認爲，𫍯可釋爲咢，與咢通，當爲爭辯、討論的意思，多友鼎銘文記述了多友率王師縱橫戰場，大獲全勝，戰果頗豐。在論功行賞時，不用爭辯、不用討論，一定是"有成事"的。這段話的意思是，武公對多友説："我現在馬上確定一下你的功勞，不用爭辯（毋庸置疑），你取得了很大的成功，戰果很豐富。你安定了京師。賞賜你……"把"𫍯"讀爲"咢"，還是比較通順的。

戰國晚期的睡虎地秦墓竹簡《日書》簡殘6有𡂥字，羅運環先生認爲就是"咢"字。[4] 該殘簡云"……人祠（伺），有細𡂥，毋（無）大……"，𡂥應當就是"咢"字。可見，表示爭辯義的"咢"在西周金文和戰國簡中都已經出現，《説文》叩部"咢，譁訟也"的解釋可能就是從這裏來的。後來，大約在戰國時期，在"咢"的基礎上加邑旁造出了地名字"鄂"，即"鄂"。"鄂"的地望是不是與它的聲符咢有關，目前不能確定。但甲骨文的中的"屰""逆"與"鄂"上古音都是鐸部疑母的入聲字，他們之間或許存

① 李學勤：《論多友鼎的時代及意義》，《人文雜誌》1981 年第 6 期。
② 劉雨：《多友鼎銘的時代與地名考訂》，《考古》1983 年第 2 期。
③ 李仲操：《也釋多友鼎銘文》，《人文雜誌》1982 年第 6 期。
④ 羅運環：《甲骨文金文"鄂"字考辨——湖北省簡稱鄂字溯源》，《古文字研究》第二十八輯，第 97 頁。

在一定的聯繫。由甲骨文的"屰（逆）"到多友鼎的，再到睡虎地秦簡的，再到《説文》的、，它們應該是一脈相承的北方文字系統。據前文，逆地應該在商代晚期康丁武乙前後商代西南邊疆一帶。

二、南方楚系"噩""鄂"的變化

南方楚系的"噩"字，其源頭當是甲骨文所見的 ▓（《合集》21936＝《乙編》1486，非王卜辭，圖1），其辭云：

> 癸丑，貞：旬……壬……執……
> 癸丑：噩率……

這是一條刻於背甲上的卜辭，受回紋溝的影響，拓片上"噩"字較模糊。《殷墟甲骨刻辭類纂》未釋"噩"字，依拓片字形摹爲"卂"，將這條卜辭釋

《乙編》1486

圖1

讀爲"癸丑：卂伯率"，[1] 釋"噩"字右下部所從的"口"形爲"伯"。《甲骨文合集釋文》釋爲"噩"，[2] 這是對的。曹錦炎、沈建華《甲骨文校釋總集》釋爲"舋"。[3] 李宗焜《甲骨文字編》"口"部據《乙編》1486摹爲"▓"，未釋，[4] 我們知道《合集》乃據《乙編》翻印，較爲模糊。因此，據《乙編》所摹應該更接近原刻。"▓"形中部雖仍有一塊模糊，但大部分還是較爲清晰的，從四口，中間有"十"字形構件，其整體字形與金文▓（《集成》02833禹鼎）甚爲接近，當釋"噩"較妥。

---

[1] 姚孝遂主編，肖丁副主編：《殷墟甲骨刻辭類纂》，北京：中華書局，1989年，第1223頁。

[2] 胡厚宣主編，王宇信、楊升南總審校：《甲骨文合集釋文》，北京：中國社會科學出版社，1999年，第31936條。

[3] 曹錦炎、沈建華編著：《甲骨文校釋總集》，上海：上海辭書出版社，2006年，第2503頁。

[4] 李宗焜編著：《甲骨文字編》，北京：中華書局，2012年，第258頁。

《合集》21936 的 "率" 在甲骨文中一般作副詞講，金祥恒認爲 "率" 義猶大盂鼎之 "雩殷正百辟，率肆於酒" 之 "率"，有 "皆也、悉也" 之義。[1] "噩率" 之 "噩" 當爲人名、國族名、地名，類似的辭例如：

貞：■率以■芻。 （《合集》95 典賓類）

貞：■弗其率以……一月。 （《合集》4012 賓三類）

□□，貞：侯以骨芻。 （《合集》98 正 賓一類）

……允■率以骨芻。 （《合集》97 正 賓一類）

"■" "侯" 均可作人名、國族名。與 "噩率" 之 "噩" 的體例相同。■常用爲 "載"，訓 "行"，此外也可作國族名、地名。[2] 《合集》95 是貞問■會不會全部把來自■地的打草人員送來？目前甲骨文中的 "噩" 僅此一見，這可能與商代後期南方疆域收縮、已經退出了此前所開發的以湖北黄陂盤龍城爲代表的南方勢力範圍有關，而噩正好位於商人退出的範圍中，因此與商王朝的往來減少。

傳世和出土的鄂國銅器較多。湖北隨州安居羊子山在 1975 年、2007 年、2013 年相繼出土了一批西周時期噩國青銅器。[3] 西周初年金文有■（噩侯尊）、■（噩侯罍）、■（逆尊[4]），西周早期的■（《集成》5325·1—2 噩侯弟曆季卣），西周晚期的■（《集成》2810 噩侯馭方鼎）以及■、■、■（《集成》2833 禹鼎）。戰國中期以來出現了加 "邑" 旁的 "鄂" 與 "噩" 并存，如■（《集成》12110—12113 鄂君啓節）及■（《包山楚簡》簡 76）、■（《包山楚簡》簡 193）、■（《包山楚簡》簡 164），戰國中晚期的■（清華簡《繫年》）及■（上博簡《弟子問》簡 19）等。

羅運環先生釋金文■爲 "鱷"，即作爲動物的鱷。他指出，"噩"

---

① 金祥恒：《釋率》，《金祥恒先生全集》，臺北：藝文印書館，1990 年，第 4 册，第 1325 頁。

② 于省吾：《雙劍誃殷契駢枝續編》，函雅堂珂羅版，1941 年，第 39 頁。

③ 隨州市博物館：《湖北隨縣發現商周青銅器》，《考古》1984 年第 6 期；隨州市博物館編：《隨州出土文物精粹》，北京：文物出版社，2009 年。

④ 董珊：《疑尊、疑卣考釋》，《中國國家博物館館刊》2012 年第 9 期。

"鱷"當與"萬（萬）""蠆（蠆）"二字關係相類似。▨除去四口剩下的部件屬於動物類化符號，象其足爪之形；其從四口者，如唬字，其意都在突出其令人印象深刻的吼鳴聲。以鱷魚的吼鳴聲作爲此字的讀音，是一個會意字。這是"噩"字的原始創意，也是"噩"字的本義。"噩"字在西周金文中用爲國名、地名和人名屬於引申義。① "噩"的這個含義大概在戰國時就被"鄂"所取代了。用動物象形字加邑旁構成地名字，《説文》邑部的䣜、鄳、鄘、鄑、鄔、鄴等皆屬此類。

大約在秦至西漢早期小篆、古隸并存時期，特別是秦始皇統一文字時，可能因爲形音俱近的原因將南方楚系的▨（鄂）和北方秦系的▨（䣜）統一成北方秦系的鄂（鄂）了，從而導致了後世認識上的混亂，而清華簡《繫年》所見晉文侯逆平王於"少鄂"之"鄂"作▨，是南北兩系通用的依據，這也可能將互用通作的時間上推到戰國時期。在統一成"鄂"字之前▨（䣜）和▨（鄂）是兩個不同的地名。前者在北方，應當是個城邑之名，範圍較小。最早可聯繫到甲骨文的"屰""逆"等，西周有▨，秦篆有▨、▨、▨（䣜）等。鄂可能是晉侯曾避居之地，非唐都，非晉初封地。以卜辭看，可能在晚商西南邊疆一帶。南方的"噩"在今湖北江漢地區，是個古國名或區域之地名，前後有遷徙，範圍較大，從而影響也較大。最早當亦見於甲骨文，作"▨"，金文作▨，而後有▨，傳世文獻所見最早當是《史記·楚世家》："熊渠甚得江漢間民和，乃興兵發庸、楊粵，至於鄂。……乃立其……中子紅爲鄂王，……皆在江上楚蠻之地。"至遲秦漢時爲縣。東漢許慎撰《説文》時將"鄂"作爲江夏郡之縣的專字。可見，從晚商甲骨文▨一直到戰國晚期從四口的"噩"以及由它造出的"鄂"是一脈相承的，與由甲骨文▨、▨到西周金文的▨及由此分化出來的▨，再到戰國晚期睡虎地秦簡的▨，再到《説文》所收的▨、▨系統完全不同。

下面列出"逆""噩"兩系統的地名字合并爲"鄂"的結構圖：

---

① 羅運環：《甲骨文金文"鄂"字考辨——湖北省簡稱鄂字溯源》，《古文字研究》第二十八輯，第95、96頁。

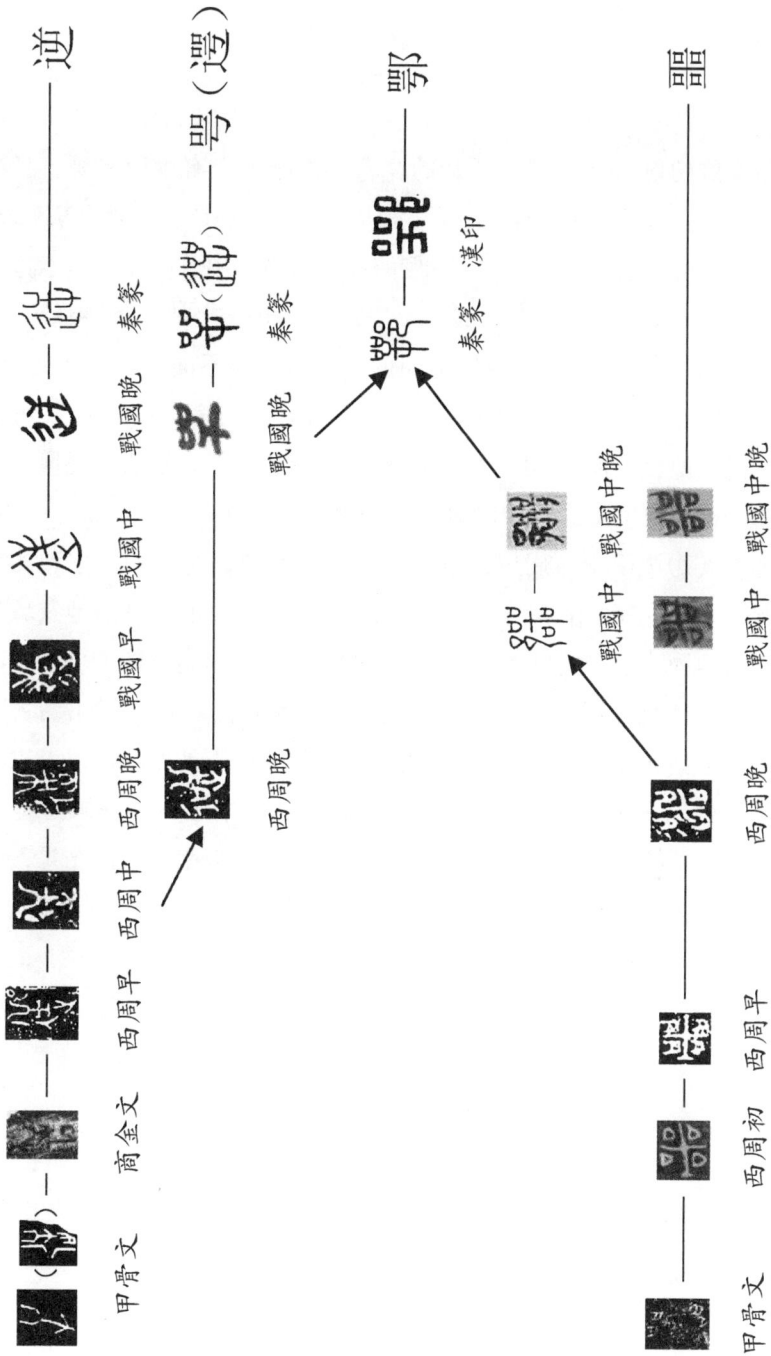

圖 2

結　語

　　傳世文獻的地名字"鄂"所從的"咢"在字形上有兩種來源，且都始於甲骨文：一是甲骨文"屰""逆"和从口或从叩从屰、逆的秦篆系統，另一來源是甲骨文的"噩"（ ）和西周、戰國金文中的"噩"（ ）。大約在秦用小篆統一文字之時，經由形變和通假關係， 和 被統一成 （鄂）了。實際上之前是兩個不同的字，也表示不同的含義和地名。"逆"系統在北方，"噩"系統在南方。《左傳》隱公六年的"鄂"可能是北方的逆，源於商代，與甲骨文的逆地有一定的聯繫，在商代晚期殷都西南邊疆一帶。傳世文獻所謂殷紂三公的鄂，實應爲噩，當在殷之南土，今湖北隨州安居羊子山西周銅器墓所在可能就是這個古噩國。它和西北昌、九侯正好分據殷之南、西、東北三方，爲商王控制和管理邊地及域外諸方。進入西周時期，隨州之噩受到周人的打擊，有向南遷徙的可能。戰國中期的鄂君啓節有 字，其所代表的地區已不再是隨州羊子山的古鄂國，可能在今湖北鄂州一帶。今湖北鄂州的東鄂和南陽的西鄂所出考古材料都早不到西周早期。① 故此，我們推測它們是自羊子山古噩國遷徙去的，只不過東鄂的出現，可能是古噩人戰敗後主動向東南逃亡的結果，而西鄂很有可能是周人班師回朝時遷徙部分噩人至此的。

　　附記：本文的寫作得到黃天樹師、劉樂賢老師和王子楊老師的幫助，謹致謝忱！

（原載《古文字研究》第三十一輯，中華書局 2016 年）

---

① 柴中慶：《南陽鄂國地望考》，《楚文化研究論集》第七輯，長沙：嶽麓書社，2007年；龔長根：《鄂王城考略——兼談鄂君古城》，《湖北省考古學會論文選集（一）》，武漢：武漢大學學報編輯部，1987 年。

楚簡《周易》革卦"改日"考釋[*]

于 茀

哈爾濱師範大學文學院

　　上海博物館藏戰國楚簡《周易》（以下簡稱"楚簡《周易》"）於2003 年底刊布，① 至今已過去十餘年了，學界已有很多研究成果，但其中的一些異文仍有進一步討論的必要。

　　楚簡《周易》第 47 簡爲革卦的卦辭和初九、六二、九三三爻的爻辭，與傳世本相校，最重要的異文是卦辭及六二爻辭中"改日"的"改"字，在傳世本中與之對應的文字，《十三經注疏》本爲"巳"字，李鼎祚《周易集解》作"己"字。目前學界對"改日"的解釋正像對傳世本中的"巳日"的解釋一樣，并沒有達成一致的看法。

　　從傳世本來看，諸家對"巳日"的訓釋，總的來説大致可以分爲兩種，一種是讀爲"已"字，訓爲已經；一種是讀爲干支字，或讀爲"巳"，或讀爲"己"。

　　讀爲"已"字者，例如革卦卦辭王弼注："夫民可與習常，難與適變；可與樂成，難與慮始。故革之爲道，即日不孚，巳日乃孚也。"② 革

---

*　本文係國家社科基金項目"簡帛文獻的文體形態及文體譜系研究"（15BZW044）的階段性成果。

① 參見馬承源主編：《上海博物館藏戰國楚竹書（三）》，上海：上海古籍出版社，2003 年。

② 王弼、韓康伯注，孔穎達正義：《宋本周易注疏》，北京：中華書局，1988 年影印本，第 512 頁。

卦六二爻辭王弼注曰：“陰之爲物，不能先唱，順從者也，不能自革，革
巳乃能從之，故曰巳日乃革之也。”① 從注文的文意來看，“巳”字皆讀爲
已然之“已”。

再如《周易集解》集干寶解：“天命已至之日也。乃孚，大信著也。
武王陳兵孟津之上，諸侯不期而會者八百國，皆曰‘紂可伐矣’，武王曰：
‘爾未知天命，未可也’，還歸。二年，紂殺比干，囚箕子，周乃伐之，所
謂‘巳日乃孚，革而信’也。”②

讀爲干支字者，例如朱震《漢上易傳》曰：“巳日，先儒讀作‘已
事’之已，當讀作‘戊己’之己。十日至庚而更，更，革也。自庚至己，
十日浹矣。己日者，浹日也。”③

顧炎武《日知録》：“《革》：‘巳日乃孚’、‘六二：巳日乃革之’，朱
子發讀爲戊己之己。天地之化，過中則變，日中則昃，月盈則食。故易之
所貴者中，十干則戊己爲中，至於己則過中而將變之時矣，故受之以庚。
庚者，更也，天下之事當過中而將變之時，然後革而人信之矣。古人有以
‘己’爲變改之義者，《儀禮·少牢饋食禮》‘日用丁己’注：‘内事用柔，
日必丁己者，取其令名，自丁寧，自變改，皆爲謹敬。’而《漢書·律曆
志》亦謂‘理紀於己，斂更於庚’是也。④ 王弼謂‘即日不孚，巳日乃
孚’，以‘巳’爲‘已事遄往’之‘已’，恐未然。”⑤

今人謝祥榮《周易見龍》據《尚書·武成》認爲，巳日就是癸巳日，
是武王起兵伐紂之日。⑥ 另外，高亨讀“巳日”之“巳”爲祭祀之“祀”。⑦

---

① 　王弼、韓康伯注，孔穎達正義：《宋本周易注疏》，第 516 頁。
② 　李道平：《周易集解纂疏》，上海：上海古籍出版社，1994 年影印本，第 141 頁。
③ 　朱震：《漢上易傳》，《四部叢刊續編》第 27 册，上海：商務印書館，1934 年，第
　　33 頁。
④ 　原注：納甲之法，《革》下卦離納己。
⑤ 　顧炎武著，黄汝成集釋，欒保群、吕宗力校點：《日知録集釋》，上海：上海古籍
　　出版社，2006 年，第 28—29 頁。
⑥ 　謝祥榮：《周易見龍》，成都：巴蜀書社，2012 年，第 480—481 頁。
⑦ 　高亨：《周易古經今注》，北京：中華書局，1984 年，第 302 頁。

從楚簡《周易》來看，諸家對"改日"之"改"的解釋代表性觀點大致可以分爲三種：讀爲"改"，讀爲"已"，讀爲改革之"改"。

原整理者濮茅左先生把"改日"之"改"釋爲與"改"字不同的另外一個字"攺"，把"改日"釋爲"逐鬼禳祟之日"。① 朱興國又進而指出，"攺日"乃指革凶除害之日。"攺日"即建除十二辰中的"除日"，亦即叢辰十二辰中的"害日"。②

臺灣學者魏慈德認爲，"改日"之"改"應讀爲"已"，"《上博·周易》當是以'改'來通讀爲'已'義，而不會是'己'字的"。③

邢文先生認爲，"改日"就是"改革之日"的意思。④

如何看待上揭三種觀點呢？楚簡《周易》及《孔子詩論》中從已從攴之字，應釋爲"改"，不應釋爲"攺"，這已被大多數學者所認同，所以無需再論；把"改日"之"改"讀爲"已"，似乎還缺少依據；把"改日"之"改"讀爲"改革"之"改"，以本字讀之，體現了對楚簡《周易》文本的重視和審慎的學術態度。從卦義來看，革卦主旨是講變革，就應該在卦爻辭中有所體現。從其他諸卦來看，多有在爻辭中重複出現卦名的，從本卦來看，楚簡卦辭、六二爻辭出現"改"字，初九、六二、九三爻辭出現"革"字，今本九四爻辭出現"改"字，九五、上六爻辭出現"變"字，上六爻辭出現"革"字。可見，除了卦名"革"字，還有同義詞、近義詞"改""變"。因此，從這一角度來看，楚簡"改日"之"改"字也應讀如字。

人們對傳世本"巳日"的解釋可謂莫衷一是，難成定讞，成爲千古學術懸案。楚簡"改日"這處異文的發現非常重要，這可能爲人們破解這一學術懸案提供了歷史性契機。但是，上揭把"改日"解釋爲"改革之日"，驗之以爻辭"改日乃革之"於義仍有未安。上古有"改邑""改井"

① 馬承源主編：《上海博物館藏戰國楚竹書（三）》，第 199 頁。
② 朱興國：《楚竹書〈周易·革〉"改日"考釋》，簡帛研究網，2007 年 3 月 4 日。
③ 魏慈德：《從出土文獻的通假現象看'改'字的聲符偏旁》，《文與哲》2009 年第 14 期。
④ 邢文：《〈詩論〉之"改"與〈周易〉之〈革〉》，《中國哲學史》2011 年第 1 期。

"改火""改歲"等成語都關乎古禮,"改日"一語在形式上與"改邑""改井""改火""改歲"等語極爲相似,"改日"似不能簡單解釋爲變革之日,"改日"當有特殊含義。

《左傳》桓公十七年:"天子有日官,諸侯有日御。"杜預注:"日官、日御,典曆數者。"據此可知,先秦時期"日"可以指稱曆數(曆法)。因此,可以推想楚簡革卦"改日"的"日"可能是指曆法之事,而"改日"可能是指改革曆法。革卦象傳云:"澤中有火,革。君子以治曆明時。""治曆明時"就是修治曆數,以向民衆明示天時的變化。傳世本"改日"作"巳日",象傳所言"治曆明時"與傳世本卦爻辭之間似無明顯的對應,因此,未曾被重視。但是,象傳所言"治曆明時",當是有所本。楚簡"改日"異文,恰好與象傳所言"以治曆明時"相呼應。

一般來說,古人治曆有兩種情況:一種是改朝換代時的治曆,此所謂"改正朔";一種是平時的校正曆法。

關於改朝換代而改革曆法,典籍有明確記載。《禮記·大傳》:"聖人南面而治天下,必自人道始矣。立權度量,考文章,改正朔,易服色,殊徽號,異器械,別衣服,此其所得與民變革者也。"孔穎達疏云:"改正朔者,正謂年始,朔謂月初,言王者得政,示從我始,改故用新,隨寅、丑、子所建也。周子,殷丑,夏寅,是改正也;周夜半,殷雞鳴,夏平旦,是易朔也。"儘管對於所謂三正之說有不同的意見,但三代曆法不同却是事實,顧炎武《日知録·正月之吉》說:"《豳詩·七月》一篇之中,凡言月者皆夏正,凡言日者皆周正。"① 又《日知録·改月》云:"三代改月之證,見於《白虎通》所引《尚書大傳》之言甚明。其言曰:'夏以孟春月爲正,殷以季冬月爲正,周以仲冬月爲正。夏以十三月爲正,色尚黑,以平旦爲朔。殷以十二月爲正,色尚白,以雞鳴爲朔。周以十一月爲正,色尚赤,以夜半爲朔。'"②

---

① 顧炎武著,黄汝成集釋,欒保群、吕宗力校點:《日知録集釋》,第 273 頁。
② 顧炎武著,黄汝成集釋,欒保群、吕宗力校點:《日知録集釋》,第 194 頁。

關於平時的校正曆法，是針對曆法存在誤差或者人爲因素造成的差錯而進行的修正，對此典籍也有很多記載。《尚書·堯典》：“協時月正日，同律度量衡。”《左傳》哀公十二年：“冬十二月，螽。季孫問諸仲尼。仲尼曰：‘丘聞之，火伏而後蟄者畢。今火猶西流，司曆過也。”時已至冬十二月，可是還發生了蝗災，季孫覺得奇怪，就向孔子請教。孔子向他解釋説，我聽説大火星不見於天空時，昆蟲蟄伏。可是現在大火星還在天空逐漸向西沉没，應該是司曆官的過錯。孔子的意思是司曆官搞錯了曆法，從上述情形分析，應該是當置閏而没有置閏造成的。對於以農耕爲生產方式的上古時代，曆法直接與人們的生產相關，而曆法的誤差，會影響人們的農事，因此，校正曆法非常重要。

現在我們回到革卦本身，爲稱引及解釋方便，現將革卦卦爻辭迻録如下：

革：改日乃孚，元亨，利貞，悔亡。

初九：鞏用黄牛之革。

六二：改日乃革之，征吉，無咎。

九三：征凶，貞厲，革言三就，有孚。

九四：悔亡，有孚改命，吉。

九五：大人虎變，未占有孚。

上六：君子豹變，小人革面。征凶，居貞吉。

古人對於革卦的解釋不僅明確提到“改正朔”，而且還提到“易服色”。鄭康成的注説：“革，改也。水火相息而更用事，猶王者受命，改正朔，易服色，故謂之革。”① 宋人項安世《周易玩辭》説：“澤中有火，天之革也。治曆明時，人之革也。凡改世者必治曆，改歲者亦必治曆。治一世之曆者，可以明三正、五運之相革，治一歲之曆者，可以明十二歲、六

① 王應麟輯，鄭振峰等點校：《周易鄭康成注》，《王應麟著作集成》，北京：中華書局，2012年，第46頁。

十甲子之相革。"①

　　驗之以革卦卦爻辭,卦爻辭中的"改日乃孚""改日乃革之""改命""大人虎變""君子豹變"就是講"王者受命,改正朔,易服色"。

　　新朝改正朔以與舊朝相區別,以示重新開始,這極其重要,所以特在卦辭中言之,"改日乃孚",就是改了正朔人民才信服的意思。六二爻辭"改日乃革之",意思是改了正朔然後進一步變革其他方面。

　　"大人虎變""君子豹變"就是講"易服色"。唐人史徵《周易口訣義》云:"虎變者,謂改正朔易服色,取其文章炳煥,又取虎之威猛可畏之義也。"②"虎變"就是"易服色",這個見解確是發前人所未發。但認爲"虎變"還指稱"改正朔"倒不是確然之論。

　　"虎變"如何就是"易服色",史徵并沒有具體說明。《禮記·大傳》"改正朔,易服色"鄭玄注云:"服色,車馬也。"孔穎達疏云:"夏尚黑,殷尚白,周尚赤,車之與馬,各用從所尚之正色也。"孔穎達專以顏色言之,但是,就革卦而言,虎變豹變恐怕不單單是顏色上的變革。《禮記·玉藻》:"君羔幦虎犆,大夫齊車,鹿幦豹犆,朝車。士齊車,鹿幦豹犆。"鄭玄注云:"幦,覆笭也。犆,讀皆如直道而行之直。直,謂緣也。"所謂"幦"就是車軾上的覆蓋物,天子之車用羔皮來做,大夫和士的齊車及大夫的朝車用鹿皮來做,所謂虎犆豹犆就是用虎皮豹皮裝飾幦的邊緣。皮錫瑞《經學通論》云:"'六五大人虎變''上六君子豹變',亦取象於虎豹之皮,而取義於皮革之革,《禮記·玉藻》'君羔幦虎犆',故曰'大人虎變',大夫士'鹿幦豹犆',故曰'君子豹變',君稱大人,大夫士稱君子,云'小人革面'者,蓋庶人役車,其幦以犬羊之鞟爲之,無虎犆豹犆,故曰'革面',若以'革面'爲改頭換面,古無此文法也,易

---

① 項安世:《周易玩辭》,《叢書集成續編》第 1 冊,上海:上海書店出版社,1994 年,第 618 頁。

② 史徵:《周易口訣義》,《叢書集成初編》第 390 冊,北京:中華書局,1985 年,第 57 頁。

之取象必有其物、有其事，無虚文設言者。"① 按照皮錫瑞之意，"虎變""豹變"指的是變革車轓的緣飾以虎豹之皮，大人（天子）變革爲用虎皮來做車轓的緣飾，君子（大夫和士）變革爲用豹皮來做車轓的緣飾，這正是所謂的"易服色"。不過，細審之，皮錫瑞所言"庶人役車，其轓以犬羊之鞼爲之，無虎犆豹犆，故曰'革面'"恐怕爲揣測之辭，載籍無據。而所言"以'革面'爲改頭換面，古無此文法"，却很有見地。革卦上六象傳曰："小人革面，順以從君也。"項安世説："'小人革面'非爲面革而心不革也，若其心不革，何以謂之有孚。面者，向也。古語面皆謂向，如牆面、王面、南面皆是。當是時也，小人易向而遵王之道矣。故曰'小人革面，順以從君也'。君子本與君同向，是而追琢成章，而小人本不同向，故以'革面'言之。"②

最後，我們再討論一下傳世本的"巳日"問題。由於"巳""已""己"三字形近，古來諸家，各言其説，使人覺得不無穿鑿之感。洪邁《容齋隨筆》已發出慨歎："經典義理之説最爲無窮，以故解釋傳疏，自漢至今，不可概舉，至有一字而數説者。姑以《周易·革》卦言之，'巳日乃孚，革而信之'，自王輔嗣以降，大抵謂'即日不孚，巳日乃孚'，"巳"字讀如'矣'音，蓋其義亦止如是耳。唯朱子發讀爲戊己之己。予昔與易僧曇瑩論及此，問之曰：'或讀作己（音紀）日如何？'瑩曰：'豈唯此也，雖作巳（音似）日亦有義。'乃言曰：'天元十干，自甲至己，然後爲庚，庚者革也，故己日乃孚。猶云從此而革也。十二辰自子至巳六陽，數極則變而之陰，於是爲午，故巳日乃孚，猶云從此而變也。'用是知好奇者欲穿鑿附會，固各有説云。"③

如果楚簡本的"改日"是文本的原貌，那麼傳世本的"巳日"就是

① 皮錫瑞：《經學通論》，北京：中華書局，1954年，第40頁。
② 項安世：《周易玩辭》，《叢書集成續編》第1册，第619頁。
③ 洪邁：《容齋續筆》卷二，《四部叢刊續編》第333册，上海：商務印書館，1934年，第6頁。

"改日"的訛誤嗎？恐怕不能這樣簡單作出結論。李學勤先生有《釋"改"》一文，對"改"字源流作了詳細探討，認爲古文"巳""已"爲一字，更改之"改"，乃是从支巳聲的字，并進而指出，由於"改"字从巳聲，在甲骨文中"改"字省略爲"巳"，例如：

弜巳，衆戍春受人，亡戈（災）。　　　　　（《合集》26898）

弜巳，兄（祝）于之，若。　　　　　　　　（《合集》30763）

弜巳，告小乙。　　　　　　　　　　　　　（《屯南》656）

弜巳，告且（祖）辛。　　　　　　　　　　（《屯南》656）

弜巳，用羌。　　　　　　　　　　　　　　（《屯南》4325）

"巳"皆可讀爲"改"。① 按照李學勤先生的意見，傳世本革卦的"巳（已）日"之"巳（已）"也可以讀爲"改"，是"改"字之省。由此推測，傳世本可能有更早的文獻來源。

（原載《復旦學報（社會科學版）》2016 年第 4 期）

---

① 李學勤：《中國古代文明研究》，上海：華東師範大學出版社，2005 年，第 16—20 頁。

《清華大學藏戰國竹簡（柒）》補釋七則
——兼釋楚簡中諸"竈"字

馮　華

天津師範大學文學院

　　《清華大學藏戰國竹簡（柒）》之《子犯子餘》《晉文公入於晉》《趙簡子》三篇均爲春秋時期晉國史事，① 爲國別體史書，既可與《左傳》《國語》《史記》等傳世文獻相對讀，亦可彌補相關史籍之闕佚；既豐富了對春秋時代晉國的認識，亦提供了一批彌足珍貴的文字學語料。關於此三篇字詞之釋讀有七則不同意見，列叙於下，敬祈指正。

　　《子犯子餘》第一節是秦穆公與子犯之間的問答，焦點爲"胡晉邦有禍，公子不能弁焉"，穆公對子犯有詰責之意。其簡文云：

　　　　［公子重］耳自楚蹠秦，處焉三歲。秦公乃召子犯而問焉，曰："子若公子之良庶子，胡晉邦有禍，公子不能弁焉，而走去之，毋乃獣心是不足也乎？"子犯答曰："誠如主君之言。吾主好定而敬信，不秉禍利，身不忍人，故走去之，以節中於天。主如曰疾利焉不足，誠我主故弗秉。"　　　　　　　　　　　　　　　（簡1—2）

（一）晉邦有禍

　　原注釋云："晉邦有禍，指驪姬之亂，《國語·晉語二》：'殺大子申

---

①　清華大學出土文獻研究與保護中心編，李學勤主編：《清華大學藏戰國竹簡（柒）》，上海：中西書局，2017 年。以下均簡稱爲"清華簡（柒）"。本文所引相關簡文均出自該書，兹不贅注。爲排印方便，古文字儘量采用通行字體。

生'，'盡逐群公子，乃立奚齊焉'。"①

晉獻公在位之時，雖有"驪姬之亂"，但晉國政局安穩，因此"驪姬之亂"不能稱作"晉邦有禍"，并且簡文中有"不秉禍利，身不忍人"一句，如果"禍"指"驪姬之亂"，那麼"不秉禍利"就無法理解。因爲在"驪姬之亂"中，重耳面對驪姬的讒言與其父晉獻公的追殺唯有選擇出奔逃亡，如《左傳》僖公五年云："（重耳）踰垣而走，披斬其袪，遂出奔翟。"重耳於驪姬之亂中沒有任何"禍利"可秉。

"晉邦有禍"應指"晉獻公卒"，這是晉國的喪君之禍，君父去世如天降之禍。《左傳》僖公九年云："九月，晉獻公卒。里克、丕鄭欲納文公，故以三公子之徒作亂。"晉獻公去世之後，惠公即位，晉國內亂頻仍，秦晉交惡，以至發生韓原之戰；另外秦晉兩國世有婚姻，秦穆公之穆姬夫人爲晉獻公之女，因此秦穆公所云的"晉邦有禍"指"晉獻公卒"。

（二）不秉禍利

原注釋云："秉，《逸周書·謚法》：'順也。'《國語·晉語二》：'吾秉君以殺大子'，王引之《經義述聞》：'吾順君之意以殺大子。'"②

"秉"，執持，拿的意思。"禍"，"晉邦有禍"之"禍"，即"晉獻公卒"。"利"，指返回晉國爲君之利。晉獻公去世之後，晉之大臣及秦穆公均欲納重耳入晉爲君，但重耳不願因父喪之禍而得持國之利，此之謂"不秉禍利"。

晉大臣欲納重耳爲君，如《國語·晉語二》云：

> 既殺奚齊、卓子，里克及丕鄭使屠岸夷告公子重耳於狄，曰："國亂民擾，得國在亂，治民在擾，子盍入乎？吾請爲子鉥。"

秦穆公亦欲納重耳爲君，如《國語·晉語二》云：

① 清華大學出土文獻研究與保護中心編，李學勤主編：《清華大學藏戰國竹簡（柒）》，第94頁，注五。
② 清華大學出土文獻研究與保護中心編，李學勤主編：《清華大學藏戰國竹簡（柒）》，第94頁，注九。

（秦穆公）乃使公子縶弔公子重耳於狄，曰："寡君使縶弔公子之憂，又重之以喪。寡人聞之，得國常於喪，失國常於喪。時不可失，喪不可久，公子其圖之！"

子犯力諫重耳不可於父喪大亂之時入晉國。因此，重耳婉拒晉使，如《國語・晉語二》云：

公子重耳出見使者，曰："子惠顧亡人重耳，父生不得供備洒掃之臣，死又不敢涖喪以重其罪，且辱大夫，敢辭。夫固國者，在親衆而善鄰，在因民而順之。苟衆所利，鄰國所立，大夫其從之。重耳不敢違。"

重耳亦婉拒秦使，如《國語・晉語二》云：

公子重耳出見使者，曰："君惠弔亡臣，又重有命。重耳身亡，父死不得與於哭泣之位，又何敢有他志以辱君義？"再拜不稽首，起而哭，退而不私。

"不秉禍利，身不忍人，故走去之，以節中於天"，意思是說重耳不因父喪之禍以持得國之利，自己不作殘忍之人所爲之事，因此在外四處流亡，可以說他的節操合於上天那樣偉大的品行。

"忍人"，殘忍之人，此處作動詞用，"身不忍人"意思是自己不作殘忍之人。類似的名詞用作動詞的例子，如《左傳》宣公二年："晉靈公不君。""身不忍人"暗指重耳不願像他的弟弟夷吾（晉惠公）那樣因父喪之機而賂得君位。

（三）"圼"讀爲"持"

原注釋云："圼，從止，之聲，讀爲同音的止。《詩・玄鳥》'維民所止'，鄭玄箋：'止，猶居也。'與下文問蹇叔'公子之不能居晉邦'意同。"① 此注

① 清華大學出土文獻研究與保護中心編，李學勤主編：《清華大學藏戰國竹簡（柒）》，第94頁，注六。

不可從。下文問蹇叔"公子之不能居晉邦"之"居"爲占據之意，非居止之意。

"圥"字原篆作 、，何琳儀先生指出："'止'，作''''''等形，偶作''形。"① 因此"圥"應隸定爲從廾從止的"圥"。

此字亦見於郭店楚簡，原篆作 ，② 從廾從止，如《六德》簡31—32云"義類圥而絕"，③ 如按清華簡原注釋所云將"圥"字讀爲"止"，那麼此句無法講通；《子犯子餘》"胡晉邦有禍，公子不能圥焉，而走去之，毋乃猷心是不足也乎"一句也無法講通。因此，"圥"字不應讀爲"止"。

"圥"應是"持"字。"持"字金文作 ，④ 即"寺"字，從又從止，會以手握足之意。"寺"乃"持"之古字，本義爲持，如《戰國策·趙策四》"持其踵爲之泣"，"持"用本義。

"持"字在《汗簡》《古文四聲韻》中作 、、，⑤ 從兩手持止，是一個會意兼形聲字。傳抄古文較之金文""增加了一個形符"手"，這是戰國文字形體演變過程中的一種繁化現象。

清華簡《子犯子餘》之""與郭店簡《六德》的""均從廾從止。収，從兩手，隸變爲"廾"，如《説文》廾部云："収，竦手也。從屮從又。，楊雄説：廾從兩手。"也就是説，""亦可理解爲從兩手持足，與"持"之古文""構字部件相同，表達的意義也相同，只是部件"手"的寫法有些差異，這可能是由於不同地域不同書寫習慣使

---

① 何琳儀：《戰國文字通論》，北京：中華書局，1989年，第220頁。
② 張守中、張小滄、郝建文撰集：《郭店楚簡文字編》，北京：文物出版社，2000年，第45頁。
③ 荆門市博物館編：《郭店楚墓竹簡》，北京：文物出版社，1998年，第188頁。
④ 容庚編著，張振林、馬國權摹補：《金文編》，北京：中華書局，1985年，第776頁。
⑤ 郭忠恕編，李零、劉新光整理：《汗簡》；夏竦編，李零、劉新光整理：《古文四聲韻》，北京：中華書局，2010年，第6、71頁。

然。綜上，""""與"持"之古文""形體相近，構字部件相同，均爲"持"字不同寫法。

那麼，郭店簡《六德》簡 31—32 可以寫爲："義類弆（持）而絕。"此句言義似乎易於保持，却又常常滅絕。"持"用爲保持之意。

《子犯子餘》簡 1—2 可以寫爲："胡晉邦有禍，公子不能弆（持）焉，而走去之，毋乃猒心是不足也乎？"此句言爲何晉邦有喪君之禍，公子重耳却不能持有晉國，而走衛齊、去曹宋、之鄭楚，難道在你們心中一個晉國還不滿足嗎？句中"持"用爲掌握、掌管之意，類似用法的例句，如《論衡·骨相》"君後三歲入將相，持國柄"。

《左傳》僖公二十七年載："晉侯始入而教其民，二年，欲用之。"《晉文公入於晉》則較詳細地記載了晉文公返晉之後的文治武功，可補相關史實之闕。

（四）"遹"讀爲"遣"

《晉文公入於晉》載晉文公返國之後董理刑獄，簡文云：

> 命訟獄拘執釋遹（折），責毋有辠。　　　　　　　　（簡 2）

遹，原釋文讀作"折"。原注釋云："折，訓爲斷。《書·吕刑》：'非佞折獄，惟良折獄。'"① "遹"讀爲"折"，沒有根據；此句中"遹"與"獄"并非動賓關係。

"遹"即"遣"字。"遣"甲骨文作、，② 金文作、，③《汗簡》《古文四聲韻》中作、，④ 从𠂤从臼从辵从大，與《説文》

---

① 清華大學出土文獻研究與保護中心編，李學勤主編：《清華大學藏戰國竹簡（柒）》，第 102 頁，注五。

② 中國社會科學院歷史研究所編輯：《甲骨文編》，北京：中華書局，1965 年，第 67 頁。

③ 容庚編著，張振林、馬國權摹補：《金文編》，第 99 頁。

④ 郭忠恕編，李零、劉新光整理：《汗簡》；夏竦編，李零、劉新光整理：《古文四聲韻》，第 7、103 頁。

辵部"遣"部件相同。"遹"字原篆作🔲，从自从臼从辵从立。"遣"字古文與小篆均从人，楚簡中"遹"字訛變爲从立。這是戰國文字形體演變過程中的"形近互作"現象，即形體相近的偏旁往往容易寫混。① "立"字金文作🔲、🔲，② 象大人站在地上之形，與"人"的古文字字形相近。因此，"遹"即"遣"字。"遣"字在郭店簡中作🔲，③ 在上博簡中作🔲，④ 可隸定爲"遺"。"遺"爲"遹"的省寫，均爲"遣"字。那麼，《晉文公入於晉》簡 2 可重新寫作：命訟獄拘執釋遹（遣）責，毋有卑。

遣，有放逐之意，如《漢書·孔光傳》"遣歸故郡"。訟獄之事包括"拘、執、釋、遣、責"等方面，此句言制定法令、斷獄聽訟、捉拿拘禁、釋放、流放、責備（犯人）這些事情，不要放到一邊不管。

（五）"爲"讀爲"撝"

《晉文公入於晉》載晉文公返國之後製作旗物來指揮軍隊，簡文云：

> 乃作爲旗物，爲陞（升）龍之旗師以進，爲降龍之旗師以退，爲左🔲🔲🔲🔲🔲🔲🔲🔲🔲🔲🔲🔲🔲🔲🔲爲角龍之旗師以戰，爲交龍之旗師以豫，爲日月之旗師以久，爲熊旗大夫出，爲豹旗士出，爲蒐采之旗侵糧者出。乃爲三旗以成至：遠旗死，中旗刑，近旗罰。成之以象於郊三，因以大作。　　　　　　　　　　（簡 5—6）

簡文"作爲旗物"，即製作各種旗物，規定各種旗幟所表示的命令。古代戰争用旗幟指揮軍隊，如《左傳》成公二年"師之耳目，在吾旗鼓，進退從之"，《孫子兵法·軍爭篇》云"言不相聞，故爲金鼓；視不相見，故爲旌旗"。

"爲陞（升）龍之旗師以進"，"陞"原釋文讀爲"升"，不可從；

---

① 何琳儀：《戰國文字通論》，第 207、208 頁。
② 容庚編著，張振林、馬國權摹補：《金文編》，第 710 頁。
③ 荆門市博物館編：《郭店楚墓竹簡》，第 106 頁。
④ 馬承源主編：《上海博物館藏戰國楚竹書（一）》，上海：上海古籍出版社，2001年，第 97 頁。

"陞"應讀爲"陞"，"陞龍之旗"見於《爾雅·釋天》，如"素錦綢杠，繡帛縿，素陞龍於縿"，郭璞注："畫白龍於縿，令上向。"

"爲"，原釋文未加注解，此處應讀作"撝"，用爲揮動之意。"撝陞龍之旗師以進"言揮動陞龍之旗軍隊就前進，如《公羊傳》宣公十二年云："（楚）莊王親自手旌，左右撝軍，退舍七里。""撝"後來寫作"揮"。

"爲交龍之旗師以豫"，"豫"可讀作"舍"，如上博簡《周易》簡24《頤卦》云："初九：豫（舍）爾靈龜。"① 此處用爲駐紮之意，如《孫子兵法·軍爭篇》云"交合而舍"。"爲（撝）交龍之旗師以豫（舍）"言揮動交龍之旗軍隊就安營駐紮。

"爲熊旗大夫出"，"熊旗"見於《説文》㫃部："旗，熊旗（五）[六] 游，以象罰星，士卒以爲期。《周禮》曰：'率都建旗。'""爲（撝）熊旗大夫出"言揮動熊旗，大夫就要出戰。

《晉文公入於晉》簡5—7可寫作：

乃作爲旗物，爲（撝）陞（陞）龍之旗師以進，爲（撝）降龍之旗師以退，爲（撝）左□□□□□□□□□□□□□□□□□□爲（撝）角龍之旗師以戰，爲（撝）交龍之旗師以豫（舍），爲（撝）日月之旗師以久，爲（撝）熊旗大夫出，爲（撝）豹旗士出，爲（撝）菟采之旗侵糧者出。乃爲（撝）三旗以成至：遠旗死，中旗刑，近旗罰。成之以象於郊三，因以大作。

此段簡文言製作各種旗物，規定各種旗幟所表示的軍令，揮動陞龍之旗軍隊就要前進，揮動降龍之旗軍隊就要後退，揮動左……，揮動角龍之旗軍隊就要衝殺戰鬥，揮動交龍之旗軍隊就要安營駐紮，揮動日月之旗軍隊就要做好持久滯留的準備，揮動熊旗大夫要衝出，揮動豹旗士要衝出，

---

① 馬承源主編：《上海博物館藏戰國楚竹書（三）》，上海：上海古籍出版社，2003年，第36、169頁。

揮動蔑采之旗侵糧者要衝出。揮動三次旗幟就要完成指令或到達指定的地點：距離旗幟指定地點遠的要處死，距離不遠不近的要受刑，距離近的要受罰。軍隊能夠完成旗幟所傳達的軍令并且在郊外演練了三次，於是大肆興兵。

《趙簡子》載范獻子對趙簡子的告誡和趙簡子與大夫成鱄之間的問答。

（六）"寁" 讀爲 "箟"

"趙簡子既受寁將軍" 後，范獻子對趙簡子有所告誡，簡文云：

> 趙簡子既受寁將軍，在朝，范獻子進諫曰……　　　　　　（簡 1）
>
> 今吾子既爲寁將軍已。　　　　　　　　　　　　　　　　（簡 2）

原注釋云："趙簡子，名鞅，謚簡，春秋末晉國正卿，嬴姓，趙氏，史稱 '趙簡主'。曾爲晉國下軍佐、上軍將、中軍佐、中軍將，在晉國政治舞臺上活躍四十餘年。從上下文意看，此時趙簡子爲將已有很長時間，士鞅還健在，是他的上級，因此簡文反映的時代可能是士鞅爲中軍將、趙鞅爲上軍將的時候。'寁' 字係首見，由宀、黽、廾三部分組成，根據楚文字的用字習慣，此字也可以隸作 '寁'，分析爲從宀、從黿、從廾三部分。'黽' 或 '黿' 很可能是聲符，可以沿着這個綫索去解讀。簡文中作將軍的限定語。一說 '寁' 從蠅省聲，讀爲 '承'，訓爲 '繼'，受承指繼承，'將軍' 系動賓結構。"①

"寁將軍" 之 "寁" 字對於正確理解簡文文意非常重要，目前學術界有讀爲 "命" "孟" "元" "偏" "箟" "上" "裨" 等多種說法，許文獻先生《清華七〈趙簡子〉從黽二例釋讀小議》一文臚列甚詳，② 茲不具引。

---

① 清華大學出土文獻研究與保護中心編，李學勤主編：《清華大學藏戰國竹簡（柒）》，第 107、108 頁，注一。

② 許文獻：《清華七〈趙簡子〉從黽二例釋讀小議》，簡帛網，2017 年 5 月 8 日。

對於以上諸議，我們贊同網友明珍先生讀“箙”之説：“案：讀爲‘箙’，副也，應是指當副將軍。或讀爲‘造’，毛傳：‘造，爲也。’”①讀“箙”之説爲是，應訓爲“副、次”之意。然明珍先生所論失之簡略。

“竈將軍”之“竈”，楚簡原篆作、，即“竈”字。《説文》穴部：“竈，炊灶也。，灶或不省。”金文作（邵鐘）、（秦公簋），②隸定作竈、竈，邵黛鐘：“大鐘八肆，其竈四鍺。”③

將“竈”讀爲“箙”，肇始於孫詒讓《邵鐘拓本跋》，孫氏云：

> “大鐘八肆其竈四鍺”者，《周禮·小胥》云：“凡樂懸鐘磬，半爲堵，全爲肆。”鄭注云：“鐘磬，編懸之二八十六枚，而在一虡，謂之堵。鐘一堵，磬一堵，謂之肆。”竈、竈同，《説文》穴部：“竈，炊竈也。从穴，竈省聲。重文竈，或不省。”此作竈，又从穴省也，其讀當爲箙。《周禮·大祝》六祈，“二曰造”注云：“故書造作竈。杜子春讀竈爲造次之造。是竈、造聲近字通。”《左傳》昭十一年杜注云：“箙，副倅也。”謂所鑄鐘正懸八肆百廿八枚，又別以四堵六十四枚爲副倅也。④

《金文編》“竈”字條亦引此孫氏之説。⑤ “竈”爲什麼可以讀爲“箙”呢？

董蓮池先生考證云：“竈字西周作，以坑穴中有火會意，及至春秋曾追加告聲作（見公子土父壺，人名公孫窖，典籍作公孫竈），後以‘竈’取代了‘窖’。”⑥

---

① 暮四郎：《清華七〈趙簡子〉初讀》，簡帛網簡帛論壇，2017 年 4 月 25 日，第 10 樓明珍發言。

② 容庚編著，張振林、馬國權摹補：《金文編》，第 541 頁。

③ 中國社會科學院考古研究所編：《殷周金文集成》，北京：中華書局，1984 年，第 1 册，第 261 頁。

④ 孫詒讓：《籀廎述林·邵鐘拓本跋》，北京：中華書局，2010 年，第 243 頁。

⑤ 容庚編著，張振林、馬國權摹補：《金文編》，第 541 頁。

⑥ 董蓮池：《説文解字考正》，北京：作家出版社，2005 年，第 293 頁。

　　董先生的考證説明"竈"與"窖"是異體字，"竈"還有很多這種以
"告"爲聲符的異體字，如包山楚簡"五祀"木牌"竈"字作"寞"；①
望山楚簡簡 139 "竈"字作"寞"；② 清華簡《趙簡子》簡 8 "宮中六窖
（竈）幷六祀"，"竈"字作"窖"；《香港中文大學文物館藏簡牘》中
"竈君"作"造君"，陳松長先生有詳細考釋。③

　　傳世文獻中亦有"竈""造"通假的證據，如《廣雅·釋言》："竈，
造也。"朱駿聲《説文通訓定聲》需部："竈，叚借爲造。"

　　以上論述説明了"竈"和"造"之間的密切關係。因此，孫詒讓將
"竈"讀爲"篜"是没有問題的。

　　"竈將軍"即"篜將軍"，在軍隊將佐之中爲"次將"。"次將"之官
亦見於《史記》《漢書》中，如《漢書·項籍傳》："王召宋義與計事而説
之，因以爲上將軍；羽爲魯公，爲次將；范增爲末將。"

　　"竈將軍"爲令名，《左傳》有諸多以"竈"爲名者，如鄭國有裨竈
（《襄公二十八年》），齊國有公孫竈（《襄公二十八年》《襄公二十九》
《昭公三年》）。《左傳》昭公三年云："齊公孫竈卒。"杜預注："竈，子
雅。"王引之《春秋名字解詁》云：

　　　　齊公孫竈，字子雅。《昭三年左傳》"子雅"，《韓子·外儲説》
　　篇作"子夏"。雅讀爲窖，窖、雅古同聲。雅，古音伍，説見《唐韻
　　正》。故窖通作雅。《玉篇》引《倉頡篇》曰："楚人呼竈曰窖。"④

　　古人之名、字意義相關，據王氏之説"窖""雅"同聲、"竈""窖"
同義。然"竈"與"雅"之間的相關性幷不明確，王氏之説迂曲難通。

① 湖北省荆沙鐵路考古隊：《包山楚墓》，北京：文物出版社，1991 年，下册，圖版
　　四七。
② 參見《望山一號墓楚簡簡文研究》簡 139 注釋，湖北省文物考古研究所：《江陵望
　　山沙塚楚墓》，北京：文物出版社，1996 年，第 273 頁，注一〇七。
③ 陳松長編著：《香港中文大學文物館藏簡牘》，香港：香港中文大學文物館，2001
　　年，第 98 頁。
④ 王引之：《經義述聞》卷二二，清光緒七年（1881）上海文瑞樓重校印本。

據《左傳》所云，春秋時期齊國"公孫竈"字"子雅"。"竈"亦即"竈將軍"之"竈"，亦讀爲"簉"，取"簉將軍"之意。雅，《説文》隹部云："楚烏也。一名鸒，一名卑居。秦謂之雅。"雅的異體字作"鴉"，《集韻》："（雅）或作鴉、鵶。"① "雅""亞"同音，可以通假。"竈將軍"即"次將"，也可稱爲"亞卿""次卿"。"公孫竈"，字"子雅"，如果按照現代規範漢字的寫法，應該寫作"公孫簉"，字"子亞"，其名與字取意於"竈將軍"與"亞卿"。

"趙簡子既受竈（簉）將軍，在朝，范獻子進諫曰"言趙簡子已經被任命爲次將，在朝堂之上，范獻子提出告誡。范獻子一直是趙簡子的上級，此時應爲中軍將，而趙簡子爲其副。

史學界一般認爲范獻子爲中軍將時趙簡子爲上軍將，而簡文"趙簡子既受竈將軍"提出了一個與傳世文獻不同的新説法。

綜上所述，"竈""竈""竈""寷"與"簉""造""告"之間關係密切，可以通假。楚簡中又有"寷""朇"字，如：

用果念政九州而寷君之。　　　（清華簡《子犯子餘》簡11—12）
君朇於苔。　　　　　　　　（新蔡簡乙一5、乙二8）
百里……釋板桎而爲朇卿。　　（郭店簡《窮達以時》簡7）

"寷"，清華簡釋文隸定作"寷"，注釋云："寷，不識，疑讀爲'承'，或讀爲'烝'。《詩·文王有聲》'文王烝哉'，毛傳：'烝，君也。'"② "朇"，新蔡簡釋文、郭店簡釋文注釋均隸定作"朇"，讀作"朝"。③ 新蔡簡"君朇於苔"，宋華强先生讀爲"君命於苔"，大概是君命以苔筮占

---

① 丁度等編：《宋刻集韻》，北京：中華書局，2005年，第61頁。
② 清華大學出土文獻研究與保護中心編，李學勤主編：《清華大學藏戰國竹簡（柒）》，第98頁，注四六。
③ 河南省文物考古研究所編著：《新蔡葛陵楚墓》，鄭州：大象出版社，2003年，第201、203頁；荊門市博物館編：《郭店楚墓竹簡》，第145頁。

某事的意思;① 其後，宋華强先生又將"罍"釋爲"蠅"，讀爲"繩"。②

"罍""罍"與前文所述之"寵""寵""寵"關係密切，均从"黽"聲，實爲同字。因此，我們認爲"罍""罍"亦可假借爲"簉""造""告"。

清華簡《子犯子餘》簡11—12之"罍"讀爲"造"，用爲開始之意，如《廣雅·釋詁一》"造，始也"。簡文"用果念政九州而罍（造）君之"，言竟執政九州并且開始爲九州之君。

新蔡簡之"罍"讀爲"告"。裘錫圭先生指出："'罍'可能原本是一個从'口''黽'聲的字，由於古文字階段'口'旁往往會變作'曰''甘'等形，所以後來寫作从'甘'了。'罍'字初文應該分析爲从'口''黽'聲，可能是'名'字的異體，這種把會意字的部分偏旁改造成聲符的現象在古文字中是常見的。"③ 如裘先生所云"'罍'可能原本是一個从'口''黽'聲的字"，"口"應是"罍"字的表意形符。因此，"罍"讀爲"告"是非常合適的。

"君罍於答"一句中，"於"是《説文》中"烏"之異體字，烏答是蓍草名，是一種筮占工具。"君罍（告）於（烏）答"，言平夜君成告訴烏答卜筮之事，命筮之意也。平夜君成親自使用烏答爲自己占卜。

郭店簡《窮達以時》簡7"罍卿"讀爲"簉卿"，即"亞卿"，如《左傳》文公六年："先君是以愛其子而仕諸秦，爲亞卿焉。""亞卿"與"寈將軍"爲同一職位，在朝爲"亞卿"，在軍則爲"簉將軍"。叔尸鐘銘文"余命汝職佐正卿"（《集成》274.2），④ "佐正卿"爲正卿之佐，即"亞卿"。"百里……釋板桎而爲罍（簉）卿"，言百里奚被釋於版築之間而爲秦國之亞卿，與典籍中"羊皮換相"的記載相符。

① 宋華强：《楚墓竹簡中的"罍"字及"繒"字》，簡帛網，2004年6月13日。
② 宋華强：《楚簡中从"黽"从"甘"之字新考》，簡帛網，2006年12月30日；後正式發表於《簡帛》第十三輯，上海：上海古籍出版社，2016年。
③ 裘錫圭：《古文字論集》，北京：中華書局，1992年。
④ 中國社會科學院考古研究所編：《殷周金文集成》，第1冊，第308頁。

（七）六竈并六祀

成鱄在追述先君獻公、襄公生活簡樸之時均提到了"六竈并六祀"，相關簡文云：

> 六府盈，宮中六竈并六祀，然則得輔相周室。　　　　　　　（簡8）
>
> 不食濡肉，宮中六竈并六祀，然則得輔相周室。　　　　　　（簡9）

原注釋云："六竈當指六宮之竈。相傳天子有六宮。《周禮·内宰》：'以陰禮教六宮。'鄭玄注認爲正寝一、燕寝五爲六宮。《禮記·曲禮下》：'祭五祀。'注謂户、竈、中霤、門、行。班固《白虎通·五祀》以門、户、井、竈、中霤爲五祀。祭竈爲五祀之一。《周禮·大祝》：'掌六祈，以同鬼神示，一曰類，二曰造，三曰襘，四曰禜，五曰攻，六曰説。'鄭司農云：'類、造、襘、禜、攻、説，皆祭名也。'類，祭上帝、社稷等。造，祭祖禰之廟。襘，禳癘疫之祭。禜，禳水旱之祭。攻，鳴鼓攻日食。説，陳辭請求消災。六祀當爲六種祭祀，簡文大意是説把宮中祭竈的祭祀并入六祀，是一種去奢從簡的方式。"[1]

"六竈并六祀"確爲"一種去奢從簡的方式"，但是爲何要把祭竈并入"類、造、襘、禜、攻、説"這六祀之中呢？這似乎有些説不通。

我們認爲簡文之"六"非實數，而是虚指。"六府盈"指府庫之多而充盈。"六竈并六祀"指"竈"與"祀"之少。

"六竈"，很少的竈。竈之數目與人員多少有一定的關係，如《史記·孫子吳起列傳》云："使齊軍入魏地爲十萬竈，明日爲五萬竈，又明日爲三萬竈。龐涓行三日，大喜，曰：'我固知齊軍怯，入吾地三日，士卒亡者過半矣。'""六竈"指宮廷規模很小，宮中豢養的人員很少。

"六祀"，祭祀的神靈很少。春秋戰國時期流行"泛神論"信仰，祭祀的神靈很多，同時還有禮制等級規定，如：

---

[1] 清華大學出土文獻研究與保護中心编，李學勤主编：《清華大學藏戰國竹簡（柒）》，第110頁，注二一。

《禮記·王制》云：

> 天子祭天地，諸侯祭社稷。

《禮記·曲禮》云：

> 天子祭天地，祭四方，祭山川，祭五祀，歲徧。諸侯方祀，祭山川，祭五祀，歲徧。大夫祭五祀，歲徧。士祭其先。

《禮記·王制》云：

> 天子七廟，三昭三穆，與大祖之廟而七。諸侯五廟，二昭二穆，與大祖之廟而五。大夫三廟，一昭一穆，與大祖之廟而三。士一廟。庶人祭於寢。

《國語·楚語下》云：

> 天子徧祀群神品物，諸侯祀天地、三辰、及其土之山川，卿、大夫祀其禮，士、庶人不過其祖。

國君為求福佑，本可祭祀多位神靈。祭祀神靈必然要進獻豐盛的祭品。

"六寵""六祀"指宮中豢養的人員很少，祭祀的神靈很少。這在客觀上節約了大量財力、人力，同時也促進了社會生產的發展和社會文化的進步。

"六寵并六祀"是說"六寵"兼并"六祀"，"六寵"不僅要提供宮中人員的飲食還要負責供給宮中"六祀"之祭品。祭祀神靈時要進獻酒食等祭品，[①] 宮中"六祀"之祭品由"六寵"提供，由此可見獻公和襄公之簡樸。

---

① 詳見馮華：《楚簡中的卜筮禱祠研究》，中國社會科學院歷史研究所博士後研究工作報告，2010 年 5 月。

説 "伊 賓"

王挺斌

浙江師範大學人文學院

卜辭中有伊尹配祀大（太）乙成湯的例子，陳邦懷曾舉《殷虛書契後編》上 22.1（《合集》32103）"癸巳貞：又⸝伐于伊，其又大乙彡"爲例，其後于省吾在《釋伊賓》一文中肯定此説，而又舉出《殷契粹編》151（《合集》26955）"貞：其卯羌，伊賓；王其用羌于大乙，卯惠牛，亡受又"之例，并説：

> 甲骨文稱："癸丑卜：上甲歲，伊賓。吉。"（《南北明》513，引者按：即《合集》27057）這是説，用歲祭於上甲，伊尹配享。由此可見，伊尹不僅從祀成湯，也從祀上甲。此外，甲骨文有"伊其賓""伊弜賓"和"伊賓"之貞，也都是指配享言之。①

陳夢家《殷虛卜辭綜述》第十章"先公舊臣"中説略同。② 從引文中我們可以知道，于省吾對自己的説法其實没有詳細地論證。但此説影響甚大，後來許多學者如姚孝遂、趙誠、韓江蘇、江林昌、常玉芝等先生都有此看法，學術界幾無異辭。③

---

① 于省吾：《甲骨文字釋林》，北京：中華書局，1979 年，第 207 頁。

② 陳夢家：《殷虛卜辭綜述》，北京：科學出版社，1956 年，第 363 頁。

③ 姚孝遂、肖丁：《小屯南地甲骨考釋》，北京：中華書局，1985 年，第 65 頁；趙誠：《探索集》，北京：中華書局，2011 年，第 247 頁；韓江蘇、江林昌：《〈殷本紀〉訂補與商史人物徵》，北京：中國社會科學出版社，2010 年，第 189、190 頁；常玉芝：《商代宗教祭祀》，北京：中國社會科學出版社，2010 年，（轉下頁）

我們認爲這種説法可能不太妥當，試看以下幾條卜辭：

王賓。

王弜賓。　　　　　　　　　　　　　　　　　（《合集》30657）

伊弜賓。　　　　　　　（《合集》32799 ［《屯南》2838 同］）

王賓。

弜賓。　　　　　　　　　　　　　　　　　　（《合集》30561）

伊賓。

弜賓。　　　　　　　　　（《合集》34349 ［《屯南》2417 同］①）

伊賓，又（有）正。

弜賓。　　　　　　　　　　　　　　　　　　（《合集》32798）

父己、父戊歲，王賓。　　　　　　　　　　　（《合集》27420）

戊辰卜：其又（侑）歲于中己，王賓。

戊辰卜：中己歲，惠羊。兹用。

弜賓。兹用。　　　　　　　　　　　　　　　（《屯南》2354）

戊戌卜：其示于妣己，王賓。

弜賓。　　　　　　　　　　　　　　　　　　（《合集》27518）

［丙申］卜，旅貞：翌丁酉小丁歲，王其賓。　（《合集》23051）

貞：小丁歲，其賓。

貞：弜賓。　　　　　　　　　　　　　　　　（《合集》23050）

庚子卜，□貞：妣庚歲，王其賓。

［貞］：弜賓。　　　　　　　　　　　　　　　（《合集》23355）

（接上頁）第 400 頁。另外，《簡明甲骨文詞典》與《新編甲骨文字典》也采取此説而列爲一種義項，《甲骨文字典》則未采納而置義項。詳崔恒昇：《簡明甲骨文詞典》，合肥：安徽教育出版社，2001 年，第 502 頁；劉興隆：《新編甲骨文字典（增訂版）》，北京：國際文化出版公司，2005 年，第 375 頁；徐中舒主編：《甲骨文字典》，成都：四川辭書出版社，1989 年，第 704 頁。

① 綴合見林宏明：《醉古集——甲骨的綴合與研究》，臺北：萬卷樓圖書股份有限公司，2011 年，第 273 頁。

庚午卜，大貞：妣庚歲，王其賓。

貞：勿賓。 (《合集》23356)

甲申卜，喜貞：翌乙酉唐歲，黄尹其賓。

(《合集》23568+22750①)

癸丑卜：上甲歲，伊賓。吉。

弜賓。 (《合集》27057②)

　　張玉金先生曾對"王賓卜辭"作過研究，"神名+祭名，王賓"這種形式是"王賓卜辭"的一種。③按，張玉金先生的説法是正確的。《合集》27420"父己、父戊歲，王賓"實即"王賓父己、父戊歲"，可與《合集》27400"王賓父己歲祭"比對；《合集》27518"其示于妣己，王賓"意即"王賓妣己示"，"王賓妣己示"見於《合集》27520；《合集》23355與《合集》23356"妣庚歲，王其賓"意猶"王賓妣庚歲"，"王賓妣庚歲"見於《合集》23352。④《屯南》2354各條卜辭講的都是有關王賓祭祀之事，所以"王賓"二字後置仍屬於"王賓卜辭"。"王賓卜辭"中的"賓"，一般都解釋爲商王爲某種祭祀而舉行儐禮；當然，臣子也可以主持儐禮，如《合集》13871"貞：翌乙巳子漁肩同（興）賓山祖歲"是貞問子漁是否病好而去賓侑祖歲之祭。根據上揭辭例對比，後若干例主幹結構

①　該條卜辭爲林宏明先生所綴合，見林宏明：《甲骨新綴第325—326例》，先秦史研究室網站，2012年3月22日。目前學術界對黄尹、伊尹是否爲一人的問題尚有爭論，林宏明先生考釋此組綴合時認爲二者爲一人，并主張該條卜辭説的是黄尹配享先王的内容。2012年6月2日，他在臺灣政治大學中國文學系主辦的"2012年出土文獻研究視野與方法研討會"上發表論文《甲骨文黄尹配祭上甲新證》，重申了這個觀點。

②　《合集》27667有"伊其賓"，《合集》27663有"伊賓"。

③　張玉金先生認爲這種形式是"王賓+神名+祭名"提前的形式，詳張玉金：《甲骨卜辭語法研究》，廣州：廣東高等教育出版社，2002年，第101頁。

④　"王賓卜辭"中，"王賓"中間可以加"其"字，如《合集》22779諸條卜辭均作"王其賓+祖名+祭名"，所以"王賓"二字可以後置。同樣，"王其賓"也可以後置，"其"字應該是充當語氣詞的角色。

一致，"賓"的語法位置相同，《合集》27057"上甲歲，伊賓"其實在貞問"伊"要不要"賓"，① 其占辭作"吉"，似可與《合集》1248"癸未卜，殼貞：翌甲申王賓上甲日。王占曰：'吉，賓。'允賓"相比。上引《合集》32798 説到"伊賓，又（有）正"，"有正"即指合適不合適，該句是貞問讓伊尹"賓"適當與否。② 此句似可與《合集》27561"王賓妣辛日，又（有）正"、《合集》27591"王賓母辛□，〔又（有）〕正。吉"、《合集》27589"王賓母戊歲，又（有）正。吉"合讀。過去所謂"伊賓"指伊尹配享的説法可能是不對的。

根據辭例對比，《合集》27057"上甲歲，伊賓"當屬於"王賓卜辭"一類的句子。無論是商王還是大臣，舉行儐祭的都是在世活人，而《合集》27057"上甲歲，伊賓"中的"伊"（即伊尹）早已作古，這需要解釋。

《合集》27057"上甲歲，伊賓"和《合集》23568+22750"唐歲，黄尹其賓"中，"上甲"就是上甲微，是商人十分重要的先公，也是周祭制度中第一個被祭祀的祖先；"唐"即成湯，是商人的第一個王，傳世古書以及甲骨文中反映商人對他的重視是不言而喻的。《合集》1200、1240、6583 等都有上甲微和成湯的合祭卜辭。會不會在商人心中，這些規格的祭祀活動需要由先功臣迎來神祖？伊尹在商人心目中的地位也十分崇高，這是人所共知的。《尚書·君奭》："我聞在昔成湯既受命，時則有若伊尹，格于皇天。"清人孫星衍説："謂湯得伊尹輔佐成功，升配于天也。"③ 是伊尹輔助成湯格於皇天，北魏高樹生墓志"信有伊尹格天之功，實踵文侯勤王之舉"即用此典。④ 據此可知，伊尹輔佐成湯而格天，那麼由這個

---

① 此類"賓"字皆从止，表示迎導之義。"伊"，一般認爲即伊尹。

② 《合集》30674"惠絲（兹）册用，又（有）正"，《屯南》613"于且（祖）丁歲，又（有）正，王受又（佑）"，周原甲骨 H11：1"凶（斯）又（有）正"，李學勤先生指出"正""有正""當"三者意思相當，詳李學勤：《周易溯源》，成都：巴蜀書社，2006 年，第 200 頁。

③ 孫星衍：《尚書今古文注疏》，北京：中華書局，1986 年，第 448—449 頁。

④ 王連龍：《北魏高樹生及妻韓期姬墓志考》，《文物》2014 年第 2 期。

先功臣來儐導先王以受祭似乎也合情合理。無論"王賓""子漁賓"還是"伊賓",其實都是祭祀中的一種象徵性行爲而已。

甲骨文中還有一條卜辭值得注意:

　　　□丑貞:王令㫃尹取祖乙魚,伐告于父丁、小乙、祖丁、羌甲、祖辛。　　　　　　　　　　　　　　　　　　　　　　　　(《屯南》2342)

"尹"及前一字的拓片作:

細審拓片,"尹"前一字還是應該分析爲从㫃从伊。① 根據漢字結構規律,該字所从的"伊"當是聲符,那麼"㫃尹"讀起來就像伊尹了。如果是同一個人,《屯南》2342"王令伊尹取祖乙魚"中的伊尹在這裏同樣是作古之人,而商王仍然使令他來取祖乙魚,很有可能也是一種象徵性行爲。關於商人的宗教觀念以及祭祀制度很值得我們進一步深入探索。

無論如何,"上甲歲,伊賓"和"唐歲,黃尹其賓"跟"王賓卜辭"的變體——"神名+祭名,王賓"——在句法結構上是一致的,"賓"的意思也應該是相同的。

　　附記:本文寫於讀研期間,後刊於《中國文字》新四十一期。今發現個別地方仍有疏失,略作修改。寫作過程中得到黃天樹師的悉心指導,謹致謝忱!

(原載《中國文字》新四十一期,藝文印書館 2015 年)

---

① 郭永秉、鄔可晶先生《説"索"、"剿"》一文的"看校樣時按"曾説:"《屯南》2342'伊尹'之'伊'寫作从'㫃'从'伊',與本文所舉花東卜辭 178.13'索尹'之'索'寫作'𠂤'同例。"詳郭永秉、鄔可晶:《説"索"、"剿"》,《出土文獻》第三輯,上海:中西書局,2012 年,第 117 頁。

圖書在版編目（CIP）數據

燕京語言學．第四輯／洪波主編；陳英傑執行主編．
—上海：中西書局，2021.11
ISBN 978-7-5475-1886-1

Ⅰ.①燕…　Ⅱ.①洪…　②陳…　Ⅲ.①語言學—中國
—文集　Ⅳ.①H004.2-53

中國版本圖書館 CIP 數據核字（2021）第 198444 號

燕京語言學（第四輯）

洪波 主編　　陳英傑 執行主編

責任編輯	宋專專
裝幀設計	黄　駿
責任印製	朱人傑

出版發行	上海世紀出版集團 **中西書局**（www.zxpress.com.cn）
地　　址	上海市閔行區號景路 159 弄 B 座（郵編 201101）
印　　刷	上海天地海設計印刷有限公司
開　　本	787×1092 毫米　1/16
印　　張	18
字　　數	258 000
版　　次	2021 年 11 月第 1 版　2021 年 11 月第 1 次印刷
書　　號	ISBN 978-7-5475-1886-1/H·119
定　　價	98.00 元

本書如有質量問題，請與承印廠聯繫。電話：021-64366274